미래
교육이
시작되다

행복을 위한 혁신 ——

미래
교육이
시작되다

교육정책디자인연구소

김진희 | 최경철 | 김인엽 | 이경아 | 소미영 | 주주자
이동배 | 이혁규 | 황현정 | 김성천 | 이경석 | 홍섭근 | 이영희

테크빌교육

머리말

세계의 많은 나라들이 한국의 교육과 경제 더 나아가 문화를 배우려고 한다.

제조업 기반의 혁명인 2차 산업혁명과 IT의 혁명인 제3차 산업혁명을 거치는 동안 우리는 추격자 전략을 통해 조선, 철강, 자동차, 반도체 등 다양한 분야에서 세계 최고의 수준에 도달하였다. 또한 찬란한 경제 발전과 더불어 다양하고 특색 있는 대중문화를 이끌어 낸 것도 사실이다.

하지만 몇 가지 이상한 점이 있다. 우리나라는 구글, 페이스북, 아마존과 같이 플랫폼을 선도하는 회사가 없다. 그리고 독일과 같은 최고의 기술력과 세계 경쟁력을 보유한, 이른바 히든 챔피언hidden champion° 같은 기업도 흔하지 않다. 학생들은 입시 경쟁에 시달리고 행복감을 느끼지 못하고 있으며, 자녀교육을 위해 모든 것을 희생해온 학부모 역시 자녀의 사교육에 많은 비용을 소모하며 노후의 삶을 준비하지 못하고 불안해하고 있다.

OECD 자료에 의하면 대한민국은 OECD 국가 중에서 청년실업률이 상당히 높은 편이고, 노인빈곤율과 노인자살율은 최고 수준이라는

° 대중에게는 잘 알려지지 않았으나, 세계시장 경쟁력을 보유한 중소기업(mid-sized companies)을 가리키는 말이다.

불명예를 가지고 있다. 저출산 및 고령화로 국가의 생산가능인구는 점차 감소하고 있고 복지예산은 큰 폭으로 증가하고 있다. 그야말로 총체적 위기에 직면에 있다고 해도 과언이 아니다.

국민들은 '한국에서의 삶이 행복한가?'라는 질문에 쉽게 긍정의 대답을 하지 못한다. 오히려 '헬조선'이라고 답하는 사람들이 많다. 세계의 많은 나라들은 우리나라를 부러워하고 있지만 우리 자신은 정작 행복감을 느끼지 못하고 있는 상황이다. 현재 진행 중인 4차 산업혁명에서는 창의성을 기반으로 한 융합능력이 핵심사고로 작용하게 된다고 한다. 대한민국이 이를 잘 준비하고 있는가? 우리 교육이 이를 선제하여 잘 대응하고 있는가? 의문이 든다.

'이를 해결할 수 있는 근본적인 방법은 과연 무엇일까?' 우리 저자들은 이 모든 문제를 해결할 수 있는 시작점도 '교육'이고 그 마침표도 '교육'에 있다는 공감과 결론을 얻고 모든 국민과 이를 함께 고민하고자 '미래교육'이라는 주제로 이 책을 집필하게 되었다. 집필에 참여한 저자 13명은 유치원, 초등학교, 중학교, 고등학교, 대학교 등 학교 현장에서의 오랜 실천 경험과 연구를 바탕으로 한 고뇌의 산물을 세상에 하나씩 꺼내놓았다. 교육생태계에 대한 논의를 시작으로 스마트학교, 고교학점제, 보육, 진로교육, 직업교육, 평생교육, 교육과정, 마을교육공동체, 교원양성제도, 국가교육위원회까지 폭넓은 주제를 다루었으며, 심도 있고 가치 있는 논의를 담아내고자 노력하였다. 이를 통해 우리 교육이 조금이라도 혁신할 수 있을 뿐 아니라, 세상이 좀 더 따뜻하고 가치 있게 변화될 수 있는 기회가 되기를 간절히 소망한다.

대한민국 국민의 교육에 대한 열정은 세계 최고의 수준이다. 바로 인재가 대한민국의 핵심인 것이다. 교육 자체만으로도 큰 의미가 있겠지만, 적어도 우리나라에서는 교육이 계층 이동의 사다리로서 영구적이고 지속적으로 작용할 필요성이 있다. 빈부의 격차를 떠나, 지역을 떠나, 성별을 떠나 '교육'은 계층 이동 사다리로서 확고한 역할을 수행해야 할 것이다. 그것이 우리 국민에게 희망을 줄 수 있는 유일한 길이라는 것을 너무나 잘 안다. 다만, 과거와 같이 지식 암기 중심의 교육이 아닌 4차 산업혁명에 맞는 창의력, 융합력, 협동정신, 세계시민정신을 함양할 수 있는 교육이 필요하다. 창의성 있는 인재, 주변의 소외된 사람을 따뜻하게 살필 수 있는 인성을 갖춘 인재에게 '교육'은 다양하고 더 많은 혜택을 부여해야 할 것이고 이는 반드시 공교육의 틀 안에서 이루어질 수 있도록 새로운 플랫폼을 구축해야 할 것이다. 더불어 단 한명의 아이도 소홀히 하지 않는 형평성 있는 교육 플랫폼도 반드시 갖추어 나가야 할 것이다. 이 책이 대한민국의 새로운 교육 플랫폼을 구축하는 데 일조하기를 간절히 기대하며 집필을 위해 다양한 자료를 제공해주신 (사)교육디자인네트워크 관계자분들과 어려운 시기에 흔쾌히 출판을 허락해 주신 즐거운학교 출판사에 진심으로 감사의 말씀을 드린다.

—13명의 저자를 대표해서

김인엽 씀.

CONTENTS

Chapter

01

교육생태계,
어떻게 변화할까?

미래를 위한
좋은 교육의
필수 조건

교육정책디자인연구소 연구위원
김진희

근대의 산물이었던 공교육

오늘날의 공교육은 근대의 산물이라고 할 수 있다. 서구에서 출현한 '인문주의'는 기독교의 추상성 등과 같은 비현실적 사상을 탈피하고, 인간의 근본적 속성에 대한 긍정적 시선을 기반으로 했다. 인문주의는 십자군 원정 이후 상공업의 발달에 따라 부를 얻은 시민계급이 형성됨으로써 가능했고 과학의 발달에 빗져 있다. 과학은 합리성을 생명으로 하였고 기독교의 내세주의는 합리적이지 않은 것으로 간주되었다. 이후 기독교를 비판하는 철학자들이 많아지면서 기독교에서 말하는 신은 상상의 산물이라는 생각이 보편화되었다. 베버M. Weber가 근대사를

'점진적인 합리화의 역정(歷程)'으로 규정했던 것은 합리성이 증대할수록 세계가 주술로부터 해방된다고 생각했기 때문이다. 합리성의 증대는 일관성, 체계적 조직, 예측 가능성, 통제 가능성, 조직적 기획의 증대를 의미하는데, 그것은 근대국가의 특징이기도 하다. 따라서 근대국가로 발전하기 위해서는 관료주의적인 사회로 변화할 수밖에 없었다. 오늘날의 공교육은 철저히 관료주의화되어 있다. 따라서 교육의 내용도 상명하달식으로 진행되는 경우가 많다. 예를 들어 '창의적 체험활동'을 운영할 때 무엇을 몇 시간 가르칠 것인지까지 지정되어 하달되는 식이다. 이처럼 국가 주도의 근대교육은 인문주의의 발로, 과학의 발달, 산업의 발달에 따른 산업화 인력 양성이라는 경제적 필요에 의해 추진되었다. 유치원의 창시자인 프뢰벨 F. Frobel이나 교육계의 거장인 듀이 J. Dewey는 근대의 목표인 산업화의 인력 양성이나 합리주의를 교육에 구현하기 위해 유아나 어린 학생들을 부모로부터 떼어 놓아야 한다고 생각하고 그것을 실천했다. 오늘날 대학가에 부는 학과 통폐합 현상들은 이러한 철학을 바탕으로 한다. 즉 실용적 인력 양성이 합리적이므로 이에 부합하지 않는 학과는 폐지하는 것이 당연하다는 논리이다.

애플 M. Apple은 공교육이 소수의 엘리트와 다수의 산업역군을 만들기 위해 작동된 시스템이라고 말했다. 그는 오늘날의 교육이 학교교육을 통해 엘리트주의와 체제 유지를 한다고 보았다. 학교교육을 통해 소수의 우수한 집단에 더 많은 관심이 집중되면서 뒤떨어지는 학생들은 자연스레 관심의 대상에서 멀어졌고, 이에 문제의식을 느끼는 사람도

거의 없었다. 말하자면 교육의 본질보다는 그것으로 인해 파생되는 열매에 더 많은 관심을 가졌던 것이다. 물질적 풍요를 향한 다수의 열망으로 인해 이러한 체제는 근래까지도 당연시 여겨졌다. 많은 사람들이 '물질적 풍요'라는 로망의 실현을 행복 보증의 강력한 수단으로 생각해왔던 것이다.

행복한 학교의 필수 조건

이제는 소위 탈근대의 시대이다. 탈근대는 전체가 아닌, 물화되고 파편화된 개인의 의미를 중심에 놓고 논의하는 시대이다. 근대화로 상징되는 공교육이 일정한 성과를 내고 인류의 발전에 커다란 족적을 남긴 것은 분명하지만, 개인의 소외 문제까지 극복할 수는 없었다. 다시 말해, 개인의 인생에서 설정한 목표를 이루었다 해도 기대했던 행복을 얻을 수는 없었던 것이다.

국가적 목적을 위해 소수의 엘리트 교육이나 다수의 인적자원 양성을 하던 교육은 이제 시대적 소임을 다했다. 이제는 교육의 본질을 회복할 때이다. 교육은 개개인의 행복을 추동하는 시스템으로 견고해져야 한다. 따라서 교육의 가장 우선적인 정책은 '행복한 학교'가 되어야 한다. 행복한 학교가 되려면 학생이 행복해야 한다. 그러기 위해서는 교사, 학부모, 학생 그리고 나아가 지역사회까지 아우르는 교육공동체 모두의 합심이 필요하다. 모두가 함께 성장하기 위해서는 교육공동체가 힘을 합해 교육의 질을 개선하고 학생 개개인의 발달 단계와 적성, 흥미, 수준 등을 고려한 학습의 개별화에도 진력해야 한다.

이는 유네스코의 '모두를 위한 교육EFA: Education for All' 정책과도 가깝다. 2000년부터 유네스코에서 지속적으로 추진한 이 슬로건을 중심으로 현재까지 몇 가지 전략이 제안되었는데, 그중 행복한 학교와 관련된 전략은 두 가지이다.

첫째, 시민사회가 교육 개발 전략에 적극적으로 동참하도록 하는 것이다. 2000년 이래 교육 부문의 주된 특징으로 시민 사회의 참여 증대를 꼽을 수 있지만, 유의미한 변화보다는 제한적인 성공에 그치는 경우가 많았다. 그럼에도 시민사회의 교육 참여는 우리나라 교육이 지향해야 할 방향이라고 보기 때문에 일정한 명분을 가지고 있다.

둘째, 책임 있는 지역 거버넌스Governance를 확립하는 것이다. 지역의 교육 참여는 한정된 자원을 최대화하기 위한 전략으로, 이는 교육적 목적의 마을교육공동체 활성화와 맥을 같이한다. 학교 및 지역공동체 간의 책임을 강화하여 교육의 질을 높이자는 것이다.

이 두 가지 전략이 실현된다면, 모두가 행복한 학교가 가능할까?

하나하나 되짚어 보자. '모두가 행복한 학교'의 '모두'는 학령기에 속하는 전체를 뜻한다. 공교육뿐 아니라, 대안학교 등도 아우른다. '행복'이란 추상적이라 정의가 어렵지만 정책적 측면으로 보면, '만족'이나 '즐거움'의 의미로 해석할 수 있다. '학교'란 배움터이다. 이를 종합해 보면 '모두가 행복한 학교'란 '학생들이 배움의 의미와 가치를 발견하고 핵심역량을 체득하도록 개개인의 특성에 맞게 맞춤형으로 접근함으로써 배움의 즐거움을 느끼는 학교'라고 정의할 수 있을 것이다.

그렇다면 현실은 어떠할까?

좀 더 명확한 시각으로 바라보기 위해 범위를 교사와 학생으로 한정시켜 살펴보자. 일단 현실의 교사는 바쁘다. 바쁜 교사는 교육에 전념할 수가 없다. 좋은 수업을 위해서는 기본적으로 교재 연구의 시간이 충분히 보장되어야 하지만 현실은 그렇지 못하다. 왜 이런 현상이 생길까? 그 바탕에는 관료주의가 깔려 있다. 끊임없이 생성되는 정책은 학교에 하달되며 시행과 우수사례를 요구한다. 교육과정을 수행하기도 벅찬 학교에 얹힌 정책 과제들은 교육과정의 우위에 있다. 과거에 비해 더러 교육청의 절제가 보이긴 하나, 현실은 여전하다. 단위학교 관리자도 윗선인 교육청에 좋은 평가를 받아야 하니, 학교의 업무는 교육과정이 아닌 행정업무 위주로 돌아갈 수밖에 없다. 교육이 주업인 교사들이 수업을 못해 징계받는 사례는 거의 없지만, 행정업무를 잘 못하거나 끊임없이 요구받는 자료들을 제때 제출하지 못하면 무능한 교사로 낙인찍히고 만다. 그러다 보니 교사들, 특히 승진의 지름길을 찾는 교사는 교육보다는 업무 처리에 더 많은 힘을 쏟게 된다. 참 아이러니한 상황이다.

학교를 바라보는 외부의 시각도 가볍다. 경찰이 맡아야 할 학교 주변 교통도, 보건복지부에서 맡아야 할 보육도, 사단법인 등에서 운영하는 청소년단체도 모두 학교에 떠맡긴다. 또 지역사회가 운영해야 하는 방과후학교도 학교의 몫이 되었다.

어떤 정책을 추진하기 위해서는 상황을 면밀히 조사한 후 걸림돌이
나 한계점 등을 고려해야 한다. 그리고 그것들을 정비한 후 시행해야
한다. 그러나 관은 자신들의 실적을 위해 좋은 아이디어라고 생각되는
것들을 '학생을 위해서'라는 명분으로 입안한다. 그렇게 하나둘 늘어
난 정책들은 학교교육이 본질에서 점점 더 멀어지게 만든다. 교사가 바
쁘면 고스란히 학생이 피해를 입고, 학부모의 불만은 쌓여갈 수밖에 없
다. 무엇보다 교사 본연의 역할과 본질을 찾는 것이 행복한 학교와 모
두를 위한 교육의 필수 조건이 아닐까?

학생 중심 교육의 발현

교사로서 가장 어려운 일 중의 하나는 학생들의 학습능력을 높이는
것이다. 학생들의 학습능력을 높이지는 못하더라도, 최소한 해당 학년
의 기초학습능력은 갖추도록 한 다음 진급시켜야 한다. 이는 어느 나
라에서나 공통적이다. 미국의 '아동낙오자방지법NCLB'처럼 우리나라에
서도 기초학습 미달자에 대한 교사의 책임을 강조한다. 하지만 아무리
많은 시간과 열정을 쏟아부어도 도무지 개선되지 않는 아이들이 분명
히 있다. 아이가 지식 습득이 어려운 데에는 다양한 원인이 있어서, '투
입하면 산출된다'는 단순 논리가 적용되지 않는 경우도 많기 때문이다.
이런 문제를 해결하기 위해서는 학생 개개인의 성향과 지적 능력 등을

파악하고 해결의 중지를 모아 맞춤형 교육으로 접근해야 한다. 즉 한 사람 한 사람 각자의 특성에 따라 어느 선까지 도달하게 만들어야 할지를 고민해야 한다. 그러나 교사가 처한 상황이나 교육적 여건은 그다지 녹록하지가 않다. 그럼에도 이러한 주변 상황은 무시하고 단순히 교사와 학생의 일대일 구도를 가정한 채 당위성과 책무성을 이유로 모든 문제의 원인과 책임을 교사에게 떠넘긴다. 심지어 교육 당국에서는 기초학습 미달자가 나오는 학급의 담임 교사에게 불이익을 주겠다는 으름장을 놓기도 한다.

'투입하면 산출된다'는 단순 논리에 따라 사고하는 사람들은 산출되지 않는 이유가 투입되지 않았기 때문이고 산출이 미미한 것 또한 투입이 미미하기 때문이라고 여긴다. 문제는, 이런 사고력을 가진 많은 사람들이 윗선에서 교육을 좌지우지하고 있다는 것이다. 미국의 사범대학 교수인 하그리브스Andy Hargreaves와 셜리Dennis Shirley는 세계 각지의 교육 흐름을 오랜 시간에 걸쳐 연구한 결과를 발표하며 활발한 강연 활동을 하고 있는 사람들로, 이런 사고 구조가 잘못되었다고 지적했다. 그들의 주장은 빈 말이나 구호가 아닌 실증에 근거한다.

《학교교육 제4의 길The Fourth Way》은 참신한 내용으로 교육혁신을 바라는 정책 입안자들이나 수많은 교사들의 필독서가 되었다. 하그리브스와 셜리는 이 책에서 학교교육의 변화를 주장하며 변화상을 제4의 길로 안내하고 있다. 그들이 말하는 제1의 길은 국가 지원이 풍부하고 교사의 자율성은 넘쳤지만 교육의 질적 편차가 컸던 시기이다. 제2의 길은 시장주의 경쟁이 도입되고 국가가 교육의 표준을 정한 시기이다. 국가가 교육의 표준을 정한다는 것은 곧 교사의 자율성이 차단된 상태를 뜻한다. 다시 말해, 교사는 교육 표준에 따라 학생에게 전달하는 중간자가 되는 것이다. 제3의 길은 시장주의의 장점과 국가의 풍부한 장점을 결합해 교사의 자율성과 책무성 사이에서 균형점을 찾으려 했던 때이다. 이 기준에 따르면 이명박 정부의 주요 교육정책이었던 국가수준 학업성취도 평가는 제2의 길이었던 셈이다. 하그리브스와 셜리는 교육의 표준화가 교사들의 상실감과 이직의 증가, 점수 따기 경쟁을 불러일으켰던 여러 나라의 사례를 들어 그것이 잘못된 길임을 말하고 있다. 특히 학교별 점수 경쟁이 교사 및 학교에 교육정책의 실패 책임을 떠넘기는 교묘한 술책이라고 강조한다. 이런 교육 실패의 반대급부로 나온 것이 바로 '혁신교육'이다.

혁신교육은 학생에 대한 관점의 전환을 요구한다.

근대적 학생관은 학생들을 미숙하고 수동적인 존재로 본다. 가령 학생 간 갈등이나 어떤 문제가 발생하면 어른들이 판단하여 상벌을 부과하거나 교통정리를 해야 당연한 것이다. 과거 우리나라는 학생의 잘못된 행동을 체벌로 응징해 왔으나, 시대적 조류는 그것을 비인간적인 처우라고 규정했고 그 대안으로 '상벌점제'를 도입했다. 그러나 상벌점제는 운영상 불공정성에 휘말리기도 했고 문자알림 서비스를 받는 학부모들의 불만도 야기했다. 무엇보다 갈등 당사자간의 회복을 전제로 해야 할 교육이 단순히 상벌점 그 자체로 끝나버리는 것이 문제였다. 이러한 문제의식에서 비롯되어 등장한 것이 바로 '회복적 생활교육'이다. 학생들 스스로 약속을 정하고 이를 위반할 경우 '학우법정제'와 같은 시스템을 운영하여 갈등을 해결하고 더 나아가서는 관계를 회복시켜야 한다는 학생 중심 교육이 발현된 것이다.

'학생 중심'은 모든 것을 학생들의 의지에 맡긴다는 방종의 의미가 아니라, 학생들의 마음 안으로 들어가는 것을 본질로 한다. 학생들의 마음 안으로 들어간다는 것은 어떤 것일까?

한 초등학교 입학식의 스파이더맨 소동을 떠올려 본다. 초등학교 입학식 날, 꽃다발과 선물을 한아름 안은 아이들은 차례로 자기 이름을 말하며 꿈이 무엇인지를 말하는 시간이었다. 아이들의 입에서 의사, 선생님, 디자이너, 요리사, 소방관, 경찰관 등 다양한 직업이 나오던 중 한 아이가 당당히 "저는 스파이더맨이 되고 싶습니다!"라고 말했다. 순간 주변에서 박장대소가 터졌다.

아이들의 꿈 이야기를 들으며 두 가지 생각이 떠올랐다. 한 가지는 '스파이더맨이 되는 것이 가능한가? 어쩌면 가능할 수도 있겠구나.'라는 것이었다. 비행기가 발명되기 이전의 아주 먼 옛날, 하늘을 날아보고 싶은 꿈을 가진 사람이 분명 있었을 테고, 주변의 따가운 시선을 받았겠지만 이제 하늘을 나는 일은 더 이상 허황된 꿈이 아니지 않은가.

과학의 발달로 사람들은 자연계를 좀더 자세하고 정확하게 이해할 수 있게 되었다. 물 위를 걷는 사람은 없지만, 소금쟁이는 발 밑의 기름 성분과 표면장력으로 유유히 물 위를 걸어다닐 수 있다. 다른 동물이라면 불가능하겠지만 거미는 벽면이나 천장을 자유자재로 이동할 수 있다. 그 비결은 거미의 발에 있다. 거미의 발에는 매우 가는 털들이 빽빽하게 나 있는데, 이 털의 폭은 머리카락 1000분의 1 정도이며 이러한 털들이 벽면과 떨어져 있을 때 이들 사이에서 작은 인력이 작용한다. 때문에 거미는 중력에 의해 바닥으로 떨어지려는 힘보다 더 큰 힘이 작용해 벽에 붙어 있을 수 있다. 앞서 든 예와 같이 사람이 할 수 없지만 작은 생물들에게는 가능한 일이 있었고, 사람들은 과학의 힘으로 그 원인을 알아냈던 것이다. 대부분의 일이 그렇듯이, 원인을 파악하면 문제를 해결하기 쉽다. 따라서 아직까지는 불가능하지만, 거미의 몸과 유사한 특성을 지니는 옷을 제작하는 것이 가능하지 않을까? 과학기술의 발달 수준에 따라, 스파이더맨이 되고 싶은 아이는 어쩌면 좀 더 일찍 스파이더맨이 될 수도 있고, 아니면 늦은 나이에 꿈을 이루게 될지도 모르겠다. 아이의 꿈이 터무니없다고 손가락질하거나 수군대는 사람들에 의해 좌절되지만 않는다면 말이다.

다른 한 가지 생각은 자신의 꿈이 의사나 요리사, 디자이너 등이라고 말한 아이들의 말은 과연 진심일까 하는 것이었다. 어떤 아이는 진심을 이야기한 것일지라도 혹시 대다수가 부모의 꿈을 대신 말한 것은 아닐까? 그 또래 아이들은 보통 애니메이션과 캐릭터에 사로잡혀 있다. 어떤 아이는 무엇이 되고 싶은지 물어도 '몰라'라고 답한다. 아이가 잘하는 것이나 좋아하는 것을 말할 수 있도록 유도해도 아이가 계속 같은 답을 할 경우, 부모가 자신의 생각을 아이의 꿈으로 대체해 버리는 경우가 있다. 진로교육의 중요성이 강조되면서 겨우 한자리수의 나이를 가진 아이들에게 진로를 따지거나 그것을 막무가내로 적용하려는 경우를 많이 본다. 그보다 여유를 찾는 것이 우선되어야 하지 않을까? 기회가 된다면 아이들과 거닐며 아이와 눈이 맞을 만큼의 높이로 앉아 주변을 돌아보라. 평소에 거닐며 바라봤던 세계와 아이의 눈높이로 바라본 세계는 많이 다를 것이다.

교육 발전을 저해하는 산업마인드

아이들이 꿈을 마음껏 발산할 수 있는 사회로 변화할 수 있을까? 변화가 어렵다면, 이를 막는 가장 큰 장애물은 무엇일까? 그것은 대학을 중심으로 하는 교육생태계이다. 대학입시라는 블랙홀이 모든 것을 삼켜 버리는 현실만 봐도, 결국 교육 문제의 종국은 '대학'이다. 지금 시대는 이런 한국 사회의 양상을 어리석다 일컫는다. 사회를 시대의 변천에 따라 크게 농업사회, 산업사회, 지식정보사회로 나눠 보자. 농업사회에서 요구하는 인간상은 단순하다. 남보다 더 많이 땀 흘리는 근면함이 제일의 덕목이었다. 농업사회에서는 앞선 세대로부터의 농업기술 전수도 필요했고 인력에 의존했기 때문에 이웃 간의 협동이 중시되었다. 산업사회에서는 '암기력'과 '분석력'이 중시되었다. 분석력은 핵심만 간추리는 요약 능력이라고도 볼 수 있는데, 대학입시는 예나 지금이나 이런 능력을 측정하고 있다. 따라서 가장 손쉽게 우수한 인재를 얻을 수 있는 방법으로 암기력과 분석력이 뛰어난 일류대학 출신을 채용하는 방법을 선택했고, 그것은 나름 성공적이었다. 왜냐하면 우리나라가 근대 산업사회로 발전하는 길은 앞선 나라의 산업을 복사하고 그 나라에서 겪었던 시행착오를 참고하여 과오만 버리면 된다고 여겼기 때문이었다. 따라서 인재 판별의 기준이 된 암기력과 분석력은 학벌 탄생의 배경이 되었다. 그러나 지식정보사회에 이르러 문제가 생겼다. 더 이상 이러한 인재는 지식정보사회에 어울리지 않다는 것이다. 오늘날 우리나라의 기업이 성장 장애 상태에 빠진 이유도 과거의 인재를 판별하던 기준에 대한 관점에서 탈피하지 못하고 있기 때문이다. 지식정보사회의 흐름에 맞게 교육부에서는 '미래 인재상'을 세우고 다양한 교육방법들을 제시하고 있다. 하지만 학교는 한걸음 떼기도 벅찬 현실이다. 교육부 지침을 따르려 해도, 대학입시체제는 여전히 변하지 않고 학교 내외적으로 이름 있다는 대학에 보내려는 경향이 강하다. 게다가 학부모들의 강력한 요구 또한 무시할 수 없기 때문이다. 지금의 부모 세대는 산업사회의 특징인 학벌사회를 몸소 체험했기 때문에, 그 틀에서 변화하기란 쉽지가 않다. 그러나 미래에는 소위 '튀는 아이들', 즉 독특한 사고를 가진 아이들이 많이 나오기를 지향한다. 그럼에도 여전히 한국사회는 산업사회의 패러다임에 젖어 있다. 우리나라의 교육 발전을 저해하고 나아가 국가를 정체시키는 데 일조하는 것은 기성세대의 뿌리 깊은 산업마인드이다.

스토리텔링과 교육

이제는 깨어나야 할 때이다. 대학입시라는 갇힌 틀과 '내 아이' 중심의 사고는 사회를 더욱 각박하게 한다. 최근 여러 방면에서 '스토리텔링storytelling'에 대한 관심과 중요성이 나날이 높아지고 있다. 스토리텔링이란 '이야기story'와 '말하기telling'의 합성어로, 상대방에게 알리고자 하는 바를 재미있고 생생하게 전달하는 행위를 뜻한다. 따라서 스토리텔링은 단순한 재미를 넘어, 우리 마음을 움직일 때 비로소 제 구실을 할 수 있다. 교육에서도 스토리텔링은 단순한 기법이 아닌, 소통의 중요한 수단이 되고 있다. 어렸을 적 할머니나 부모님이 들려주시는 옛날이야기에 귀를 쫑긋 세우며 시간 가는 줄 모르고 몰입했던 장면만 떠올려 봐도 쉽게 이해가 된다. 스토리텔링이 수업이나 학생지도에 효과적일 것이라는 아이디어가 나온 까닭이다. 2009개정교육과정 초등수학의 경우, 단원의 시작에 스토리텔링을 도입했다. 단원의 시작은 어떤 상황을 나타낸 그림만 있고, 들려줄 이야기는 교사의 몫이었다. 교사는 학생들에게 이야기를 들려주고, 배울 내용과 연계한 학생들과의 대화를 통해 흥미를 유발한다. 기성세대에게는 교과의 경계를 넘나드는 것이 낯설게 보이겠지만 융합이 각광받고 있다는 사실을 떠올려보면 금방 수긍할 수 있을 것이다. 최근에는 자기 주도적 스토리텔링이 주목받고 있다. 학생들이 스스로 스토리텔링을 만들어 학습하도록 유도하기도 한다. 이러한 흐름은 수동적인 학습보다 능동적인 학습이 효과적이라는 믿음에서 기인한다. 지식습득만을 교육의 궁극적 목적으로 삼던 시대는 지나고, 이제는 즐거운 배움을 통해 행복을 느껴야 한다. 학생들은 스토리텔링의 과정을 통해 상상과 소통의 즐거움을 느낄 수 있으며, 학습에 대한 신선함으로 공부에 대한 시선을 바꿀 수 있다. 또한 비고츠키Vygotsky가 강조했던 사항, 즉 언어가 인지발달에 영향을 준다는 측면에서 지적 능력의 발달은 덤이다.

스토리텔링은 새로운 것이 아니라, 늘 우리 곁에 있었으며 생활이었다. 단지 인식하지 못했고 유용하지 않은 것으로 간주했을 뿐이다. 지식이란 것이 외부에 있고 그것을 어떻게 이해할 수 있는지가 중요했던 시절에 개개인의 사소한 것들은 관심 밖이었다. 그러나 이제 시대가 변했고 사람들의 관심도 다양해졌다. 거시세계에 대한 고찰에서 미시세계로의 접근은 시대적 트렌드이다. 이 말은 하나의 인생을 우주의 중심에 놓고 보는 관점이 스토리텔링 현상에 담겨 있다는 의미이다. 그러하니 소소한 개인사도 이미 논문의 주제가 된 지 오래다.

창의성의 장

U-20 월드컵 조예선을 통과한 축구 국가대표팀은 토너먼트 첫 관문을 통과하지 못하고 포루투갈에 3:1로 패했다. 한국 축구대표팀의 고질적 병폐로 꼽혀 왔던 것은 창의적인 축구를 못한다는 것이다. 울리 슈틸리케 국가대표팀 감독은 "한국 선수들은 인내력과 투지가 뛰어나지만 창의성이 부족하고 패스를 한 후에는 움직임이 없다."라며, 그 이유

가 승리하는 법만 배우기 때문이라고 진단했다. 교육도 크게 다르지 않다. 대학입시라는 한국 사회 특유의 관문을 통과하는 데 목적을 둔 교육은 고등학교에만 국한되지 않는다. 대입이라는 타겟을 향해 어려서부터 관리를 받으며 스펙을 쌓는 것이다. 그러나 이제는 학벌로 상징되는 견고한 성이 서서히 무너지고 있으며 결국은 사라져 버릴 것이라는 것을 우리는 알고 있다. 산업마인드가 붕괴된 이후를 걱정하며 국가적 차원에서 어떻게 대비할 것인지에 대한 경제적 관점과 개인의 성장이라는 교육적 측면에서 대두된 것이 바로 '창의성'이다.

창의성은 일상생활 속에서 긍정적 의미로 자주 사용되는 용어 중 하나이다. 탈근대 시대에 창의성의 시대적 의미는 날로 확대되고 있다. 그럼에도 창의성이 무엇인지 엄격한 정의를 내리기는 쉽지 않다. 일반적으로 창의성이란 '새로움에 이르게 하는 개인의 사고 특성', 또는 '특정한 사고 기능이나 태도'로 '확산적 사고'와 유사한 개념으로 이해된다. 창의성을 교육적 차원에서 이해한 길포드Guilford는 모든 사람들이 창의성을 가지고 있다고 전제하며 훈련을 통해 기를 수 있다고 제창한 바 있다. 이후 길포드의 주장을 지지하는 사람이 많아지면서 창의성교육이 교육의 정상에 군림하게 되었다.

'창의성'이라는 키워드로 검색을 하면 각종 이론과 실제, 경험담, 방법론 등 수많은 서적이 주목을 끌 만한 제목으로 이목을 끌고 있다. 교육의 변화에 가장 민감하게 반응한다는 학원가 역시 너도나도 창의성을 내세운 전단지를 주택가나 학교 주변에 뿌리는가 하면, 어떤 유명

학원 강사는 순식간에 창의성의 대가가 되어 명성과 부를 거머쥐기도 한다. 뿐만 아니라 과거에 시행했던 여러 교수 방식에 '창의성'이라는 용어만 갖다 붙여도 제법 근사하고 새로워 보이는 창의성교육이 탄생한다. '동화를 통한 창의성교육', '신문을 통한 창의성교육', '융합을 통한 창의성교육' 등 일종의 '창의성 깔때기'다. 교사들 중에서도 창의성을 주제로 현장연구대회에서 입상하여 창의성 전문가로 거듭나며 교사나 학부모 대상 연수 강의를 맡는 이들도 있다.

그러나 근래의 창의성교육은 과거에 해왔던 방법들을 이름만 바꾸어 적용한 것들이 대부분이다. 사실 다수의 창의성 관련 현장연구도 짧은 기간의 연구로 결론이 난다. 학원가 역시 창의성 바람이 불고 나서 단기간에 많은 프로그램이 만들어지고 실행되었다. 그 짧은 시간에 만들어진 방법으로 학생들의 창의성이 증진되었다는 것이 가히 노벨상감이다. 이쯤되면 '교육은 백년지대계'란 말이 무색할 정도이다.

주정흔(2006) 박사는 '창의성이란 가르쳐지는 것이 아니라 장기간에 걸쳐 체험되는 것이다.'라고 했다. 이 주장의 핵심은 '체험으로서의 장(場)'에 있다. 그 장은 가상의 세계일 수도 있고 현실, 즉 사람들 간의 관계일 수도 있으며 어떤 물리적 공간일 수도 있다. 그 장에서 펼쳐지는 다양한 상황들이 정신을 좌우한다는 것이다. 말하자면 창의성이란 사제지간의 절대적 가르침과 배움이라는 선형적인 틀이라기보다는, 주체들 간의 '소통'의 맥락을 통해, 또는 개인의 경험이나 이해 그리고 언어의 개방성에 의해 습득된다.

이런 측면에서 보면, 가정과 학교, 사회가 바로 창의성의 장이 된다. 사회는 남녀노소의 수직적 구조뿐만 아니라 다양한 직업과 경험을 가진 여러 갈래의 사람들이 하나로 결합되어 있다. 아이들이 이러한 생활 모습을 경험하며 문화를 자연스럽게 체득하는 것이 곧 창의성 발달이라는 말이다. 따라서 사회의 작은 단위인 마을은 어찌 보면 가장 훌륭한 창의성 체득의 장이 될 수 있다.

서구식 패러다임의 재고

"미국, '세계의 리더'를 포기하다."

도널드 트럼프Donald Trump 미국 대통령이 결국 '파리기후변화협정'°탈퇴를 공식 발표했다. 이로써 버락 오바마Barack Obama 전 대통령이 2016년 9월 비준한 파리협정은 1년도 채 안 되어 최대 위기를 맞았다. 전 세계 각지뿐 아니라 미국 내의 수많은 비판에도 트럼프는 아랑곳하지 않았다. 이는 지금까지의 리더국으로서 자기 나라의 이익을 위해서는 어떠한 비난에도 연연하지 않으며, 어떤 국제협정도 아랑곳하지 않겠다는 미국중심주의의 발로이다. 문제는 이러한 결과가 초래할 미래

° 파리기후변화협약(정)은 2015년 12월 12일 프랑스 파리에서 맺은 국제협약으로, 전 세계 온실가스 감축을 위해 미국과 중국을 포함해 총 195개 국가가 서명했다.

의 위기이다. 클라이밋 인터랙티브Climate interactive의 자료에 따르면 미국 없이 파리협정을 이행할 경우 2100년까지 지구 평균 온도가 3.6도 상승할 것으로 예상하고 있다. 단 1도의 변화로도 식생이 변하여 식량난을 초래할 위험이 있는 데다가, 기후의 급변으로 인류의 생활양식을 예측할 수 없으며 미래 또한 낙관할 수 없게 된다.

현재 우리나라에서도 환경문제가 심각하게 대두되고 있다. 특히 최근 몇 년간 유난히 미세먼지가 기승을 부리고 있다. 전문가들은 앞으로의 최대 위기는 미세먼지로 인한 환경문제라고 한목소리로 진단한다. 상황이 이러하니, 대통령의 주요 공약 중 하나로 미세먼지 감축이 등장하는 것은 당연지사이다. 국가적으로 당장 미세먼지를 감축할 방법이 없으니 시민들의 입장에서 가족을 지키는 길은 기껏 황사 마스크나 공기청정기를 사용하는 것뿐이었다. 그래서인지 올해 전자업계의 가장 큰 화두는 공기청정기이며, 판매량이 매년 두 자릿 수 이상 급증하는 추세이다. 특히 미세먼지와 황사가 기승을 부린 2017년 3~5월 공기청정기 매출이 지난해 같은 기간보다 2~3배 이상 폭등한 것으로 나타났다. 미세먼지의 원인이 무엇인가에 대해 갑론을박이지만, 누구나 크게 부인하지 않는 부분은 외부(중국)의 영향과 화력발전소, 경유, 공사현장 등이다. 그런데 전문가에 따라 외부 원인의 비율 정도를 30%대에서 60%대까지 각각 다르게 제시하는데, 뚜렷한 과학적 근거는 없다.

이렇게 오늘날 환경의 위기를 맞게 된 것은 무엇 때문일까? 결국 인간의 탐욕 때문이다.

작금의 시대는 물질을 기반으로 조성된 사회이다. 물질의 급격한 유혹은 대개 16세기 산업혁명으로 거슬러 올라간다. 그 이전까지 엔트로피Entropy의 증가, 즉 유효에너지의 증가 및 공해의 증가는 그리 심하지 않았다. 최근에 와서야 사람들은 인간이 너무 많은 에너지를 쓰고 있다는 사실을 알았다. 그것도 유효에너지가 줄어드는 것을 보고 인지한 것이 아니라 공해와 같은 무효에너지가 자신의 소비적 향락생활을 방해하자, 그제서야 스스로의 무절제한 행동에 대해 살펴보기 시작한 것이다. 리우선언(1992)°이나 파리기후변화협정(2015)이 바로 그 증거이다.

산업혁명 이후의 물질문명은 인간에게 많은 혜택과 즐거움을 주었으나 이제 그 혁명 탓에 사람들이 위기에 처해 있는 것이다. 어쩌면 인간의 무절제한 생활에 대자연이 경고를 하는 모양새이다. 이제는 '개발'로 상징되는 서구의 패러다임을 재고할 필요가 있다.

사실 이미 서구 사회의 자존심이 무너지고 있다. 그동안 물질문명의 핵심에는 유럽과 미국이 있었다. 고대 아시아가 주름잡던 문명은 산업혁명으로 상징되는 서구사회로 바뀐 지 오래고, 최근까지도 그 기세는 결코 무너질 것 같지 않았다. 우리나라의 근대사는 서구를 뒤쫓아 가기

● 1992년 리우데자네이루에서 열린 유엔 환경과 개발 회의에서 178개 나라의 정부는 지속가능한 발전의 전망을 가지고 기후변화에 대처해야 한다는 데 동의했다. 1992년에 유엔 기후변화 기본 협약이 채택되었고 이 협약은 1994년 발효되었으며 대부분의 나라들이 이에 서명했다. 이 기본 협약과 교토의정서가 기후변화에 대처하는 국제적인 노력의 핵심을 이루고 있다.

에 바쁜 역사였다. 하지만 수백 년간 지속된 서구식 사상의 패러다임은 오늘날 생명력을 다한 것처럼 보인다. 자연과 더불어 그리고 자연의 일부로서, 정체identity되었던 동양적 사상에 대한 관점을 상고해 보는 일이 절실해졌다.

책이 사람을 만든다

우리는 자연을 벗 삼는 인생을 지향해야 한다. 이는, 자연의 일부인 타인과 조화로운 인생이어야 한다는 말과도 통한다. 비록 나와 달라도 타인을 하나의 인격체로 존중하며 역지사지할 수 있는, '공감'하는 인생이어야 한다.

경향신문 1면 하단에는 'ㅇㅇㅇ의 내 인생의 책'이라는 코너가 있는데, 일종의 독후감이다. 독후감을 쓰는 스타일이 사람마다 다른데, 다름의 미학이라고나 할까? 책을 품는 방식에서 개개인의 삶을 상상해 보곤 한다. "공동체 사회에서 최소 수혜자를 충분히 배려하는 사회가 좀 더 정의롭다는 개념은 나의 사회활동에 중요한 사고의 틀을 보완해 주었다."라는 글쓴이의 고백은 정치 철학서인 롤즈John Rawls의 정의론A Theory of Justice을 접한 후의 고백이다. 필자 역시 서른즈음에 그 책을 읽고 사회를 바라보는 시각이 변화했다. 한마디로 롤즈는 자유와 평등이라는 이율배반적인 개념을 정의적 차원에서 조화시켜 보려고 노력했던 학자다.

책이 사람을 만든다는 말은 설득력이 있다. 개인의 지식 차이는 직접 경험뿐 아니라, '독서'라는 간접경험에 의해서도 발생한다. 책을 통해 얻은 지식은 특정한 사람의 정체성 형성 기반이 되고, 그 사람만의 독특한 색깔을 나타내기도 한다. 다음에 제시된 상반된 칼럼 내용만 봐도, 칼럼을 쓴 이가 주로 읽은 책의 종류나 선호도를 미루어 짐작할 수 있다.

동아일보의 권순활 논설위원은 '헬조선, 저주의 어두운 그늘'이라는 칼럼에서, 유엔이 매년 발표하는 인간개발지수HDI에서 우리나라가 최상위권에 속하는데 젊은이들이 세계에 대해 무지해서 한가한 소리를 하는 것으로 간주한다. 즉, 지구상에는 하루 2달러 이하로 살아가는 사람이 40억에 이르는 데 비하면, 우리나라 젊은이들은 좋은 환경임에도 노력은 하지 않은 채 현실의 부당함만 따지고 있다는 말이다.

중앙일보의 이하경 논설주간은 '헬조선과 지옥불 반도를 어쩔 셈인가'라는 칼럼에서 "수출 대기업의 직원이나 공무원, 부모를 잘 만난 소수를 제외하고는 늘 불안하다. 빚을 내서 빵가게와 치킨집 사장이 됐지만 절반은 3년을 못 버틴다. 뼈 빠지게 일해도 한 달에 100만원도 못 버는 사람이 태반이다. 자영업자는 평균 1억 2000만원의 빚을 지고 있다. 이들이 무너지면 부동산 가격이 폭락하고 금융기관이 휘청거릴 판이다. 젊은 세대의 좌절이 출발선의 고통이라면 자영업자의 몰락은 종착역의 비명"이라고 말하고 있다. 그는 헌법 1조 1항이 '대한민국은 민주공화국이다'라며 공적 이익을 중시하는 것이 공화주의(共和主義) 정신임을 강조하고 "'헬조선'과 '노력'에 지친 약자를 보듬고 공화의 가치를 회복하기 위해 도대체 무슨 고민을 하고 있는 것일까."라며 글을 끝맺는다.

이처럼 같은 사안을 두고도 사람마다 생각은 정반대일 수 있다. 행위(글)는 각자가 가지고 있는 사상의 결과이다. 사람의 사상에 영향을 미치는 세 가지를 '책, 사람, 환경'으로 꼽는다면, 위의 논설위원들 또한 이 세 가지의 영향으로부터 자유롭지 못했을 것이다. 그들의 연배를 고려한다면 아마도 책과 사람의 영향력이 컸을 것이다. 이 중에서 사람의 영향력도 실상은 영향을 주는 사람의 정체성 기저에 책이 있다는 점에서, 독서의 힘에 국한한 접근도 비약은 아닐 것이다. 더구나 오늘날 SNS라는 소통네트워크가 면대면의 심층적 관계를 단절시키는 현실을 감안한다면, 책은 파편화된 개인에게 영향력을 끼칠 수밖에 없다.

권순활 논설위원이 선호하는 책은 아마도 성공담론이나 위인의 삶을 다룬 책이 아니었을까. 대부분 그런 류의 책들은 역경을 극복하고 자신의 뜻을 이뤄낸 인물에 열광하며 독자들에게 그런 삶을 살기 위한 극기의 필요성을 강조한다. 따라서 환경과 제도를 탓하는 사람들을 게으름뱅이로 규정지을 가능성 또한 농후하다. 그에 비해 이하경 논설주간은 아마도 윤리나 종교, 정의담론을 다룬 인문학 서적을 많이 읽었을 가능성이 크다.

다시 '내 인생의 책'이다. 롤즈의 정의론을 접한 후 글쓴이는 자신이 활동하고 있는 단체의 활동 의미를 찾게 되었다고 고백한다. 삶의 방향을 설정한다는 점에서 독서는 위대하다. 이것이 바로 학교나 가정에서 독서를 강조하는 이유이다. 독서의 효과 측면에서 학부모나 교사들은 독서지도를 위해 일종의 이중구속double bind, 즉 자신은 독서와 담을 쌓은 채 자녀나 학생에게만 닦달하고 있지 않은지 돌아볼 필요가 있다. 아울러 후세들에게 이하경 논설위원과 같은 시대를 공감하는 삶의 가치를 음미하는 기회가 많아져야 한다. 여기에 인문학이 일정한 역할을 할 수 있지 않을까 조심스럽게 전망해 본다.

좋은 교육의 기본

미래의 교육에 대해 내로라하는 전문가들이 인공지능인 알파고를 말하며 "10년 후 일자리의 60%는 아직 탄생도 하지 않았고", "초등학생 신입생의 65%는 현존하지 않는 직업에 종사할 것"이라고 말한다. 이 말을 들으면 어떤 마음이 들까? 기대와 환희로 가득 찬 부푼 꿈을 가질까? 아니다. 불안감이 먼저 들 것이다. 이 불안감은 아직 확실치 않은, 알지 못하는 것에서 오는 본능적 반응이다. 물론, 기조강연자는 불안감을 조성하려는 의도가 아니라, 미래를 대비하기 위한 교육적 대비가 필요하다는 말을 하고 싶은 것이리라.

하지만 멀리 떨어져서 보면 그리 심각하지 않다. 조선시대에 사는 사람이 타임머신을 타고 현재의 수도 서울에 도착하였다면 모든 것이 낯설고 현란하여 정신적 충격에서 헤어나지 못할 것이다. 왜냐하면 그가 경험한 조선과 현재의 서울은 하늘과 땅의 높이만큼이나 차이가 클 것이기 때문이다. 그러나 기술의 진보와 함께 현대인은 눈도 진보하며 마음도 진보한다. 말하자면 늘 우리가 지켜보는 데서 변화가 이루어지기 때문에 거기에 맞춰 나갈 수 있는 것이다. 주변의 노인 분들이 스마트폰을 가지고 열심히 터치하는 모습을 상상해 보라. 다만 우리가 간과하지 말아야 할 것은 기술의 진보나 하이테크 자체가 아닌 '사람'에 있다. 낙오자가 없는 세상이 아니라 낙오자를 품을 수 있는 세상, 소득 양극화가 사라진 세상이 아니라 그로 인한 불평등을 완화할 수 있는 사회적 장치와 합의가 있는 세상, 나아가 그것을 가능하도록 하는 교육적 접근을 모색할 때이다. '단 한 명의 아이도 포기하지 않는' 그런 교육 말이다.

그런 좋은 교육의 기본은 교사와 학생의 상호작용에 있다. 말 그대로 관계성이 형성되어야 가능한 것이다. 관계성은 행복한 배움터를 위한 필수 조건이다. 이런 환경이 조성된 후에라야 이후 전개될 다양한 교육 문제가 의미 있을 것이다.

참고 문헌

- 박민영(2009), 〈청소년문제 사회적 병리현상의 축소판2〉, 《인물과 사상 136권》
- 한국교육신문(2015.5.4), "2030년까지 달성할 세계 교육 목표 정한다."
- Andy Hargreaves, Dennis Shirley(2015, 이찬승 김은영 옮김), 《학교교육 제4의 길(The Fourth Way), 21세기교육연구소
- 경향신문(2015.8.3), 김경자 교수의 "새 교육과정의 성공, 학습량 적정화에 달렸다."
- 주정흔(2006), 〈창의성 교육과정의 실천성에 관한 참여관찰 연구〉, 성균관대학교 박사학위 논문
- 경향신문(2017.6.3)
- 뉴시스(2017.5.26), "공기청정기 등 필수 가전제품 확대로 관련업계 매출 '쑥쑥'"
- 곽경도(1994), 〈열역학 제2법칙과 전 우주적 사망〉, 말씀운동 제6권 2집
- 유네스코 한국위원회(2012), 〈유엔세계 청소년 보고서 : 청소년과 기후변화〉
- 진중권(2005), ≪놀이와 예술, 그리고 상상력≫, 휴머니스트
- 동아일보(2015.9.30)
- 중앙일보(2015.9.30)
- 경기교육연구원 개원 3주년 기념 심포지엄(2016.10.13.), 〈4차 산업혁명 시대, 한국 교육 쟁점과 해법〉, 김동연 아주대 총장의 기조강연 자료

미래교육의
실제

미래교육을 위한
플랫폼,
스마트학교

교육정책디자인연구소 연구위원
최경철

스마트교육을 바라보는 시선과 도전

2011년 정부에서 공식적인 추진 전략으로 시작된 스마트교육은 ICT 활용교육, 이러닝, 유러닝과 같이 미래 기술 기반의 교육방법론에서 새로운 교육브랜드로 떠올랐다. 당시 세계적으로 '스마트폰'이라는 초소형 컴퓨터의 등장으로 디지털 생태계가 빠르게 구축되었고, IT강국을 자처하는 우리나라에서도 다양한 스마트기기가 도입되거나 개발되는 상황이었다. 이러한 디지털 사회로의 급속한 이행으로, 교육계에서도 발빠른 대처로서 미래의 교육 '방법'이자 '해법'으로 스마트교육을 제시한 것이다.

SMART라는 단어는 최근 여러 분야에서 사용되고 있지만 '스마트교육'에서는 자기주도적Self-directed 학습방법, 흥미로운Motivated 학습방법, 내 수준과 적성에 맞는Adaptive 학습방법, 풍부한 자료Resource enriched를 가진 학습방법, 정보통신기술을 활용하는Technology embedded 학습방법의 합성어를 의미한다. 이 용어들을 자세히 들여다보면 스마트교육이 단순히 스마트폰을 활용하는 교육이 아니라, 학생들의 수준과 적성에 맞는 개별화교육을 지향한다는 것을 알 수 있다. 개별화교육은 거의 모든 교육자들이 목표로 삼는 교수학습방법이지만, 학교라는 공교육 체제의 최대 약점이기도 하다. 교사 한 사람이 30~35명의 학생을 마주해야 하는 교실에서, 모든 학생들을 성취수준(학습목표)에 도달하게 하는 것은 사실상 불가능하다. 현실적으로는 교사가 생각하는 평균값과 경험에 의해 수업이 진행되기 때문에 배움에서 소외되는 학생들이 나올 수밖에 없는 구조이다. 이러한 교육적 소외를 극복하기 위한 방법으로 제시된 것 중 하나가 바로 '스마트교육'이었다.

스마트교육이라는 교육정책이 도입되었을 때 이를 바라보는 시선은 가능성과 한계만큼이나 다양했다. 교실에서 유일한 디지털기기인 TV를 제외하면 30년간 변하지 않는 교실 현장에서 미래형 교실을 만든다는 생각이 새로운 도전인 것은 분명했다. 물론 스마트기기의 비약적인 발전이 있었기에 가능한 일이었겠지만, 과거 컴퓨터를 활용한 교육사례가 일부 교과에 집중되거나 전반적으로 확산되기 못했던 전례를 보면 우려의 시선도 끊이지 않았다.

새로운 기술과 장비에 관심을 가져 왔던 일부 교사들의 열정과 교육학술정보원의 노력으로 다수의 스마트교육 콘텐츠가 개발되었지만 학교에서의 실제 활용도는 낮았다. 그 이유는 초기 교육프로그램이 스마트기기를 활용하거나 스마트앱을 기반으로 한 수업이었는데, 이는 대부분의 교사들에게 새로운 '기술'로 인식하게 만들어 이질감을 갖게 하였고, 과거 ICT활용 교육정책에서 학습된 바와 같이 아날로그 감성이 짙은 학교에서 첨단 기기를 활용하는 교육은 여전히 불편하고 어색했기 때문이다. ICT활용 교육정책으로 현재 거의 모든 교실에 들어온 PC(노트북)가 아직까지도 수업을 위한 이미지나 영상을 보여 주는 디지털액자로서의 역할에 그치고 있는 실정이다.

스마트교육을 접한 학생들은 기기를 활용한 수업의 변화를 반기지만 당황스러운 기색도 있었다. 조회 시간에 스마트폰을 수거해 가던 선생님이 수업시간에 스마트패드를 가지고 와서 미래형 수업을 하는 모습은 여전히 낯선 풍경이다. 수업시간에 판도라의 상자를 열어 보는 즐거움은 동기유발로서 최상의 방법일지 모르지만, 그것이 지속가능한 것인지의 여부는 누구도 장담할 수 없는 상황이다. 게다가 학부모들은 학교의 변화를 불안한 시선으로 바라본다. 자녀들의 스마트폰 중독과 그 폐해가 연일 보도되고 있고 가정에서 스마트기기를 오락적인 도구로 활용하는 모습을 매일 보고 있는 상황에서, 스마트기기가 학업성취를 위한 효과적인 도구라는 데에 마냥 긍정적인 시선일 수는 없는 것이다. 학부모들 입장에서는 그나마 학교가 스마트폰 사용을 금지하는 청정지역이라고 안심해 왔기 때문에 더욱 그렇다.

교육청은 이러닝-스마트교육-디지털교과서로 이어지는 IT기반 교육이 학교에 새로운 '패러다임'이 아닌 '피로감'을 준다는 사실을 알고 있을까? 그리고 시도교육청마다 스마트교육에 대한 정책적인 지원에 차이가 크다 보니 일부 선도, 시범학교를 제외하고는 스마트교육을 크게 고려하고 있는 상황이 아니다. 교육청은 더 중요한 일들로 바쁘고 스마트교육을 위한 적절한 지원은 쉽지 않아 보인다. 게다가 IT관련 기업들은 2013년 이후 스마트교육정책을 반기며 다양한 교육용 프로그램과 디지털장비를 선보였지만, 몇 년 뒤 교육현장의 시큰둥한 반응에 시장성을 찾지 못하고 철수하거나 다른 사업으로 전환한 상황이다.

스마트교육이 정책적으로 도입된 지 벌써 6년이 지났다. 스마트교육의 가능성과 우려 속에서 교육의 주체들도 바라보는 시선이 달랐던 만큼 아직 학교에서 스마트교육은 일상화되지 못했다. 심지어 전국의 모든 학교에 보급하기로 약속한 디지털교과서도 여전히 표류 상태이다. 학교라는 최대의 공교육시스템이 불확실성을 벗어나려는 것은 오히려 자연스런 현상으로 보인다. 그러나 최근 IOT와 인공지능으로 대표되는 '4차 산업혁명'과 디지털사회로 전환되고 있는 여러 신호들은 스마트교육이 중단없이 나아가야 함을 보여준다. 이제는 스마트기기에 의존하지 않는 스마트교육 2.0을 준비해야 할 때이다.

스마트교육 2.0, 세상의 모든 것과 접속하라

과거 90년대 CAI(컴퓨터기반학습)부터 최근 SW교육까지 IT기반의 교육방법이 정책적으로 실현되고 있지만 체감효과가 미미한 데에는 여러 가지 이유가 있다. 먼저 학교의 구조를 보면, 지필평가 중심의 입시를 향해 있는 교육의 현실, 전인교육을 실천해야 하는 교사의 부담이 업무로 더욱 과중된 상황이기에 그 어떤 교육정책이라 해도 성공하기 어려운 시스템이다. 그렇다고 해서 우리의 자녀이자 미래의 시민으로 성장할 학생들을 사회구조 문제의 이유로 외면할 수는 없다. 스마트교육 2.0의 실현을 위해서는 과거 지엽적인 교육방법론에서 벗어나 미래형 학교로서 '스마트학교'라는 새로운 패러다임이 필요하다.

IT기술은 지금보다 점점 미래의 일상 속으로 녹아들어가고 있다. 인터넷의 경우 PC나 스마트폰을 넘어 다양한 사물이나 기기와 연결되고 있는데 이것이 바로 사물인터넷IOT이다. 사물인터넷IOT이란 주변의 사물에 인터넷과 같은 네트워크 기능을 탑재하는 기술로, 사람의 개입 없이도 사물이 주변과 반응하여 상호작용할 수 있다는 장점이 있다. 이 사물인터넷의 핵심은 이 세상에 존재하는 모든 것과의 연결이 가능하다는 것이다. 이 연결고리만 찾아내면 인터넷상에서 동기화가 되고, 실세계에서도 서로 작동을 제어한다. 지금은 비록 초기 단계이지만, 변화 속도를 예측했을 때 5년 뒤에는 우리가 미처 상상하지 못한 사물들과 연결되어 있을 것이며 그것을 당연하게 생각할 것이다.

사물인터넷은 디지털 센서의 등장과 이를 제어하는 SW의 발전으로 가능해졌다. 우리의 기술이 구현될 수 있는 것은 센서로 인해 주변 정보의 수집이 가능하기 때문이다. 센서는 마치 사람의 감각기관처럼 주변 상황을 디지털로 전환하는 역할을 하며, 인간이 현재 가장 믿고 의지하는 데이터를 만들어 내고 있다. 실제로 사물인터넷은 센서와 인터넷의 만남이라고 볼 수 있으며 인터넷기술의 정점이다. 이렇게 수집된 데이터는 스스로 정보를 수집하기 때문에 과거에 비해 기하급수적인 양으로 늘어난다. 이것이 바로 빅데이터이며, 과거 IT기술로는 처리가 매우 힘들었던 방대한 데이터를 최신 기술과 알고리즘으로 처리와 가공이 용이해졌다. 이러한 빅데이터의 처리는 우리 교육의 수준을 한 단계 높일 수 있는 기회를 제공하고 있다.

사물인터넷을 통한 센서 기술은 학교에서 데이터에 기반한 학습을 가능하게 한다. 과거, 데이터는 연구하는 학자들의 전유물로, 학자들이 데이터를 바탕으로 연구를 진행하고, 학생들은 그 결과를 받아들이는 방식이었다. 과정에 대한 이해보다는 결과를 암기하고 평가를 받았다. 그러나 IOT에 의해 센서 기술이 보편화되면 누구나 원하는 데이터를 얻을 수 있고 그것을 통해 새로운 지식을 만들어내는 것이 쉬워진다. 예를 들어, 내가 생활하는 공간에 온도나 습도, 빛, 소리 센서를 부착해 놓고 네트워크로 연결하면 실시간으로 정보를 수집하고 일정 시간이 지나면 다량의 데이터가 생성된다. 이렇게 생성된 정보를 이용해 수학시간에 '통계처리', 사회시간에 '자연환경에 따른 생활양식', 과학시간에 '열의 이동이나 소리의 전파'와 같은 수업을 설계할 수 있다. 과거 특정한 장소에서만 데이터가 일괄적으로 수집되던 것과는 달리, 우리 실생활 속에서 데이터를 수집하여 실제 문제해결에 적용할 수 있다는 장점이 있다. 이는 학생들이 교육을 통해 현재의 문제를 해결할 수 있는 역량을 기르는 데에도 큰 몫을 할 수 있다.

학생들의 학습결과뿐 아니라 학습하는 과정을 센싱한 빅데이터를 통해 미래 진로지도에도 활용할 수 있다. 학생의 교과성적뿐 아니라 과제를 수행하는 동안 주변 사람들과 주고 받은 SNS대화, 웹 검색 자료부터 개인적인 성향이 강한 음악, 영화, 여행 등의 방대한 데이터를 분석하여 개별화된 적성을 찾고 미래를 함께 설계해 줄 수 있는 빅데이터를 연계한 개인별 진로교육이 가능한 것이다. 특히 12년간의 학생데이터가 저장된 학교생활기록부는 어느 정도 빅데이터 역할을 한다. 역동적인 성장과 변화의 시기에 놓인 학생들은 학교에서 진로와 관련된 다양한 신호들을 보낸다. 만약 이 신호가 적시에 감지되지 못하면 학생들은 진로가 바뀌거나 원치 않은 삶을 살아갈 수도 있다. 빅데이터를 충분히 고려한다면, 이러한 신호를 감지하면서 진로에 긍정적인 영향을 줄 수 있다. 학교생활기록부의 빅데이터를 바탕으로 의미 있는 진로를 설계하는 데 도움을 준다면 이는 충분히 학생들의 꿈을 향한 이정표가 될 것이다. 이제 학교생활기록부가 진학을 위한 문서가 아닌 포트폴리오로서의 역할을 하기 위해서는, 기록뿐 아니라 학생들이 보내는 신호를 미래와 연결시켜 줄 수 있는 방안이 필요하다.

온라인 교육, 학교를 다시 디자인하다

몇 년 전부터 주5일제 수업이 전국적으로 확산되어 정착되었다. 토요일에 학교를 가지 않아도 된다는 생각에 많은 교육의 주체들이 반기는 분위기였다. 도대체 학교는 왜 이토록 가고 싶지 않은 곳이 되었는지 뒤집어 생각을 해 봐도, 중학교까지 의무교육으로 규정된 이상 학교에 가고 싶지 않은 날에도 가야 하는 상황이기에 토요일에 학교를 가지 않아도 된다는 것은 누구나 반가울 것이다. 그러나 학교의 수업일수가 변함없이 고정되어 있고, 대신 방학이 줄어든다는 것을 알아채는 데는 그리 오래 걸리지 않았다.

학교 말고도 자신이 원하는 곳에서 공부할 수 있는 방법이 있을까? 20년 전 인터넷이 보급된 이후 많은 시도가 있었고 최근 스마트기기의 도입으로 어디서나 학습할 수 있는 환경이 갖춰졌다. 문제는 이 시스템을 어떻게 활용하는가이다. 주5일제, 단기방학, 9시 등교 모두 학생들이 학교를 떠나서 행복하다라는 전제가 아니라 평생교육의 일환으로 본다면 지속가능한 학습을 위한 훈련과 연습이 반드시 필요하다. 12년간의 개근상을 요구하기 전에 12년 후에 학교를 떠나는 학생들에게 스스로 학습할 수 있는 힘을 길러주었는가에 대한 반성과 고민이 필요하다. 20세기 산업사회에 등장한 근대의 지식을 구조화해 전달하는 공간으로서의 학교가 아닌, 학생들의 만남과 토론을 위한 공간으로 학교는 변해야 한다. 이를 위해서라도 온라인과 연계한 교육이 필요한 시점이다.

온라인 기반형 수업은 과거의 '이러닝', '블렌디드러닝'과 같이 학생들이 원격으로 강의를 듣고 학습을 하는 교육활동이다. 최근 '플립러닝'으로 불리는 '거꾸로수업'도 학생참여형 수업을 위한 온라인과 오프라인 연계 수업이라고 볼 수 있다. 그러나 학교교육과정과 수업일수 및 시수가 변하지 않는 상황에서는 거꾸로수업도 학생들이 추가로 강의를 수강해야 하는 입장이다. 거꾸로수업의 핵심은 '디딤영상'이라는 지식전달강의를 사전에 듣고 학교 수업시간에 프로젝트기반 활동을 하는 것인데, 10여분의 짧은 온라인영상이라도 많은 내용이 압축되어 있고 여러 교과를 시행하다 보면 매일 해야 하는 예습에도 많은 시간이 소요되는 것이 사실이다. 현재는 이런 시간이 교육과정 수업시수와 무관하다는 것이다. 그래서 최근에는 온라인수업과 일체된 거꾸로캠퍼스(비인가형 고등학교)를 설립하여 미래형 교육의 모델을 만들고 있다.

외국의 경우 미네르바스쿨(미국)은 온라인 기반형 교육과정을 운영하는 대표적인 대학교로 알려져 있다. 캠퍼스 없는 대학으로 유명하며 학기마다 7개국 기숙사를 돌며 생활하고 모든 수업은 토론형 세미나교육이다. 이것이 가능한 이유는 수업을 준비하는 과정이 교육과정의 수업시간에 포함되어 있으며, 이러한 준비 과정이 온라인상으로 이루어지기 때문이다. 온라인에서 이뤄지는 과정은 학교에서 학생들과 토론을 하기 위해 학생들이 스스로 준비하는 시간이다. 평가는 온라인상에서 1차로 이루어지고 오프라인 세미나에서도 학생들이 토론하는 모습을 지켜보면서 이루어지는데 고교학점제를 준비하는 우리나라에도 많은 영감을 줄 수 있을 것이라 기대된다.

온라인 기반형 교육과정은 미래 학교에서 당연한 일과가 될 것이다. IT기술의 발달은 학생들을 실제 세상과 맞닿을 수 있도록 해주었고, 세상 모든 것이 교육의 내용이 될 수 있는 인프라를 만들어 주었다. 미래 교육은 분명 이 지점을 놓치지 않을 것이다. 온라인에서 구조화된 지식을 전달받고 오프라인에서 서로가 만나 토론하고 협업하는 활동은 더 이상 남의 이야기가 아니기 때문이다. 현재 방송통신중학교와 고등학교에서 온라인교육과정을 운영하고 있다. 그러나 아직까지는 배움에서 소외된 학생이나 성인을 위한 보완적인 성격을 지니고 있다. EBS와 같은 온라인 수업의 경우 가장 구조화되고 체계화되어 있지만 입시 중심이거나 교실현장의 수업과 연계되지 못하는 단점이 있다.

온라인에 기반한 학교교육과정이 정말 가능할까? 결론적으로 말하면 인터넷이 보급된 20년 전부터 기술적으로는 큰 문제가 되지 않았다. 현재에는 컴퓨터뿐 아니라 스마트기기까지 추가된 상황이고 네트워크도 세계 최고 수준이므로 하드웨어적 인프라 구축은 이미 완료되었거나 과잉 상태로도 볼 수 있다. 그렇다면 왜 20년 동안 온라인 교육과정이 학교에서 보편화되지 못했을까? 학교라는 견고한 공교육 시스템과 공무원으로 살아가는 교사들로서는 교육방법의 근본을 좌우하는 선택이 부담스러울 수밖에 없을 것이다. 더구나 교육은 여전히 입시를 향해 있고 교실에서 학생들을 가르치는 것은 학교의 존재 이유로 자리해 왔다. 그 와중에 전 국민의 관심을 받는 대학수학능력고사와 EBS의 방송

교육이 긴밀히 연결되어 온라인교육이 학교교육에서 부정적인 시각으로 비춰졌으며, 인터넷이라는 정보의 바다에 대해 유해한 정보에 노출될 것이라는 우려가 온라인교육의 발목을 잡았다.

중학교에서 온라인기반 교육과정은 우선 자유학기제와 연계하여 운영할 수 있다. 자유학기제를 바라보는 시각이 워낙 다양해서 교사들의 초점이 흐려지는 경우가 종종 발생한다. 교육과정 안에서 가르쳐야 할 지식은 산재해 있지만 학생들은 참여형 수업을 원하고 있다. 이러한 폐단을 없애기 위해 '총괄식 지필평가 폐지'라는 극단적인 처방이 내려졌지만 교사들의 고민은 여전하다. 그리고 일반학기와 지식이 연계되는 것을 고려하면 항상 학생들이 참여만 하는 수업으로 진행하는 것도 부담이다. 그렇다면 우선 온라인을 통해 교육과정 내 지식을 전달하고, 자유학기 수업시간에 지식을 바탕으로 한 참여형 수업을 진행하는 것은 어떨까?

온라인 교육이 학교와 공생하는 3가지 방법

온라인기반형 교육과정이 정착되려면 몇 가지 해결해야 할 문제들이 있다. 우선 온라인 교육을 누가 담당할 것인가의 문제이다. 학교수업을 준비하고 실천하는 현장의 교사가 온라인 교육까지 담당해야 하는 것은 무리이다. 그러므로 온라인과 오프라인의 교육과정은 분리와 연결을 적절히 할 수 있는 전문가집단이 함께 구성해야 한다. 또 다른 문제는 주5일 학교교육과정을 이수하는 학생들이 과연 온라인수업을 들을 시간과 장소가 있는가의 문제이다. 이론적으로 보면 가능하지만 여전히 학생들은 바쁘다. 앞으로 온라인수업이 활성화된다면 교사의 역할에 대하여 함께 고민해야 한다. 지식을 전달해 주는 '절대자'에서 학습코치로서의 '조력자' 역할을 해야 하는데, 이때 교사의 완벽한 역할 변신만큼 많은 준비가 되어야 할 것이다. 온라인에서 가르치고 오프라인에서도 가르치려만 한다면 학생들은 이를 외면할 뿐만 아니라, 배움의 시간도 줄어들 수밖에 없다. 그럼 이렇게 하면 어떨까?

첫째, 교과서의 내용은 교과서를 만든 사람들이 가르친다면 어떨까?

지금의 학교교육은 교육과정의 콘텐츠인 교과서를 가지고 교사가 현장의 교실에서 수업을 진행한다. 거의 동일한 내용의 지식을 40만 명의 교사가 서로 다른 목소리로 전달한다. 각기 다른 교실의 상황이나 교사의 경험에 따라 내용이나 전달하는 과정이 다르기도 하다. 때로는 학생참여수업을 위해 교육과정을 일부 재구성하여 수업에 적용하라는 주문을 받지만 교과서를 재구성하라는 것은 교과서를 집필한 사람만큼 지식의 구조와 체계를 이해했을 때 가능하다. 현장의 교사는 더 이상 슈퍼히어로가 아니다. 교실에서 학생들과 함께하는 소통전문가 역할을 넘어서 교육과정 전문가로서의 역량을 완벽히 소화하기에는 분명 무리가 따를 것이다. 그러므로 전문성을 지닌 두 역할을 분리해 보고자 한다.

교과서를 집필한 연구팀(교사, 교수, 전문가)은 교육과정에 대한 전문적 역량과 연구에 기반하여 작업을 한 상황이다. 이들만큼 교과서에 대한 이해와 고민을 한 사람은 없을 것이다. 이들의 지식과 노하우가 오늘날의 온라인을 통해 전파된다면 핵심지식만큼은 정확하게 전달될 수 있다. 온라인 수업에서는 교과서를 만든 저자들이 직접 강의를 함으로써 교육내용에 대한 이해와 의도를 정확하게 전달하는 것이 가능하다. 그리고 현장의 교사가 온라인을 통해 교육과정의 내용인 교과서의 핵심개념을 보급하면 학생들은 동일한 핵심지식을 전달받고 학교의 교사와는 그것을 토론하거나 수행 프로젝트를 할 수 있는 시간을 확보할 수 있을 것이다.

둘째, 온라인수업을 위해 학생들에게 하루를 선물해 보면 어떨까?

최근 온라인강의와 연계한 수업은 모두 방과 후에 학생이 별도의 시간을 활용해야 한다. 학교의 교사도 일과 이외의 시간에 동영상을 제작하여 공유하는데, 이는 아직 초과근무에 속하며 아직 학생과 교사 모두에게 부담으로 작용한다. 이러한 부담을 줄이고 온라인수업도 정규과정으로 인정받기 위해서는 학생들에게 수강할 수 있는 시간이 주어져야 한다. 그리고 최근 학생들에게 일과시간 이외 과제를 수행평가에 반영하지 못하도록 한 것도 학생이 집에서 하는 학습을 인정하지 않으면서 과제를 요구하기 때문이다. 학생들에게 시간을 주면 어떨까? 평가를 통해 학생들이 스스로 학습한 시간을 수업시수로 인정해 주면 어떨까? 우리가 현재 봉사시간을 받는 것과 마찬가지이다. 봉사시간도 현재 교육시간으로 인정받고 있는데, 학생들이 스스로 과제를 수행하거

나 온라인수업을 받는 시간도 교육시간으로 인정해 줄 수 있는 방안이
필요하다.

학생들에게 일주일에 하루, 아니면 반나절만이라도 온라인수업을 들
을 수 있는 시간을 주었으면 한다. 자유학기를 통해 한 학기나 일년 동
안 학생들에게 시간을 주듯이 모든 학생들에게 스스로 학습할 수 있는
시간을 주면 어떨까? 이때 학교가 학생들에게 스스로 학습을 계획하고
실천하는 방법을 꾸준히 교육한다면 분명 교육현장은 변화할 것이다.
수능과 같은 국가수준의 학업성취도평가는 온라인수업의 내용으로 대
응하고, 교실에서는 온라인수업에서 배운 내용을 질문하고 토론하는
학습의 공간으로서 지식과 삶을 연결시켜 프로젝트학습이 일상화되는
학교의 모습을 기대해 본다.

셋째, 그럼 교사는 무엇을 할까?

교사들의 기본 전공교과와 함께 미래를 위한 프로젝트학습의 설계
자로서 명확한 역할을 부여하자. 우리나라의 교사들은 학창시절 프로
젝트학습을 경험한 적이 그리 많지 않다. 즉 경험해보지 못한 수업을
설계하는 데에는 교사교육도 함께 이루어져야 한다. IT기기를 수업의
도구로 활용하는 능력이나 학생들이 교실에서 스스로 학습하는 것을
효과적으로 지원하는 능력을 갖추어야 한다. 이러한 능력은 교사학습
공동체나 교육청의 교사교육을 통해 가능한데, 이를 위해 많은 고민과
혜안들이 모여야 할 것이다.

교사들이 학생을 가르치는 것은 당연하다. 교사의 입장에서 본다면,

학생으로서 16년을 보내고 교사로서 교직경력까지 더하면 관성을 넘어선 성격이다. 이것을 극복하기 위해서 온라인수업이 학업성취를 위한 영역으로 분리가 되고 교사는 학생들과 마주하면서 소통하는 능력이 가장 중요한 요소가 되어야 한다. 학생들의 이야기를 경청하고 존중하면서 성취수준으로 안내하는 것이 바로 교사들의 역할이다.

　온라인수업이 일상화된 학교의 모습을 다음과 같이 그려 본다.

학교에 도착한 아이들은 온라인수업을 들었으므로 간단한 형성(진단)평가를 통해 수업으로 초대를 받는다. 교사는 온라인수업을 기준으로 학생들의 수준과 교실의 상황을 고려하여 수업을 설계하고 학생들을 참여시킨다. 그러다 보니 자연스럽게 PBL이나 프로젝트기반 학습이 이루어지고 교사는 조력자이자 퍼실리테이터가 된다. 학교는 교육과정의 성취수준에서 지식수준의 평가는 국가에서 제공하는 문제은행이나 학업성취도 평가문항을 활용해서 학기별 1~2회 실시하고 교사는 학생 참여형 오프라인수업을 설계하고 진행하는 데 주력한다. 오프라인수업을 통해 학생들의 역량을 길러내고 과정중심평가를 통해 성장을 기록한다. 이런 기록들이 모여서 빅데이터가 되고 빅데이터는 학생의 진로를 위한 가이드를 제공해 준다.

　가상의 시나리오지만 잘 들여다보면 대부분 현재 실천하고 있는 것들임을 알 수 있다. 많은 교사들이 자체 제작한 온라인수업과 연계하여 교실에서 학생 참여형 수업을 진행하고 있으며, 교육과정 재구성을 통해 수업 속에서 과정평가를 진행하고 있기 때문이다. 물론 모든 교사들에 해당하는 상황은 아니지만 정책적인 지원이 뒷받침되면 확산될 가능성이 많다. 일부 선생님의 교육에 대한 열정과 헌신만으로도 가능하지만, 이것이 지속가능하려면 국가교육과정의 지식적인 내용은 일관성 있게 전달되어야 하는데, 온라인수업이 충분한 대안이 될 것이다. 또한 학생들 스스로 학습할 수 있게 도와주는 역할은 익숙해진다면 우리나라와 같이 수준 높은 교육자들에게 금세 일반화될 수 있을 것이다.

21세기는 연결을 넘은 초연결사회이다. 학생이 원하는 주제와 연결되어 온라인으로 교육을 받는 것은 더 이상 새로운 기술에 의한 것이 아니다. 온라인교육을 활용한다면 공교육의 문제를 어느 정도 해소할 수 있을 것이다. 최근 세계적으로도 대학교의 온라인 코스웍인 'MOOC'가 학점을 인정하면서 이슈가 되고 있으나 중고등학교에서는 정규교육과정으로서 온라인 교육과정을 운영하는 사례가 많지 않다. 우리나라도 IT기술을 바탕으로 온라인 교육을 위한 다양한 시도가 있었지만 학교교육과정과 연계되지 못해 기초학력보정이나 전입생과 같은 학교 내에서 소외된 학생을 위한 교육으로 활용되는 것에 그쳐 왔다. 그러나 이제 여러 가지 교육의 변화가 새로운 환경을 만들어내고 기회요인으로 작동하고 있다. 초등학교에서는 통합교과를 통해 융합교육 및 학생 참여활동이 확산되고 있고, 중학교에서는 자유학기제라는 지필식 총괄평가를 배제한 혁신적인 교육방법이 정규교육과정으로 들어와 있는 상황이다. 또한 고등학교에서는 학점제를 통해 학생들이 원하는 교육과정을 만들어 갈 수 있고 입시에서도 수능절대평가제와 학생부종합전형으로 전환되고 있다. 교육계는 변화의 시기이면서 기회의 시기이도 하다. 이 기회를 놓쳐서는 안 될 이유가 바로 여기에 있다.

대한민국의 SW교육에 길을 묻다

세계적인 IT기업들의 후원과 펀딩으로 코딩교육이 새로운 디지털사회에서 중요한 화두가 되고 있다. 2014년 영국이 코딩교육을 의무화하였고 우리는 2018년 중학교 SW교육의 의무화를 목전에 두고 있다. SW교육은 이전의 컴퓨터프로그램을 배우기 위한 코딩교육이 아니라 컴퓨터적 사고와 역량을 길러내는 것을 목적으로 한다.

컴퓨팅사고력은 문제를 수립하고 해결책을 만들어 컴퓨팅시스템을 통해 효과적으로 수행되도록 표현하게 하는 사고과정이다. _지넷 윙

그러므로 프로그램을 만드는 능력이라기보다 실생활의 문제를 해결하는 데 컴퓨팅도구를 활용할 수 있는 역량으로 간주하고 있다. 영국에서도 산업사회의 기초과목이었던 '수학'을 대체할 교육으로 디지털사회에서 '코딩'을 선택한 것인 만큼 컴퓨터를 활용하여 논리적이고 절차

적인 사고뿐 아니라 데이터를 수집하고 처리하는 능력이 필요하다고 판단한 것이다. 그렇다면 우리나라의 경우, 이러한 새로운 사회의 동력으로서 학생들의 역량을 길러내는 것을 목적으로 SW교육이 도입되고 있는가? 아니면 이전 교육과정에서 선택교과였던 '정보'과목을 필수교과로 바꾸는 것에 그칠 것인가? 이는 많은 교육자들과 국민들이 우려하는 부분이다.

SW교육은 이전의 스마트교육을 바라보던 시선과 같이 다양한 시선이 존재할 수밖에 없다.

'컴퓨터'가 미래지향적인 이미지와 오버랩되는 것이 바로 '게임'이나 유해한 '정보'의 노출에서 시작되어 업무에 이르기까지 부정적인 영향들도 많기 때문이다. 어떻게 보면 이러한 환경이 실세계와 가장 근접한 상황임에도 불구하고 미성숙한 학생들에게 학습의 장으로 활용하기에 우려되는 부분이 있다. 이러한 국민적인 '이미지'로 인해 시선은 더욱 다양해졌고 가능성과 불편함이 공존하는 모호한 형국이다. 그러나 SW교육은 분명 가까운 미래를 살아가는 학생들에게 가장 중요한 교육임에는 틀림없다. 새로운 시대를 살아가야 할 학생들에게 반드시 필요한 교육이라는 것에 동의한다면 일부 부정적인 요소들에 의해 중단되지 않도록 지혜를 모아야 한다.

SW교육의 핵심은 실생활의 문제를 해결하는 역량을 길러내는 것이다. 이를 위해서 우리에게 익숙한 컴퓨팅도구인 PC, 스마트기기 등을 이용해서 정보를 수집하거나 검색하여 문제해결을 위한 자료(자료수집)로 활용한다. 그리고 이렇게 수집된 디지털자료를 효과적으로 처리할 수 있는 능력(자료분석)이 뒷받침되어야 문제를 해결하는 토대가 된다. 그러나 대부분의 자료가 디지털로 구성된 단편적인 자료들이므로 불필요한 정보를 걸러내서 핵심을 찾아내는 과정 자체가 학습의 과정이 되어야 한다. 이를 통해 필요한 정보를 순차적으로 배치하는 능력에 이르기까지 대부분의 학습과정이 컴퓨터의 알고리즘과 유사하다는 점에 착안하여 컴퓨팅 사고력을 학습과정으로 차용한 것이다. 그 이유는 컴퓨터의 정보처리방식이 사람의 뇌에서 정보가 다뤄지는 방식을 간소화한 핵심적인 프로세스로 이루어졌기 때문이다. 즉 컴퓨터가 정보를 처리하는 방식이 매우 논리적이고 절차적이므로 이러한 방법으로 교육과 학습을 해 보자는 것이 요지이다.

SW에서 코딩교육은 수학과 마찬가지로 논리적인 사고를 배우는 방법으로 해석한다. 컴퓨터가 PC를 넘어서 모든 사물로 확장되는 상황에서 우리가 수학문제를 풀이하는 것보다 오히려 컴퓨터식의 사고를 배우는 것이 더 효과적일 수 있다. SW교육은 반드시 필요하지만 문제는 학교교육에서 어떻게 풀어가는가이다. 먼저 정보교과를 담당하는 교사들이 이전의 컴퓨터활용 교육으로 문제를 풀어가지 않기를 바란다. 기존의 정보교과와는 다른 패러다임을 인식하고 문제해결을 위한 컴퓨팅 사고력을 길러야 한다. 그리고 정보교과뿐 아니라 모든 교과에서 이러한 컴퓨팅사고를 하기 위해 교육과정을 재구성하고 다양한 수업모델을 개발해야 한다. 학교교육에서 이러한 고민과 노력이 이어질 때 학생들의 SW적 경험이 삶과 연결될 수 있을 것이다.

집단지성을 향한 교육플랫폼, 클라우드

최근 많은 IT기업으로부터 다양한 클라우드를 접하게 된다. 클라우드는 웹상에서 갖는 저장공간을 의미하는데, 컴퓨터에 부착되어 있는 개인용 공간이 아니기 때문에 인터넷만 연결되어 있으면 어디에서나 접속 가능하고 이 공간을 누구와도 함께 쓸 수 있다는 장점이 있다. 미래에 클라우드는 단순히 저장 공간을 넘어서 모든 것을 연결해 줄 수 있는 플랫폼이 되고 새로운 일자리가 되기도 하며, 삶의 터전이 되기 때문에 매우 중요하다. 그러나 아직 학교교육에서의 클라우드에 대한 인식과 활용교육은 미흡하다. 클라우드라는 개념이 단순히 온라인 저장공간이라는 인식에 갇혀 지식과 정보를 공유하고 협업하는 것이 우리사회에서는 여전히 서툴기 때문이다. 이러한 공유보다는 학교의 게시판에 공지사항을 올리거나 가정통신문을 배부하는 것이 아직은 더 익숙하다.

이러한 현실에도 세계적으로 주목을 받는 것이 공유경제이다. 실제로 인터넷을 통해 많은 자원들이 공유되고 있다. 예를 들면 과거 음악 CD를 소유하는 시대에서 온라인으로 공유된 디지털 음원을 감상하는 시대로 전환된 것이다. 이러한 사례가 클라우드 방식이고 세계적인 기업들도 클라우드형 공유경제로 시장을 재편하고 있는 상황이다. 한정된 자원을 가지고 살아가는 우리뿐 아니라 미래를 살아갈 아이들에게도 클라우드를 통한 자원의 공유는 교육에서도 중요한 지점이다. 그럼 학교에서 클라우드를 어떻게 활용하면 좋을까?

우선 온라인기반형 교육과정과 연계되어야 한다. 현재 클라우드는 온라인 저장공간이다. 그러므로 학생들이 원하는 온라인강좌를 홈페이지의 게시판에 올려놓는 것이 아니라 클라우드에 담아 두어 모바일 환경과도 연결될 수 있게 한다. 클라우드 기반 온라인수업의 장점은 개방성이다. 시간과 장소에 구애받지 않고 자신이 갖고 있는 스마트기기에서도 수강이 가능하며, 학습진도를 나가는 것이 아니라 자신이 원하는 주제의 지식과 정보를 습득하는 역할이 되어야 한다. 그리고 초기 개발비용을 절감할 수 있다. 기존의 이러닝시스템은 온라인상에서 모든 교육과 상호작용하고 온라인평가를 구현하기 위해 시스템구축비용이 상대적으로 많이 소요되었다. 그러나 클라우드 방식은 기존의 클라우드 플랫폼을 활용하여 콘텐츠만 올려놓기 때문에 대규모 시스템이나 웹사이트개발비를 절약할 수 있는데, 이러한 방식이 가능한 이유는 학생들이 온라인수업을 듣고 학교에 가기 때문이다. 오프라인수업과 즉시 연계되므로 장기적인 이러닝시스템이 아닌 학교에서의 프로젝트수업을 하기 위한 기본소양교육으로서의 역할을 하게 된다.

학교에는 컴퓨터실이 있다. 과거부터 현재까지 정보통신교육의 첨병으로서 컴퓨터교육이 진행되는 곳이지만 최근 노트북의 보급이나 스마트기기가 보편화되는 추세에서 컴퓨터가 가지런히 정렬된 공간은 오히려 낯설어 보인다. 학생들에게 컴퓨터 프로그램을 사용하는 방법을 배우는 교육이 아닌 삶 속에서 디지털정보를 어떻게 효과적으로 처리하고 재구성하는지에 대한 교육으로 전환되어야 한다. 그러기 위해서는 컴퓨터실의 교육이 아니라 교실이나 특별실에서도 즉시 활용이 가능한 노트북을 쓰면 되는데, 가격이나 내구성의 측면에서 확산이 되지 못하는 형편이다. 그러나 최근에는 클라우드를 활용한 웹기반 노트북이 등장하면서 교육용 기기로 크게 활용되고 있다. 웹기반의 노트북은 20만원대의 가격으로 기존의 노트북에 비해 저사양이지만 웹상에서 모든 작업이 가능하므로 학교 내 무선인터넷 환경만 구축이 되면 수업시간에 즉시 활용이 가능하다. 이러한 웹기반 노트북을 통한다면 다양한 교과에서 클라우드에 접속하여 실시간으로 정보를 처리하고 학생들이 스스로 학습을 할 수 있도록 지원해 주며 동료와 함께 협업하여 과제를 수행하고, 교사는 클라우드의 제어를 통해 학생들의 학습 상황과 수준을 평가할 수 있는 시스템으로 발전이 가능하다.

클라우드를 활용한 교육은 스마트교육의 지향점과 같다. 학생들의 자기주도적인 학습을 지원하는 것이다. 학생들이 살아갈 미래사회에서 클라우드는 작업공간이나 도서관이 될 수 있고, 삶의 터전이 될지도 모른다. 클라우드는 네트워크에서 하나의 공동체이자 사회이다. 현재에도 많은 온라인 서비스가 클라우드 방식으로 급격히 전환되고 있는 상황에서 학생들이 클라우드를 기반으로 한 다양한 수업을 경험할 때 가까운 미래의 삶과 연결될 수 있는 것이다. 디지털 가상공간이지만 어떤 자원을 누구와 함께 나눌 것이며 그러한 공유는 어떤 의미를 갖게 되는지를 함께 고민해 보아야 한다. 그리고 클라우드 안에서 여러 정보가 모여서 지식이 만들어진다면 집단지성 교육모델로서의 역할을 기대할 수 있다.

스마트학교, 융합을 디자인하다

최근 세계 곳곳에서는 혁신적인 교육스타트업에 의해 학교들이 설립되고 있다. 앞서 언급한 미네르바스쿨뿐 아니라 구글의 전직 임원이 만든 알트스쿨Alt School, 무료 온라인교육으로 널리 알려진 칸랩스쿨 khanlabschool, 페이스북이 지원하는 서밋스쿨이 대표적이다. 이 혁신학교들의 공통점이 바로 정보통신기술IT을 활용한 맞춤형 개별화 교육을 지향하고 있으며 교과간 융합형 프로젝트학습을 실천하고 있다. 이 중 알트스쿨의 경우 디지털플랫폼기반으로 운영되고 있는데, 소프트웨어를 통해 학생들이 원하는 주제를 선택하여 흥미와 적성에 따른 맞춤형 교육과정을 구성한다. 그리고 교실에서는 학생들이 선택한 주제에 대해 프로젝트학습을 할 수 있도록 지원한다. 이 과정에서 학습의 전 과정이 프로그램에 기록되고 학생들은 피드백을 받으면서 소통하는 구조이다.

우리나라에서도 기술 기반의 SMART교육과 함께 융합교육으로 알려진 STEAM Science, Technology, Engineering, Art, Math교육이 이미 도입되었다. 그러나 분절적인 교과중심의 학교교육에서 STEAM교육은 여전히 교육적인 실험을 반복하고 있어 큰 반향을 불러일으키지 못했다. 미래 사회 역량으로서의 '융합'은 누구나 필요성을 느끼고 있지만 학교현실에서는 쉽게 적용되지 못했다. 또한 디지털기술 기반의 SMART교육과 융합형 프로젝트 기반 교육인 STEAM교육이 별도의 모델로 운영되고 있는 것이다. 외국의 혁신학교는 이미 이 두 가지의 경험을 모두 교육과정에 녹여내고 있지만 우리는 아직 그런 시도를 본격적으로 해본 적이 없다. 새로운 교육방법에 대해 브랜드를 만드는 것에는 익숙하지만 브랜드를 연결하는 것에는 적극적이지 못한 현실이다. 그 결과 교육적인 방법들이 지속가능하지 못하고 새로운 교육방법을 찾는 모순에 빠지게 된다.

이제는 학교다. 융합수업도 좋고 IT기술을 활용한 수업도 필요하다. 그러나 수업의 변화와 함께 시스템의 변화가 동시에 이루어져야 한다. 학교의 교과시간표를 그대로 둔 채 융합수업을 하라는 것이나, 노트북 한 대로 IT활용 교육을 하는 것은 불가능한 일이다. 융합수업을 실천하거나 IT기술을 효과적으로 구현할 수 있는 학교가 필요하다. 이러한 학교가 바로 스마트학교이다. 현재의 학교가 스마트학교로 전환되기 위해서는 스마트기기나 와이파이와 같은 물리적인 환경보다 중요한 것이 분절적인 교과교육을 극복하여 학교별 교육과정의 유연성을 확보하는 것이다. 지금은 국가에서 가르쳐야 하는 내용에 대한 요구사항이 구체적이다 보니 교사들의 의지만으로 수업을 재구성하기 어려운 구조이다. 즉 국가로부터 건네받은 콘텐츠를 학생들에게 효과적으로 전달하는 것에서 벗어나 '플랫폼'으로서의 역할을 해야 한다. 학교의 플랫폼 전략은 가르쳐야 할 교과지식의 양과 수준을 일방적으로 전달하는 것이 아니라 다양한 지식들이 서로 공유되고 융합될 수 있는 '장'을 마련하는 것이다. 다시 말해 융합교육을 위한 플랫폼으로서 학교교육과정이 전환되어야 하며 교사와 학생들이 지식(콘텐츠)을 생산하고 공유할 수 있다. 더불어 2015개정교육과정에서 도입한 '역량'을 효과적으로 증진시키기 위해서도 교육과정의 변화는 필요하다.

그리고 교사부터 스마트해져야 한다. 교사가 스마트기기를 활용한 교육이나 SW지식을 전수하는 것이 아니라, 학생들의 역량을 길러내기 위한 지혜를 가르쳐야 한다. 그리고 지식을 넘어서는 융합의 가치와 의미를 학생들이 직접 체화할 수 있도록 충분한 훈련과 경험을 제공해야 한다. 이러한 교육을 통해 IT기술이 어떻게 접목되고 효과적인지에 대해 학생들 스스로가 판단하고 사고할 수 있도록 고민해야 한다. 이는 교과교육을 넘어서 융합적인 사고를 통해 가능하다. 이러한 사고를 하는 교사들이 바로 융합인재를 길러낼 수 있다는 것을 잊지 않도록 하자. 또한 교사 못지않게 학생도 스마트해져야 할 것이다. 미래의 학생들은 배움에 대해 적극적인 자세로 인류의 지혜를 습득하고 창의적인 사고를 통해 스스로 문제를 해결할 수 있는 힘을 길러야 한다. 이 역량을 길러내기 위해서는 경쟁보다 상생으로 친구들과 협력하는 데 주저하지 않기를 바란다.

산업화의 대량생산 시대에서 탄생한 학교는 이제 새로운 시대를 준비해야 한다. 앞으로 IT기술은 지금보다 더 일상화될 것이고 융합적 사고는 더욱 보편화될 것이기 때문이다. IT기술로 각자의 재능과 적성을 키워줄 수 있는 학교, 교사와 함께 교실에서 프로젝트학습을 즐기는 학교, 서로의 지식이 공유되는 플랫폼으로서의 학교가 바로 스마트학교이다. 이제 스마트학교를 준비해 보자.

직업교육과
평생교육

한국직업능력개발원 부연구위원
김인엽

미래교육에서 직업교육을 말하다

최근 회자되고 있는 '4차 산업혁명'과 관련해서 사람들 사이에 가장 많이 언급되고 있는 것 그리고 가장 많이 두려워하는 것 중의 하나가 바로 '직업 세계의 변화'라는 것은 누구나 인정하는 사실일 것이다. 4차 산업혁명으로 산업의 생계태가 변화하고 직업의 종류가 변화하고 있으므로 이에 적합한 인재 양성을 위해 교육도 혁신이 필요하다는 논리이다. 사실 '4차 산업혁명'이라는 용어의 등장 이전부터 사회 전반적으로 교육 혁신의 필요성에 대한 담론은 지속적으로 제기되어 왔다. 4차 산업혁명의 핵심이라고 하는 '창의성'과 '융합력'이라는 용어는 최근에 등장한 것일까? 결코 그렇지 않다.

작게는 교사와 칠판 중심의 획일화된 강의식 수업 장면에서 탈피하려는 노력부터, 크게는 교육과정의 변화와 교원 선발 방식의 변경까지 지속적인 혁신을 시도해 왔음을 누구도 부인할 수 없을 것이다. 동시에 그 누구도 우리 교육의 모습이 완전히 혁신되었다고 자신 있게 말할 수도 없을 것이다. 지난 10년간 경기도교육청을 중심으로 학생인권조례, 무상급식, 혁신학교 확대, 마을교육공동체 등 그야말로 우리 교육사의 대 사건들이 있었음에도 불구하고 말이다.

그렇다면 왜 우리는 학교의 모습이 예전과 크게 달라지지 않았다고 느끼며, 교육이 혁신되고 있다는 것을 체감하지 못하는 것일까? 그 원인은 과연 무엇일까?

적어도 한국에서는 유치원, 초등학교, 중학교, 고등학교 등 공교육 현장에서 교육의 목적이 왜곡되어 있기 때문이라고 생각한다. 고액의 비용이 드는 사립 유치원과 사립 초등학교에 입학을 시키는 것도 부족하여 무리하게 국제중학교에 입학시키려 하고 외국어나 과학 특기와 무관하게 외국어고, 과학고에 입학하여 서울 중심에 있는 특정 대학에 입학하는 데 교육의 목적을 둬 왔던 것은 아닐까?

이 학교들은 일반 학교에 비해 꽤 많은 입학금과 수업료를 지불해야 하고 재학 기간 동안 지출하는 교육비용도 꽤 상당하다. 결국 이는 부(富)의 문제로 귀결되고 사회적 불평등을 야기한다. 혹자는 교육기관의 다양성 추구라고 하나 그것은 허상일 뿐이고 사실은 계층을 구분 짓는 바로미터의 역할을 해왔다고 해도 과언이 아닐 것이다. 결국 학교는 교육의 형평성을 통해 사회정의를 실현하는 순기능을 하는 것이 아니라 계층을 구분하는 역할, 사회적 지위를 얻기 위한 수단으로서 작용하게 되었다. 뒤르켐이 갈등론을 이야기했던 이유가 여기에 있다.

물론 대다수의 모습이라고 할 수는 없지만 적어도 우리 사회의 주도적 흐름이라는 것을 부정할 수는 없을 것이다. 드라마, 뉴스, 예능 등 각종 미디어의 다양한 프로그램에서 우리가 아주 자연스럽게 접하는 것이 'S대 명문대 출신', '유학파', '재벌 2세' 등 금수저, 흙수저 논란을 가져올 만한 용어들이다. 어느새 우리 부모들이나 아이들은 사고의 잠식을 통해 인생의 목적과 가치관 자체가 명문 대학 입학이라는 곳에 고착화되어 왔다. 물론 미디어만의 책임이라고 할 수 없다. 우리 사회 곳곳의 시스템에서 기득권 유지에 학연이 작용하면서 정부의 고위 인사 자리와 공공기관의 대표 자리를 특정 대학에서 독과점하는 형태를 흔히 목격하게 되는 국민 경험치가 분명 있기 때문이다. 독과점이라는 것이 비단 경제의 영역에만 존재하지 않는다는 것을 우리는 잘 알고 있다. 이를 위해 과도한 사교육비 지출은 물론 입시 부정 등 수단과 방법을 가리지 않는 일 또한 반복되고 있다. 이것은 지난 수십 년간 지적되어 온 문제이지만 그 해결의 기미는 여전히 보이지 않고 있다.

그러나 적어도 미래교육을 논함에 있어 우리는 이 과제의 근본적인 해결책을 탐색할 필요가 있다. 이를 해결하기 위해 우리는 어떤 새로운 시도를 해야 할까?

나는 그 답을 감히 직업교육에서 찾아보자고 제안하고 싶다. 여기서 말하는 직업교육은 특성화고등학교나 마이스터고교와 같은 직업계고에서의 직업교육을 의미하는 것이 아니고, 개인의 생애에 걸친 직업을 얻기 위한 전반적 교육을 의미하는 것이다.

사실 대부분의 사람들이 명문 대학 입학이 인생의 최종 목적이 될 수 없다는 것을 잘 알고 있다. 어쩌면 인생의 최대 목적은 자신이 원하는 좋은 직업('좋은 직업'이라는 것은 높은 보수, 좋은 복리후생을 제공하는 직업만을 말하는 것이 아니라, 자신의 적성과 흥미에 맞는 직업까지 포함한다.)을 통해 생계를 유지하고 자아를 실현하는 데 있다고 볼 것이다. 지난 세월 동안 우리가 생각하는 보편적인 삶의 모습은 태어나서 30년간은 직업을 얻고 수행하기 위한 교육을 받고 나머지 30년은 직업 현장에서 열심히 근무하다가 생을 마감하는 순환의 모습이었다. 하지만 4차 산업혁명의 도래와 100세 시대를 눈앞에 둔 지금의 시점에서 교육의 목적도, 삶의 주기cycle도 모두 변화하고 있다.

우선 교육목적의 변화에 대해 이야기해 보자. 국가적 차원에서 필요한 인재는 단순히 많은 지식을 갖고 있는 인재가 아니라, 기초 실력을 탄탄히 하고 타인에 대한 수용성, 창의성을 기본으로 융합능력을 갖추어 실행할 수 있는 인재이다. 따라서 학생의 입장에서는 단순 지식의 습득이 개인의 경쟁력이 될 수 없으며 명문대 진학보다는 자신의 흥미와 적성에 기초한 진로설계와 직업선택이 더 중요해졌다. 또한 변화하는 사회에 빠르게 적응하고 평생에 걸친 지속적 학습이 필요해졌다.

공교육을 포함한 모든 교육의 목적은 더 이상 대학 진학이 아닌 개인의 삶과 행복, 그리고 이를 실현할 수 있는 직업에 중점을 두어야 하며, 100세 시대에 30년 배우고 배운 내용을 토대로 30년 일한다는 사고의 프레임에서 벗어나, 평생을 배우고 또한 평생을 즐겁게 일하는 데 목적과 가치를 둘 필요가 있다.

좋은 직업을 갖기 위한 전제 조건은 더 이상 명문대 졸업이 아니라, 성실한 직무 수행을 위한 직업기초능력과 직무수행능력을 갖추는 일이 되었다. 뛰어난 업무 능력은 다양한 관점을 인정하고 타협하려는 의지, 그리고 지식의 한계를 인정하는 것과 관련이 있다. 이렇게 볼 때 직업과 관련된 전문적 지식을 갖추는 것, 직업 수행의 기본이 되는 체계적인 기초 소양을 갖추는 것, 이를 실행할 수 있는 역량을 갖추는 것이 얼마나 중요한지 알 수 있다.

적어도 중등교육의 목적을 대학 수학능력을 갖추기 위한 지식을 학습하는 데 두는 것이 아니라, 능력 있는 미래사회의 직업인 양성에 둔다면, 교육과정을 비롯하여 일련의 교육컨텐츠와 운영방식의 변화가 필요하다고 생각한다. 단순히 아는 교육이 아니라 직업 현장에서 수행할 수 있는 교육, 즉 '할 수 있는 교육'으로 역량 함양의 중심축을 옮기는 대대적인 전환이 필요한 것이다. 더불어 실질적으로 학생들에게 더 많은 선택권이 주어지도록 공교육의 새로운 플랫폼 구축이 필요하다.

미래교육에서 새로운 교육 플랫폼을 말하다

미래교육의 직업교육 관점에서 '아는 교육'이 아닌 '할 수 있는 교육'과 학생 선택권을 실질적으로 보장할 수 있는 교육 플랫폼은 어떻게 구축해야 할까?

여기서는 중등교육에 중점을 두어 이야기하고자 한다. 특히 고등학교 교육에 중점을 두어 이야기하고 싶다. 미래 고등학교 교육의 모습은 지금의 대학교육과 학점은행제를 생각해 보면 쉽게 답이 나올 것이다. 대학에는 학과가 있고 교양과목, 전공기초, 전공필수, 전공선택, 일반선택의 과목이 다양하게 존재한다. 전공기초와 전공필수를 제외한 선택권은 학생들에게 있다. 미래의 공교육은 지금의 대학교육과 같이 과감한 변화가 필요하다.

교육과정은 교육의 방향성과 전공기초, 전공필수에 준하는 최소한의 과목만을 제시하고 개인의 흥미와 적성에 따라 보다 많은 실질적 선택권을 학생들에게 부여하는 것이다. 강사진은 교원의 일부 개방화를 전제로 산업체 겸임교사, 산업명장 등 다양한 마을의 자원을 활용하도록 전환이 필요하다. 특히 학생들이 선택할 수 있는 과목은 개인의 흥미를 토대로 미래 직업과 연계될 수 있는 '직업교육'의 관점에서 설정하는 것이 매우 중요하다고 생각한다. 그리고 이들 과목이 지식을 습득하는 수준을 넘어서 학교 밖에서 실습하고 실행할 수 있는 교육장면의 도입을 통해 실제로 '할 수 있는 교육', '수행할 수 있는 교육'인가에 평가의 중점을 둘 필요가 있다.

이는 교육철학적으로 진보주의에 토대를 둔 플래그머티즘적인 사고이다. 우리의 생활 속에 직면한 다양한 문제를 실질적으로 해결할 수 있는 문제해결학습에 핵심적 가치를 두고 이를 교육의 방향성으로 삼는 것이다.

우리의 생활과 무관한 교육, 단순히 지식을 습득하고 시험을 통해 줄 세우는 교육, 명문 대학 입학이라는 대학의 간판을 얻기 위해 편법과 불법도 서슴지 않는 교육이 과연 4차 산업혁명과 인터넷에 정보가 넘쳐나는 이 시대에 무슨 의미가 있는지 반문하고 싶다.

교육의 방향성을 역량 있는 직업인 육성에 두고, 직업기초능력과 직무수행능력의 조화에 중점을 두어 '아는 교육'에서 '할 줄 아는 교육'으로 전환하며 획일적인 방식에서 다양한 방식과 개방의 방식으로 전환하는 교육, 학생의 선택권을 존중하는 교육으로 변화를 도모하고자 하는 것이다. 다시 강조하지만 이러한 교육 플랫폼은 현재 대학의 교육 모습에서 찾을 수 있다. 대학은 대학 간 학점교류 제도를 운영하고 있다. 대학 안에서뿐만 아니라, 대학 밖에서도 학점 은행제를 통해 학점을 이수할 수 있다. 또한 자격증 취득을 통해 학점을 채울 수도 있다. 봉사활동도 학점으로 인정해 준다. 일정 학점 이상 되면 졸업에 아무런 제한이 없다.

왜 이러한 것이 대학에서는 가능하고 고등학교에서는 불가능한 것일까? 고등학교에서도 충분히 가능하지 않을까? 이를 실행하기 위한 전제 조건은 학생이 과목을 선택할 수 있는 전산시스템 구축, 교원 양성 및 임용의 유연화, 상대평가가 아닌 절대평가에 기반을 둔 평가 방식의 변화, 수학능력시험의 절대평가화가 필요하다고 본다. 전산시스템 구축은 기술의 고도화 덕분에 과거에 비해 상당히 적은 비용으로도 가능해졌다. 또한 나이스NEIS의 학생 버전을 업그레이드하는 방식으로 진행할 수 있으며 이를 위해 지금보다 학교 행정직 직원을 확대할 필요도 있다. 학교에서 선생님들이 학생지도와 교수학습에 몰입할 수 있도록 적극 지원해 주고, 행정은 행정 직원이 할 수 있도록 인력과 예산을 지원해야 한다. 이를 통해 중장기적 관점에서 대한민국의 심각한 문제인 청년 취업 문제도 어느 정도 해결할 수 있을 것이다.

교원 양성 및 임용의 일정 부분에 대한 유연화는 교원 양성기관이나 교대와 사대 교수의 반대를 무릅쓰고라도 반드시 추진이 필요한 사항이다. 더 이상 교원의 양성을 사대와 교대로만 제한해서는 안 된다. 교육적 소양이 있고 교수학습 능력이 있는 마을의 다양한 우수 인력들이 학교에서 가르칠 수 있는 기회를 부여해야 우리 교육이 역동적으로 운영되고 미래사회에 대비할 수 있다.

마지막으로 상대평가가 아닌 절대평가의 전환이 필요하다. 절대평가를 실행할 수 없는 이유는 성적 인플레이션에 대한 우려 때문이다. 이는 교사의 전문성에 대한 불신이라고 말할 수도 있다. 하지만 엄격한 과정을 통해 취득한 교원자격증을 가지고 있는 교사들의 전문성을 믿고 기회를 주어야 한다. 어떻게 보면 교원자격증도 없는 교수, 교육학이 무엇인지, 평가가 무엇인지도 모르는 교수들은 절대평가를 진행하는 데 아무 문제가 없다고 하는데, 교원자격증을 소지하고 있는 우수한 교사들이 이를 수행하지 못할 이유가 없다. 다만 절대평가 시 등급에 따라 점수를 부여하는 방식 등을 통해 현재 교육 체제 혼란을 최소화하기 위한 세밀한 접근이 필요하다고 판단된다.

미래교육에서 평생교육을 말하다

최근 수십 년간 정치, 경제, 사회의 변화로 평생교육의 중요성이 부각되고 있다. 평생교육이 저출산 고령화사회에서 노인 관련 다양한 사회 문제를 해결하고 사회 결속을 이끌어 낼 수 있는 핵심적인 열쇠라는 의견이 다소 지배적이다. 하지만 아직까지 우리나라 평생교육의 모습은 다양한 문제점을 내포하고 있다. 학점은행제 등이 각종 사교육 기관과 연계되어 고액의 사교육 수단으로 악용되고 있으며, 대학의 평생교육원은 고액의 수업료를 받으면서도 양질의 교육컨텐츠 제공에는 인색하다. 재직이나 퇴직 후 양질의 평생교육을 받고 싶어도 실적 위주의 평생교육 운영으로 연속성과 체계성을 찾아볼 수 없다. 특히 평생교육의 공공성이 매우 약해 개인의 비용 부담이 크고 평생교육에 대한 접근성이 높지 않다. 이러한 격차는 지방으로 갈수록 심해진다.

평생교육의 체계화는 노인 인구의 증가에 따른 막대한 사회복지비의 지출을 줄이고, 소비의 관점이 아니라 생산의 관점에서 새로운 사회 동력으로 활용할 수 있는 기제가 될 수 있다. 즉 퇴직자의 70% 이상이 재취업, 창업 창직 등을 희망하고 있는 현재 우리나라의 상황에서 평생교육의 체계화를 통해 제2인생, 제3인생의 설계를 도와줄 수 있기 때문이다. 노후에 일과 가정에서 소외되고 있는 노인이 증가하면서 사회적 활동이 단절되고 있다.

노인 빈곤율이 50%에 육박하고 노인 자살율 급증이라는 불명예를 해결하기 위한 방안으로 국민의 생애에 걸친 평생교육 활성화를 제안해 본다.

과거와 평생교육의 접근 방식이 달라져야 하고 국가의 공공성을 강화해야 하는 이유는 산업화 시대처럼 고등교육에서 배운 내용을 평생 활용할 수 없고, 1997년 IMF 이후 평생 직장의 개념이 사라져 더 이상 기업이 직원의 역량 함양에 적극 투자하지 않고 인색하기 때문이다. 언제 퇴사할지 모르는 직원을 위해 더 이상 미래를 위한 교육 투자에 관심을 두지 않고 교육비를 투자가 아닌 소모적인 비용으로 인식하고 있는 것이다.

고령화에 따라 평생교육의 필요성과 중요성이 더 커지고 있으나 역설적으로 평생교육은 개인의 몫으로 돌아가고 있는 상황이고, 국민들은 평생교육에 관심을 가지고 있어도 시간과 비용의 문제로 고통을 겪고 있다. 이제 국가가 개입하여 평생교육의 혜택을 전 국민에게 나누어 주어야 할 시점이 도래했다고 본다. 우리나라는 헌법과 평생교육법에서 평생교육권리가 국민의 기본권으로 명시되어 있지만, 그 접근이 쉽지는 않다.

중장년과 노년을 포함하여 퇴직한 시니어들은 평생교육의 체계성이 매우 부족하고 실적 위주이며, 개인의 과도한 교육 비용 지출로 큰 부담을 느낀다고 말한다. 더불어 재직 시 제2의 인생을 위한 평생교육을 받고 싶어도 시간 부족 및 금전적 부담으로 어려움이 크다고 호소하고 있다. 청년들은 취업을 못해서 힘들어하고 중장년은 노후 준비를 하고 싶어도 시간과 자금이 부족하여 힘들어한다.

평생교육이 국민의 기본권임을 강조한다

100세 시대 평생교육은 공공재의 성격임을 강조하고 싶다. 평생교육이 헌법과 평생교육기본법에서 강조하고 있는 국민의 기본권임을 말하고 싶다. 모든 국민이 법 앞에 평등하고 모든 국민이 평생교육 앞에 평등하다는 것을 선언하고 싶다. 성별을 떠나, 지역을 떠나, 나이를 떠나 평생교육 앞에 전 국민은 평등해야 할 기본 권리를 가지고 있다.

그렇다면 평생교육과 관련된 다양한 문제를 해결할 수 있는 방법은 무엇일까?

새로운 대한민국, 행복감을 느낄 수 있는 대학민국은 평생교육의 활성화와 일반화에서 그 해답을 찾아야 한다. 또한 평생교육과 직업교육의 연계에서 그 답을 찾아야 할 것이다.

평생교육의 일반화는 고령화에 따른 사회복지의 예산을 줄일 수 있는 효과적인 방안이 될 수도 있을 것이다. 비유하자면, 다양한 평생교육 활동을 위한 투자 비용은 일종의 예방주사 비용과 같을 것이다. 비용은 들지만 그리 크지 않다. 비용 대비 효과 또한 매우 크다. 평생교육 활동으로 사회적 관계를 유지하고 사회적 고립을 탈피하여 건강도 좀 더 살피며 더 나아가 새로운 일도 얻을 수 있다. 반대로 평생교육 투자에 인색할 경우 고령화에 따라 노년층에 대한 치료 비용, 요양 비용 등의 비용은 기하급수적으로 증가하게 될 것이고, 이는 더 큰 사회복지 비용 부담으로 다가와 우리 사회, 특히 청년층에게 부담으로 다가올 수밖에 없다. 예방 주사를 맞지 않아 투병 생활로 과도한 병원 비용 지출을 하는 것과 유사하다. 사회복지 재원의 생산적 활용과 대비되는 소비적 활용이라고 말할 수 있다.

우선 지금처럼 문해교육, 인문교육, 직업훈련교육 등등 평생교육의 인위적인 영역 구분을 없앨 필요가 있다.

마치 평생교육은 직업교육, 훈련교육과 무관한 교양교육, 인문교육이라고 생각하는 경향이 있는데, 100세 시대가 도래한 이제는 누구나 필수적으로 제2인생, 제3인생 설계를 해야 하는 상황에서 영역의 구분은 무의미하다. 즉 많은 퇴직자들은 제2인생 설계 시 생활비 등 금전적인 문제를 해결하고 싶어한다. 그래서 은퇴를 하더라도 가능하면 더 오래 일하고 싶어한다. 국가가 경제적 문제를 보전할 능력이 있다면 좋겠지만 우리나라는 사회복지 측면에서 저부담 저혜택의 국가로서 이를 변화시키기 쉽지 않은 현실이다. 국민들의 동의를 이끌어내는 것 또한 쉽지 않다. 따라서 개인이 제2, 제3의 직업을 가질 수 있도록 평생교육의 중점을 직업교육으로 옮겨올 필요가 있다. 단순히 노년에 직업을 갖고 일을 한다는 것이 부정적으로 보일 수 있으나, 일은 또 하나의 삶의 동기이고 사회와의 소통의 채널이고 행복을 느끼고 건강한 삶을 유지할 수 있는 필수 불가결의 것이다. 그것이 과도한 시간을 투자하는 일이 아니라 2~4일 개인의 건강 상태에 따라 파트 타임 성격으로 일을 하는 것이라면 좀 더 효율적일 것이다.

이를 위해 국민이 누구나 평생교육의 혜택을 받을 수 있도록 바우처를 제공해 주면 어떨까? 그리고 더 나아가 일정 기간 유료 휴직제를 공공기관부터 의무 도입하는 것도 적극 검토할 필요가 있다.

우선 바우처는 내일배움카드의 형태라고 할 수 있으나 현재 내일배움카드 제도는 지나치게 대상자를 제한하고 있는 상황이다. 이제 평생교육은 100세 시대를 대비하기 위한 공공재로서, 국민의 기본권으로서 차별 없이 누구나 혜택을 누릴 수 있도록 해야 한다. 다만 사회적 배려 대상자인 장애인이나, 저소득층, 탈북자 등에게는 더 많은 바우처 금액을 제공하면 된다. 개인의 선택을 토대로, 바우처를 통해 제2인생, 제3인생 설계를 위한 실질적인 배움을 기회를 가질 수 있도록 해야 한다.

또한 지역에 따른 평생교육의 격차도 해결해야 할 것이다. 서울은 노인대학, 50플러스센터 등 다양한 평생교육 기관이 있는데 지방은 매우 열악하여 기본권으로서의 평생교육을 무색하게 만들고 있다. 인문교육, 교양교육은 무크mook 등 온라인으로 모든 국민에게 제공하고 실습과 체험이 필요한 직업교육은 평생교육 기관에서 오프 교육을 토대로 운영할 필요성이 있다. 중장년에게 사이버교육은 분명 한계가 있다. 즉 만나서 정보를 교환하고 삶의 의미를 되새기고 새로운 네트워킹을 형성하는 효과가 매우 크기 때문에 직업교육과 같이 대면이 필요한 교육을 중심으로 평생교육 강좌를 운영할 필요성이 있다고 생각한다.

진정한 통합으로서의 교육

어린 시절 한 영화에서 손에 든 전자기기를 통해 영상통화를 하고 위치를 추적하여 적(敵)을 찾아내는 액션 영화를 본 기억이 난다. 어느 순간, 주변을 둘러보니 바로 지금 내가 그 어릴 때 봤던 영화 속의 전자기기를 가지고 생활하고 있다는 것을 깨닫게 되었다.

영화 속 모습은 어느 순간 현실이 될 수 있다. 이와 동일하게 무엇인가 혁신하고자 하는 모습도 어느 순간 현실에서 충분히 실현할 수 있다고 믿는다. 다만 우리의 대상이 교육이기에 시행착오를 최소화하고 혁신이 가능할 수 있는 플랫폼 구축이 선행되어야 한다.

이제는 우리 조부모님, 우리 부모님이 겪었던 학교교육의 모습을 4차 산업혁명이라는 이 시대에 그대로 적용해야 할 아무런 이유가 없다. 혁신은 먼 곳에 있는 것이 아니라 우리 가까운 곳에 존재하며, 그 답 또한 우리 모두가 알고 있다. 수업의 중심 가치를 학생들에게 돌려주고, 학생들이 자신의 흥미와 적성에 따라 수업을 선택할 수 있도록 해주며, 그 속에서 취업 역량을 함양시켜서 100세 시대 평생 직업인으로서 멋진 삶을 살게 해주어야 한다. 더 이상 공교육에서 학교 운영 중심의 논리, 교사 중심의 논리를 교육에 적용하려는 우를 범하지 말아야 할 것이다. 공교육 영역이라는 학교의 문턱을 대폭 낮추어 지역 인사들이 지속적으로 학교에서 강사로 또는 평생학습의 학생으로서 자유로운 역할 수행을 하고 그들이 활발히 교류할 수 있도록 해야 한다. 이제 교육도 학교교육, 성인교육 등으로 물리적인 구분을 하지 말고, 진정한 통합 및 융합을 해야 할 시점임을 기억해야 할 것이다.

─────────────── **참고 문헌** ───────────────

● 폴어빙(2016), 《글로벌 고령화 위기인가 기회인가》, 아날로그

● 김인엽 · 전종호 · 이세정(2016), 《NCS기반 교육과정 적용을 위한 교원관련 법제 개선 방안 연구》, 한국직업능력개발원

● KAIST 문술미래전략대학원(2017), 《대한민국국가미래전략 2017》, 이콘

진정한 **돌봄**은
아동의 눈높이에서

교육정책디자인연구소 연구위원
김진희

어느 돌봄 교실 아이의 일기°

2017년 ○월 ○일 월요일 날씨 : 맑음

　나는 친구들이 부럽다. 5교시를 마치면 알림장을 쓰고 친구들은 하나둘 교문을 나선다. 어떤 친구들은 운동장에서 신나게 축구를 한다. 나도 끼고 싶지만 나는 돌봄 교실에 가야 한다. 돌봄 교실은 2학년 교실이다. 2학년 선생님은 우리가 가면 2학년 동생들에게 빨리 집에 가라고 말씀하시고 우리를 맞아 주신다. 2학년 선생님 책상과 조금 떨어진 곳에는 돌봄 선생님 책상이 있고 돌봄 선생님은 거기서 무언가를 열심히 하신다. 그러니까 돌봄 교실에는 선생님이 두 분 계시는 거다. 우리들이 오면 2학년 선생님은 매일 1시간씩 공부를 가르쳐 주신다. 그런데 나는 돌봄 교실에 와서 공부를 왜 또 해야 하는지 이해가 안 된다. 오늘 우리 반 선생님과 국어를 두 시간 공부했고 수학도 한 시간 공부했는데, 돌봄 교실에서 또 공부를 해야 한다니! 학교에서 공부를 너무 많이 하니까 정말 재미가 없다. 그런데 우리 엄마 아빠는 학교에서 공부를 많이 시키는 것을 아주 좋아하신다.

2017년 ○월 ○일 화요일 날씨 : 흐림

오늘은 돌봄 교실에서 1학년 동생과 싸웠다. 정말이지 1학년 애들과는 수준이 안 맞아서 영 놀기가 싫다. 보드게임을 하고 있는데 규칙도 잘 모르면서 우르르 몰려와 끼워 달라고 한다. 전에도 끼워 준 적이 있는데 정말 답답해서 미치는 줄 알았다. 돌봄 선생님은 항상 1학년부터 4학년까지 모둠을 이뤄 놀게 하신다. 하지만 나는 동생들과 노는 게 정말 싫다. 어떤 애는 게임에 지면 울어서 더 싫다. 돌봄도 학년끼리 묶어서 했으면 좋겠다.

○ 일기 형식을 빈 이 글은 돌봄 교실 운영을 하면서 아이들로부터 들은 이야기 등과 실제 사건, 상황 등을 중심으로 작성한 것이다.

2017년 ○월 ○일 수요일 날씨 : 맑음

나는 수요일이 제일 좋다. 다른 때는 6교시까지 있는데 오늘은 4교시라서 그렇다. 그런데 오늘은 다른 때와 달리 너무 슬픈 날이다. 내 친구 현리의 생일이고 우리 반 아이들 모두 생일파티 초대를 받았는데 돌봄 교실에 가는 친구들만 갈 수가 없었다. 엄마한테 친구 생일파티에 가면 안 되냐고 여쭤봤지만 엄마는 "너, 생일파티 끝나고 갈 데가 없잖아. 그 시간 동안 어디에 있을 건데!"라며 퉁명스럽게 말씀하셨다. 그나마 오늘은 돌봄 교실에서 창의과학을 한다고 해서 기분이 조금 풀렸다. 수요일에는 여러 가지 과학 만들기를 많이 해서 좋다. 다른 날에도 매일 과학 만들기를 했으면 좋겠다.

2017년 ○월 ○일 목요일 날씨 : 맑음

돌봄 교실에만 있으면 답답하다. 특히 날씨가 좋을 땐 운동장에서 뛰어놀고 싶은데 돌봄 선생님은 개인행동을 해서는 안 된다고 말씀하신다. 1학년 때는 조금씩 자유 시간도 주셔서 친구들과 공놀이를 한 적도 있었는데, 2학년 때부터는 밖에 못 나가게 하신다. 작년에 돌봄을 하는 1학년 아이가 그네를 타다가 많이 다쳤다. 2학년 선생님은 그 애를 차에 태우고 병원에 데리고 가셨다. 그리고 며칠 후 운동장 그네가 사라졌다. 우리 반 선생님은 그네가 위험해서 떼어버렸다고 하셨다. 그래서 돌봄 친구들은 부모님이 데리러 오실 때까지 항상 돌봄 교실에만 있어야 한다. 전에 일어났던 사고가 혹시라도 또 일어날까 걱정하시는 것 같다. 우리 반 선생님이나 돌봄 선생님이나 항상 우리에게 안전, 안전, 안전만 강조하신다. 나는 안전이 질린다. 1학년 때부터 매일 한 번씩 '나를 지키고 침착하게 대응하려면 반드시 익혀야 하는 나?침?반!'을 외쳐왔으니 벌써 500번은 넘게 배운 것 같다. 이제는 선생님이 보여 주시는 안전 동영상을 완전 외워 버렸다. 그래서 재미가 없다. 선생님은 아는 것도 반복해서 배워야 한다고 말씀하시지만 정말 시시하다. 안전하기 위해서 교실에서만 생활하니 답답하다. 그렇다고 꼭 교실에만 있다고 안전한 것도 아니다. 얼마 전 우리 반 친구들이 쉬는 시간에 뛰어다니다가 책상에 부딪혀서 멍이 들었기 때문이다.

2017년 ○월 ○일 금요일 날씨 : 맑음

오늘은 우리 학교 개교기념일이다. 원래는 쉬는 날인데 나는 학교에 가야 한다. 다른 친구들은 늦잠도 자고 집에서 게임도 하고 텔레비전도 하루 종일 볼 수 있는데, 나는 돌봄 교실 때문에 학교에 가야 한다. 학교에 가니 친구들 두 명과 동생들 네 명이 있었다. 돌봄 선생님도 있었고 2학년 선생님도 있었다. 오늘은 하루 종일 심심했다. 2학년 선생님이 '곤충의 세계'라는 동영상을 보여 주셨는데 정말 재미없었다. 친구들과 보드게임하는 것이 훨씬 재미있는데 동영상을 꼭 봐야 한다고 말씀하셔서 어쩔 수 없이 보게 되었다. 엄마가 회사 일 때문에 늦는 경우에는 밤이 되어야 집에 가는 경우도 있다. 나는 방학에도 학교에 가야 한다. 전에 엄마, 아빠가 휴가를 받았을 때 정말이지 날아갈 것 같았다.

'드디어 나도 방학이구나'라고 생각했다. 그런데 엄마 아빠가 집에서 쉬실 때에도 나한테 돌봄 교실에 가라고 할 때에는 많이 울었다.

정치 · 사회적 이슈가 된 돌봄 정책

맞벌이 가정이 많아지면서 아이들을 안전하게 보호하고 양육하기 위한 방안으로 돌봄 정책이 추진되어 왔다. 그리고 그 중요성은 날로 커지고 있다. 학교에서의 '돌봄 교실' 이용자 수 또한 꾸준히 증가하고 있다. 돌봄 교실이 2004년 도입되어 8천 여 명이 처음 참여한 것에 비해 2015년에 이르러서는 기하급수적으로 늘어 약 24만 명 정도의 아이가 돌봄 교실에 참여하고 있다.

정부는 돌봄을 원하는 초등학생 모두에게 방과 후부터 오후, 나아가 저녁까지 돌봄 교실을 확대 운영할 계획이다. 정부는 맞벌이, 저소득층, 한부모 가정 학생 중 추가 돌봄이 필요한 모든 아이들에게는 밤 8~9시까지 돌봄 교실을 운영하겠다고 발표한 바 있으며, 실제로 2014년에는 약 4만 명 정도의 아이들이 참여한 것으로 알려져 있다. 교육부에서는 초등 돌봄 교실을 2014년 1~2학년, 2015년 3~4학년, 2016년 5~6학년까지 확대한 바 있으며 다수가 참여하는 공고한 시스템으로 정착시키고자 한다. 이는 기존 정규교육과정의 확대 개편을 의미하며 학교의 정체성을 근본적으로 변혁시키는 정책이다. 따라서 이러한 흐름을 되돌리기는 쉽지 않아 보인다. 박근혜 전대통령이 후보 시절 모든 학생에게 무료 돌봄 혜택을 주겠다며 공약으로 내세운 바 있고 이를 실천하기 위해 1조 7000억 원의 예산을 확보할 계획임을 누차 천명한 바 있기 때문이다. 또한 문재인 대통령도 초등학교 전 학년으로 돌봄 교실(학교)을 확대하여 완전 돌봄 체계를 구축하겠다고 공약한 바 있다.

돌봄 정책이 정치 사회적 이슈가 되었던 것은 많은 아이들이 다양한 이유로 부모의 돌봄을 받지 못하고 방치되고 있다는 현실에 기인한다. 때문에 맞벌이나 다른 연유로 자녀를 방치할 수밖에 없는 부모의 안타까움을 어루만지는 따뜻한 복지정책이 정치권의 화두로 떠올랐던 것이다. 이런 현실에서 학교도 일정 역할을 감당해야 한다는 당위성이 있었다. 이제는 일반 아이들의 참여 비율도 높아지는 추세라, 학교의 돌봄 교실 운영은 대세가 되었다. 그러나 문제는 돌봄 교실이 교육 대상인 아이들의 관점보다는 주로 정치·사회적인 관점으로 접근한다는 데 있다. 때문에 공급자나 수요자인 학부모들에게 어필하는 정책 위주이되 정작 아이들은 없는 모순이 실재하게 되었다.

돌봄 교실의 교육적 영향

현재 추진되고 있는 돌봄 정책이 아이들에게 교육적으로 어떤 긍정적 영향을 끼치는지는 확실히 증명된 바가 없다. 정책 당국자는 돌봄 교실에 참여하는 아이들의 학부모 만족도가 높다는 근거로 긍정적인 정책이라고 확신한다.[●] 그러나 설문 결과만으로 교육적 효과를 설명하는 데는 무리가 있다. 실상, 학부모의 만족도는 제도에 관련된 것이다. 우리는 교육적 입장에서 혹은 아이의 입장에서 돌봄 교실에 대해 생각해 보아야 한다. 아이들은 많은 시간을 놀이를 통해서 성장한다. 자기들끼리 무엇을 할지 정하고 그 안에서 스토리를 짜내며 규칙을 만들어 가면서 자기주도성을 습득한다. 다시 말해, 놀이를 통해 사회성이 발달하고 두뇌가 발달한다는 말이다. 이는 넓은 공간을 전제로 한다. 현실은 돌봄 교실을 좁은 공간에 한정시키고 있다. 백번 양보해서 일정한 공간에서 돌봄 교사의 계획 하에 꾸준한 학습 및 특기적성 교육이 유의미하다고 하자. 그럼에도 늦은 밤까지 어린 학생들을 학교에 잡아두겠다는 생각은 자못 심각해 보인다. 정책 입안자 자신이 아이가 되어 매일 늦은 밤까지 학교에서 생활한다는 상상을 해 보라. 그것도 매일매일. 물론, 저녁 돌봄을 입안한 정책 당국자의 선의를 의심하는 것은 아니다. 아마도 그는 맞벌이 가정이나 소외계층을 위한 최선의 정책을 입안했다고 자긍할 수도 있고 양질의 프로그램이 적용되어 날로 새로운 사람으로 성장하는 미래의 아이들을 꿈꿀 수도 있다. 그렇지만 현실은 차갑다. 좁은 교실에 많은 아이들이 모여 있다. 담당교사나 돌봄 교사가 최선을 다할지라도 물리적 여건이 충분치 못한 현실에서 교육적 효과는 반감될 수밖에 없다. 또한 매일 어둠 속의 폐쇄된 실내 공간에서

⊙ 돌봄 교실에 대한 학부모 만족도는 2015년 94.8%에서 2016년 95.7%로 높아지고 있다.

어둠을 뚫고 하교해야 하는 아이들의 정신적 불안정과 그로 인한 성장기의 불충분한 수면 시간 또한 긍정적 영향을 준다고 할 수 없다. 많은 사람들이 돌봄 교실의 장점으로 강조하고 있는 좋은 프로그램의 적용으로 얻는 혜택에 대해 다시 생각해 보자. 돌봄 프로그램이 아무리 양질이라 하더라도 집중력의 한계가 있는 아이들은 그것을 온전히 받아들이지 못한다. 실제로 많은 교사들은 늦게까지 돌봄 교실에 참여하는 아이들의 집중력이 상대적으로 떨어진다고 말한다.

아동의 눈높이를 고려한 돌봄 정책

비정상이 정상이 되어야 하는 당위성에도 불구하고 사회는 이상적이지 않다. 그래서다. 불완전한 사회의 최대 화두는 '안전'이다. 안전의 측면에서 시작된 정책이 바로 돌봄 정책이다. 맞벌이 시대에서 안전의 사각지대에 아동이 있기 때문이다. 학교만큼 확실한 안전지대는 없을 것이다. 바로 여기에서부터 문제가 시작된다.

첫째, 안전의 관점에서 접근한 돌봄 정책은 수용에 방점이 찍힌다. 학교에 내려 보내는 공문의 핵심 포인트는 원하는 아동을 얼마나 수용하는가에 있다. 그렇지만 돌봄 정책은 분명 학생 인권의 측면에서 접근해야 한다. 그것이 바로 우리가 늘 이야기하고 듣는 학생 중심 교육이다. 다수의 학생 관련 정책이라는 게 이런 점을 도외시하고 있다. 돌봄과 관련한 정책의 경우에만 국한해 생각해 보자. 예를 들어 아동의 안전 사각지대가 있다. 그러한 사안을 감출 수 있는 제법 '보암직하고 먹음직한' 수용 정책을 생산해낸다. 이제 그것에 맞춰 예산과 법적 제도로 대응하면 문제의 반은 해결된 것처럼 보일 것이다. 좀 더 완벽하게 보이기 위해서는 정량적으로 100% 가까이 되어야 한다. 수치란 사람들을 현혹시키는 마법과도 같지만, 표준화, 정량화, 법제화에 집착하는 것은 이미 낡아빠진 근대적 시각이다. 탈근대의 시대에는 집합의 의미가 아니라 개별의 의미에 중점을 둔다. 아동과 관련한 정책은 아동의 눈높이에서 시작되어야 옳은 것이다.

둘째, 이처럼 아동의 눈높이를 고려한 정책이 되기 위해서는 반드시 전문가의 손길이 필요하다. 이는 돌봄이 중요하고 돌봄 대상 아동을 관리하는 것이 전문 영역이라고 한다면 단순히 교사의 인력에 의존해서는 안 된다. 학교나 교육전문가인 교사에게 보육서비스를 맡기는 것은 학교교육의 본질에 문외한인 사람들의 두뇌에서 나온 발상일 수밖에 없다. 또한 행정 편의주의적 발상임과 동시에 돌봄의 영역을 수용의 관점에서 바라보고 있다는 강력한 증표이다. 돌봄 자격을 가진 사람들에 의해 기초부터 디테일까지 국가의 일정한 시스템으로 관리되고 운영되어야 마땅하다.

진정한 돌봄을 위한 인식의 전환

돌봄은 불가피하다. 이는 비단 우리나라만의 문제는 아니다. 미국이나 호주, 일본 등 각 나라에서의 보육서비스는 일종의 문화로 자리잡고 있다. 이 중 우리나라와 가장 유사한 문화체제라 여겨지는 일본의 보육 제도 '커뮤니티 스쿨'을 참고할 만하다. 커뮤니티 스쿨의 가장 큰 특징은 지역의 운영 여건이며 주로 초등학교의 여유 교실을 활용하여 진행하고 있다는 것이다. 우리나라 출산율의 급격한 하락으로 초등학교에는 많은 여유 공간이 생길 것이다. 그러한 여유 교실은 돌봄 서비스의 물적 토대가 되며 과다한 재정의 압박에도 자유로울 것이다. 다만, 지금과 같이 보육 비전문가인 교사에게 행정적 처리와 승진 점수라는 당근으로 옭아매려는 것은 돌봄에 참여하는 아동을 향한 보이지 않는 폭력, 즉 아이들을 교사의 승진 점수의 수단이 되는 대상으로 전락시키는 것이다.

현재 돌봄 업무를 담당하는 교사들은 아이들 교육에 쏟아야 하는 에너지의 반을 돌봄 업무에 쏟고 있다고 한다. 말하자면 학급 담임으로서 아이들의 학습조력 및 상담, 교재연구 등 교사의 주업무를 소화하고 있지 못한 현실이다. 특히, 초등학교 돌봄 교실의 다수가 겸용 교실인 현실에서 자기 교실을 내주어야 하는 담임교사는 아이들 지도뿐만 아니라 학부모와의 상담도 자유롭게 진행하지 못한다. 결국 아이들을 위한 돌봄 서비스로 인한 피해가 고스란히 아이들에게 되돌아가는 '웃픈' 현실인 것이다.

근래 기업의 사회적 책임을 강조하는 목소리가 높다. 이런 상황에서 돌봄 서비스는 국민 대다수가 학부모인 사회에서 학부모들의 마음을 어루만지는 수단 중 하나로 자리 잡을 수 있다. 이를 통해 기업 이미지가 제고될 것이며 결국 회사의 지속가능한 성장을 담보할 수 있을 것이다. 하지만 현실은 녹록치 않다. 우리나라 최대 재벌 중 하나인 이천 하이닉스 근처의 모 초등학교는 돌봄 교실로 8개 학급을 운영하고 있다. 부모 대부분이 하이닉스에 근무하고 있다는 것 또한 안타까운 현실이다.

돌봄 수요가 많다는 것은 그만큼 사회의 각박함을 나타낸다. 오후 돌봄이 늘어나고 저녁 돌봄이 확대되는 것은 어쩌면 불행한 사회의 지표일 것이다. 아침에 가정을 떠나 등교한 아이가 오후에도 돌봄 교실에 묶여 있고, 모두가 하교한 후에도 저녁달을 보며 좁은 교실에 갇혀 있다는 것은 좋은 프로그램의 여부와 상관없이 아이에겐 불행한 일이다. 아이가 학교 공부를 마치고 가정에서 부모와 같이 지내는 것은 아이의 당연한 권리이며, 최고의 행복이다. 밤 늦게까지 아이들을 학교가 돌봐야 한다는 것은 사회·경제적인 후진성을 보여 주는 것이기도 하다. 그때까지 맞벌이로 살아야 생계가 유지된다는 현실은 차라리 슬픔이다.

이제는 돌봄에 대한 생각의 전환이 필요할 때이다. 단지, 아이들을 수용의 관점으로 바라보는 근대적 시각보다는 아이들의 마음 하나하나를 살피는 교육적 관점으로부터 출발해야 한다. 이를 위해 돌봄을 전문적 영역으로 간주하고 보육 전문가들로 하여금 맞춤형 돌봄 제도를 구축하는 일을 시작해야 한다. 이는 교육 전문가로서의 교사가 교육의 본질을 찾는 데 도움을 주며 결과적으로 보육 및 교육 분야가 윈-윈 하는 전략이 될 것이다. 마을로 상징되는 지자체가 큰 역할을 맡는 것은 지극히 당연하며, 이윤과 지속가능성을 추구하는 기업의 사회적 참여가 합리적인 투자라는 인식의 전환이 필요하다.

장기적으로 돌봄 교실을 운영하는 데 써야 할 천문학적인 예산의 용도는 돌봄 교실의 확충이 아니라 늦은 밤까지 퇴근하지 못하는 부모들을 가정으로 돌려보내기 위한 것으로 쓰여야 한다. 즉, 정상적인 시간에 부모를 가정으로 보내 자녀와 함께 저녁이 있는 삶을 살도록 해야 할 것이다. 그것이 진정한 돌봄이다.

참고 문헌

- 한국교육개발원(2016), 〈초등 돌봄의 양적 확대와 만족도에 관한 통계 자료〉
- 허남진(2017.6.20.), 〈초등 돌봄 교실 운영의 다양화 방안〉, 2017 초등 돌봄 교실 운영 개선 및 마을 협력 연계 정책 토론회
- 강현주(2017.6.20.), 〈초등 돌봄 마을 협력 연계 방안〉, 2017 초등 돌봄 교실 운영 개선 및 마을 협력 연계 정책 토론회

유치원과 어린이집,
하나로 통합할 수 있을까

교육정책디자인연구소 연구위원
이경아

생애 첫 교육

모든 아이가 처음 만나게 되는 교육 정책은 바로 유아교육 정책과 보육 정책이다. 근래 교육에서의 돌봄 기능이 확대되면서 영유아교육의 중요성도 부각되었고, 이러한 돌봄에 대한 학부모들의 욕구가 초등학교 단계까지 확대되고 있다. 무상보육이 전면적으로 시행되면서 유아교육과 보육의 질을 높여야 한다는 요구도 크다. 보육의 질 개선에 대한 첫 번째 전제로 '유보통합' 정책이 제시되었다. 어린이집과 유치원의 운영 방식은 다를 수 있지만 영유아에 대한 돌봄과 교육의 역할은 크게 다르지 않다. 역할은 같은데 이 두 기관을 담당하는 행정 부처가 달라서 여러 혼란이 나타났고, 사회통합의 관점에서도 이러한 논의가 초기에는 당연하게 여겨졌다. 이러한 논의를 추진하기 위해 2014년 국무조정실 산하에 '영유아 교육·보육 통합 추진단'이 발족되었으나 3~5세 누리과정이 마련된 것 외에는 국민이 체감할 만한 합의를 이끌어내지 못하고 있는 실정이다.

보육 정책은 출산율 제고와 여성의 경제 및 사회활동 참여(경력단절 여성 문제)와도 직접적인 관련이 있다. 저출산은 우리나라뿐만 아니라, 전 세계로 확산되고 있는 추세이지만 그중에서도 우리나라의 출산율은 OECD 가입국은 물론이고 전 세계에서 가장 낮은 수준(2016년 합계출산율 1.17명)이며 획기적인 변화가 일어나지 않는 이상, 앞으로도 출산율 증가는 힘들 것이라는 예상이 우세하다. 정부는 지난 10년간 저출산 대책에 80조원이라는 엄청난 재원을 투입했음에도 불구하고, 그 효과는 미미하다.[*]

이 절에서는 보육과 유아교육의 현황을 살펴보고, 유치원과 어린이집을 통합하는 유보통합 정책이 과연 실현 가능한지, 만약 실현이 어렵다면 그 대안은 무엇인지 살펴보고자 한다.

---

[*] 2005년 우리나라 출산율은 1.08명으로 역대 최저의 출산율을 보였다. 이에 정부는 2006년부터 5년 단위로 저출산·고령사회 기본계획을 수립하고 1, 2차에 걸쳐 10년간 80조의 예산을 집행하였다.

누리과정이란?

누리과정은 2012년 만 5세 유아를 위해 처음 도입되었고, 2013년부터는 만 3~4세까지 확대되었다. 기존 유치원 교육과정과 어린이집 표준보육과정을 통합하여 유치원이나 어린이집 어느 곳에 다니든 만 3~5세 유아에게 공통으로 적용되는 교육과정이다. 이를 통해. 모든 유아에게 생애 출발선에서의 균등한 교육 기회를 제공하고 유아교육·보육의 공공성을 강화하고자 하였다. 누리과정의 내용은 유아의 몸과 마음의 건강과 조화로운 발달을 도와 민주시민의 기초를 형성하는 것을 목적으로 신체운동·건강, 의사소통, 사회관계, 예술경험, 자연탐구의 5개 영역으로 구성되어 있다. °

영유아의 돌봄과 교육을 담당하는데, 왜 다른 취급을 받을까

유치원은 교육부에서 담당하고 있다. 교육 전반을 관할하는 교육부 → 시·도교육청 → 지역 교육지원청의 행정체계로 초·중등학교와 같다. 반면에 어린이집은 보건복지 정책을 담당하는 보건복지부 → 시·도청 → 시·군·구청의 보육 담당부서°°가 담당한다. 담당부처가 다르기 때문에 서로 다른 법령에 따라 운영되고 있다. 자녀가 어린이집을 다니느냐, 유치원을 다니느냐에 따라 다른 법 적용을 받고 있다. 기능도 별반 다르지 않고, 이미 누리교육과정이 마련되어 같은 교육과정을 적용받아 배우고 있는데 다른 법에 의해 운영된다니 뭔가 좀 이상하다고 느껴진다. 게다가 논의가 시작된 지 3년이 넘었는데도 큰 진전이 없고 끝장토론을 해도 답을 얻지 못하였다°°°고 하니 뭐가 문제인지, 유보통합이 가능한 이야기인지 의심스러워지기 시작한다.

무엇이 얼마나 다르기에 이 두 기관은 합쳐지지 못하는 것일까. 남북통일보다 어렵다는 유보통합, 뭐가 쟁점이고 유보통합은 과연 가능한 이야기인가?

두 기관이 도대체 어떤 차이가 있길래, 유보통합이 남북통일보다도 어렵다는 말이 나올까? 무엇이 다른지 구체적으로 살펴보자.

유치원과 어린이집의 차이

구분	유치원	어린이집
근거 법률	유아교육법 (교육시설)	영·유아보육법 (사회복지시설)
관리 부처	교육부 – 시·도교육청	복지부 – 시·도청
교사 자격	유치원교사 1·2급 정교사, 준교사 (전문대졸 이상)	보육교사 1·2·3급 (고졸 이상)

° 더 많은 정보는 교육부와 보건복지부의 홍보 웹사이트(http://www.moe.go.kr/2016nuri)에서 확인할 수 있다.

°° 시·군·구청 별로 담당하는 부서는 조금씩 다른데, 주로 가족지원부, 여성보육부 등이다.

°°° 얼마 전 보도에 의하면 문재인 대통령의 새 정부 인수위원회 역할을 하고 있는 국정기획자문위에서 교육부와 보건복지부 등 관련 부처 관계자와 전문가들이 함께 모여 유보통합을 주제로 끝장토론을 열었으나, 부처 간 입장 차이만 확인하고 결국 합의점을 이끌지 못하였다.

유치원과 어린이집에 다르게 적용되는 법

앞에서도 말했지만 현재 유치원은 교육부가, 어린이집은 보건복지부가 담당하고 있고 기관 운영에 대해서도 서로 다른 법의 적용을 받는다. 교육부에서 유치원은 유치원-초·중·고등학교-대학교로 이어지는 교육기관으로 이해되기 때문에 초·중·고등학교의 초·중등교육법, 대학교의 고등교육법처럼 '유아교육법'의 적용을 받는다. 하지만 어린이집은 6세 미만 취학 전 아동의 보육 및 교육에 대한 사회복지서비스에 대한 내용을 담고 있는 '영유아보육법'의 적용을 받고 있다. 즉 어린이집은 법률적으로 사회복지기관으로 해석된다.

유치원이나 어린이집을 운영하는 데 필요한 세부적인 내용을 살펴보면, 유치원은 각 시·도교육청 별로 약간씩 다른 반면, 어린이집은 전국적으로 동일하게 보건복지부에서 매년 배포하는 '보육사업안내'에 의해서 결정된다.

먼저 인가 조건부터가 다른데 유치원은 임대시설인 경우에는 인가를 하지 않고, 유치원을 운영하는 사람이 주인이어야 한다. 물론 은행 담보 설정 등 융자도 없어야 한다. 반면에 어린이집은 소유 여부를 따지지 않고 부채가 50%만 넘지 않으면 된다.

시설의 면적에 있어서도 다른 점이 있다. 최대 정원을 결정하는 방식은 다르지만 결론적으로 법적 요건을 따져보면 유치원이 어린이집보다 필요 공간 기준이 더 크다.

유치원과 어린이집의 실내외 환경에 대한 규정을 살펴보면, 유치원은 교육활동에 초점이 맞춰져 있고, 어린이집은 교육 외에 영유아를 건강하고 안전하게 보호하는 것을 목적으로 하고 있다. 그렇기 때문에 어린이집은 바닥 난방 시설, 목욕실, 비상재해 시설, 실내 공기, 마감 재료 등의 실내 환경과 안전에 대한 세세한 부분을 규제하고 있다. 유치원의 경우에는 조도, 소음 기준, 교재·교구 설비 조건 등의 교육 환경이 시·도교육청별로 자세하게 규제되고 있다.

유치원과 어린이집은 어떤 재정 지원을 받나

유치원은 소속 시·도교육청으로부터 학비, 인건비, 교육활동, 기관 운영비, 교육 여건 개선비 등을 지원받는다. 학비는 유치원에 다니고 있는 유아들의 교육비 지원에 해당되며 '누리교육과정비', '방과 후 과정비'가 해당된다. 2016년 유치원 정보공시 자료에 의하면 유치원 원아 1인당 국가와 지자체에서 지원하는 금액은 공립단설 253,636원, 공립병설 270,473원, 사립 304,374원이다.(만 3~5세의 평균값. 2015년 2월 기준) 교직원 인건비 지원은 공립유치원에만 해당되며, 사립유치원은 교원처우개선비를 지원받는다. 마찬가지로 유아 1인당 지원액을 살펴보면 공립단설 484,227원, 공립병설 345,636원, 사립 34,686원이다.

어린이집은 시·도청으로부터 보육료, 인건비, 시설지원비 등을 지원받는다. 보육료는 유치원과 동일하게 만 3~5세 유아에게 '누리과정 보육료'를 지원하고 만 0~2세 영아에게는 '영아 보육료'를 지원한다.

유치원과 어린이집 교사 한 명이 돌보는 아이는?

아이가 만 3세쯤 되면, 대부분의 엄마들은 어린이집과 유치원 둘 중 어느 곳을 선택해야 할지 고민에 빠진다. 아직은 어린이집과 유치원이 이원화되어 있으니 뭔가 다를 것 같기도 하고, 만 3세, 늦어도 취학 전 1년 정도는 유치원을 보내야 하지 않을까 하는 생각을 하기도 한다. 더구나 아이가 처음에 가정식 어린이집 생활로 시작할 경우, 0~2세만 운영하는 곳도 많기 때문에 어쩔 수 없이 다른 곳을 알아봐야 하는 경우도 많다.

이때쯤 많은 엄마들이 첫 번째로 하는 선택은 공립유치원, 공립어린이집을 알아보는 것이다. 무엇보다 비용 면에서 엄청난 경쟁력이 있기 때문이다. 알다시피, 아직까지 공립유치원과 공립어린이집에 수용될 수 있는 아이의 수는 제한되어 있기 때문에, 공립유치원이나 공립어린이집에 들어갈 성공 가능성이 크지 않다. 그래서 그 다음 선택으로 3세 이상도 운영하는 어린이집과 사립유치원을 알아본다.

이때 엄마들이 가장 궁금해하는 것 중 하나는 선생님 한 분이 몇 명의 아이들을 돌보는가이다. 아이들과 선생님의 상호작용 기회 자체가 교육과 보육의 질을 결정하기 때문이다. 유치원의 경우 지역마다 연령별로 학급당 아동 수에 대한 기준이 다르고, 공립이나 사립에 대한 기준을 다르게 안내하는 곳도 있다. 살펴보면 3세는 한 학급당 15~18명, 4세는 20~30명, 5세는 21~30명에 이른다. 이와 달리 어린이집은 국가 수준에서 전국적으로 똑같이 적용된다. 0세는 교사 1인당 아동 3명, 1

세는 5명, 2세는 7명, 3세는 15명, 4~5세는 20명이며, 약간의 초과보육을 허용한다. 초과보육 허용 정도는 1세는 1명, 2세는 2명, 3세 이상은 3명의 아동을 탄력적으로 편성하되 지방보육정책위원회의 심의를 거쳐 추가할 수 있도록 되어 있다.

해외사례 등을 참고로 살펴본 교사 1인당 적절한 아동 수는 얼마나 될까? 최근에 진행된 정책연구를 살펴보면 많은 전문가들이 유치원에서는 3세 13명, 4세 17명, 5세 21명으로, 어린이집에서는 0세는 2명, 1세는 4명, 2세는 6명, 3세는 11명, 4세는 15명, 5세는 16명을 적정 인원으로 제시하였다. 유치원과 어린이집의 유아 수에 대한 차이가 나는 이유는 유치원은 교육과정 수업 시간(일일 4~5시간)이 기준이지만, 어린이집은 종일반(12시간) 기준이기 때문이다.

특히 아동의 바깥놀이 지원을 위해서는 보조교사가 필요하다. 현재의 아동 수를 줄이기 힘들다면 시간제 보조교사라도 지원이 되어야 할 것이다. 유치원의 경우에는 연령이 높을수록 지원 인력이 더 필요할 것이다. 이 시기의 아이들은 또래 간 상호작용이 활발하므로, 교사가 직접 아이들의 활동에 개입하기보다는 교육활동에 집중하고 아이들 간의 갈등 중재나 신체적 상호작용의 빈도를 높이기 위해서도 필요하다.

연령별 유치원 · 어린이집 이용 현황 (2015년)

구분	기관 이용 영유아 수			주민등록 인구	기관 이용률
	유치원	어린이집	계		
만5세	260,554 (63.9%)	147,278 (36.1%)	407,822	447,817	91.9%
만4세	249,197 (58.0%)	180,249 (42.0%)	429,446	473,120	90.8%
만3세	172,114 (40.5%)	253,294 (59.5%)	425,408	475,519	89.5%
만2세		419,252	419,252	488,716	85.8%
만1세	–	308,227	308,227	439,989	70.1%
만0세		137,117	137,117	437,994	15.9%
				424,563	
계	681,855	1,445,417	2,127,272	3,187,718	66.7%

* 6세 이상 과연령 제외, 연령은 보육연령 기준임.
* 어린이집 0세반은 2015년 기준으로 2014년, 2013년 출생아가 입소대상으로 주민등록인구상 두 연령이 해당됨.
* 유치원 연령별 원아 수는 2015년 4월 기준(2015 교육통계연보), 어린이집 연령별 보육 영아 수는 2015년 12월 기준(보육정보공개 API 연령별 아동 현황), 주민등록인구통계는 2015년 12월 기준(행정자치부 주민등록인구통계)임.

장미대선, 엄마들은 왜 화가 났나

2016년 추운 겨울을 뜨겁게 달구었던 촛불은 2017년 장미대선을 이 끌어냈다. 이번 선거 기간 판세에 가장 큰 영향을 준 변수가 바로 유치원 문제였다. 당시 문재인 후보와 안철수 후보는 각 당의 후보자로 선출되면서 곧바로 아찔한 양강 구도를 형성하였는데, 안철수 후보의 '유치원 헛발질'이 양강 구도가 깨지게 되는 결정적 요인이 되었다. 안철

수 후보는 선거 유세 과정에서 사립유치원 원장들의 단체인 한국유치원총연합회에 참석하여 '대형 단설유치원 설립 자제'를 언급하였다. 해당 동영상은 일파만파로 퍼져 나갔고 안철수 후보 발언 직후 그곳에 모인 청중들의 환호성과 크로스되면서 '안철수 후보자가 사립유치원 원장들의 이익을 대변한다'는 억울한 누명(?)을 쓰게 되었다. 온라인 육아커뮤니티인 '맘카페'를 중심으로 30~40대 엄마들의 분노가 들불처럼 번졌다. '정책'이 대통령 선거의 판세에 영향을 주는 우리나라 선거 역사상 이례적인 일이 벌어졌다.

많은 엄마들이 공립유치원을 보내고 싶어한다. 무엇보다도 사립유치원과 공립유치원의 비용 차이가 너무 크기 때문이다. 월 평균 학부모 부담금 차이를 살펴보면 공립단설은 23,252원, 공립병설은 10,092원, 사립은 216,189원에 이른다.(2016년 유치원 정보공시 자료) 공립유치원과 사립유치원의 비용 차이가 무려 9.3배(공립단설 대비)와 21.5배(공립병설 대비)에 이르는 것이다. 출생아가 급격하게 줄어들고, 공립유치원의 비율도 점점 늘어나자, 사립유치원들은 국가가 사립유치원들을 역차별하고 있다며 반발하기 시작했다. 동네 사립유치원에는 '공·사립유치원의 차별을 없애고 유아교육의 평등권을 보장하여 진정한 무상교육을 실시하라'는 현수막이 걸렸다. 사립유치원이 제시하는 주된 근거는 공립은 국가가 100%를 지원하고, 사립은 공립의 1/3만 지원하기 때문에 사립유치원을 선택한 학부모들의 부담이 클 수밖에 없으니, 사립유치원도 국가가 100% 지원하라는 것이다.

앞에서 제시했듯이 교육비 지원액은 공립유치원이 가장 많지만, 여기에 공립유치원에 지급되는 교직원 인건비를 합산하면 원아 1인당 월평균 지원액은 공립단설 737,863원, 공립병설 616,109원, 사립유치원 339,060원이 된다. 공립단설유치원이 사립유치원보다 2.2배 더 많이 지원받는다. 공립유치원 교사는 공무원이니까 국가에서 월급을 주는 게 맞다. 사립유치원 교사의 월급도 국가가 지원해야 할까? 그럼, '사립유치원이 운영권과 함께 토지와 건물을 매매하였다면, 사립학교법 위반이 아니다'라는 2017년의 헌법재판소 판결에 따르면 사립유치원은 실제 매매가 가능한 개인 재산으로 이해되는데, 모든 사립유치원은 시·도교육청이 위탁하여 운영하는 형태로 바꾸어야 하나? 등의 고민이 생겨난다.

최근에는 공영형유치원이라는 개념이 등장하기 시작했다. 서울시교육청에서는 2017년 전국 최초로 법인으로 전환할 계획이 있는 2개의 사립유치원을 공영형유치원으로 지정해서 운영하기 시작했다. 연간 7억원 정도의 예산으로 교직원 인건비와 유치원 운영비, 교육환경 개선비 등을 지원하되, 교직원은 반드시 공개전형을 통해 선발하고 공립유치원 교사의 인건비에 준하는 수준으로 교사 급여를 책정하였다. 분기별로 서울시교육청의 점검을 받고 연 1회(12월)의 평가를 통해 재지정 여부를 통보받는다.

공영형유치원에 대한 사립유치원의 여론을 살펴보면, 법인 전환 조건에 대해 개인 재산 침해를 우려하고 있다. 법인화하면 유치원 건물이나 토지를 팔 수 없기 때문이다. 사립유치원 측에서는 국가가 사립유치원을 매입해 주기를 원하고 있다. 어차피 국공립유치원을 확대해야 한다면, 유치원을 새로 짓는 데 예산을 쓰지 말고 기존 사립유치원 시설을 국가가 매입하기를 원한다.

학부모 입장에서는 국가가 어떤 방법을 쓰든지, 좋은 질의 공립유치원이 더 많아지기를 원하고 있다.

유보통합의 방향

먼저 문재인정부의 정책 추진 방향을 가늠할 수 있는 대통령선거 공약집과 국정운영 5개년 계획에 나타난 보육과 유아교육 관련 정책을 살펴보자.

더불어민주당 대통령선거 공약집 「나라를 나라답게」 중 보육과 유아교육 관련 공약

○ 안심보육 환경 조성
- 국공립 어린이집·유치원 이용 아동 기준 전체 대비 40% 수준까지 확대(공동주택 내 설치, 민관공동연대, 민간·가정어린이집 매입 전환 및 무상 임대 등 다양한 방식)
- 보육료 현실화 및 보육교사 8시간 근무제 추진, 보조교사 및 대체교사 확대

○ 누리과정 예산에 대한 국가 책임 확대

o 저소득층 유아교육 기회 확대로 유아기 출발선의 불평등 완화

– 국공립유치원 및 공공형 사립유치원 확대

– 사립유치원 교사 처우 개선

– 저소득계층 유아의 국공립유치원 이용 확대

– 유치원과 어린이집의 교사·교육프로그램·교육시설 등 질의 균등화를 통해 유아교육 만족도 제고

o 유치원, 어린이집 '학부모안심교육인증제' 도입

o 광역지자체별로 사회서비스공단을 설립하고 지자체가 공단을 통해 국공립 사회서비스 제공 시설을 직영하는 체계 구축

– 공단소속 직원으로 보육교사, 요양보호사, 장애재활사, 의료인력 등 사회서비스 제공 인력을 채용하고 지역 내 사회서비스 제공 시설에 배치

o 보육·장기요양·치매·장애재활·공공의료 등의 분야를 중심으로 국공립 사회서비스 제공 시설 확충

– 정부가 보육, 임대주택, 요양 분야의 사업을 추진하기 위해 국공채를 발행하는 경우 국민연금의 적극 투자 유도

국정기획자문위원회 「문재인정부 국정운영 5개년 계획」 중 보육과 유아교육 관련 과제

o (보육·양육 지원 강화) 매년 어린이집 대폭 확충하여 '22년 국공립 어린이집 이용률 40% 달성

o (유아교육 국가책임 확대) '18년 어린이집 누리과정 전액 국고지원, 국·공립유치원 취학률 확대('17년 25% → '22년 40%)

o (유치원과 어린이집 격차 완화) 교사·교육프로그램·교육시설 질 균등화

– 교사 자질 향상과 교사 처우 개선('18년), 전문교육과정 운영, 자격체계 개편 추진(교육부·복지부)

* 추진 방법 및 일정은 국가교육회의에서 협의·조정

○ (사회서비스공단) 사회서비스공단 설립을 통해 공공사회서비스 일자리 창출 및 사회서비스 제공 인력 처우 개선
 – 국공립어린이집, 국공립요양시설, 공공병원 등 공공보건복지인프라 확충을 통한 일자리 창출
 – 사회서비스 제공 인력 보수 인상, 근로 시간 단축 등 처우 개선을 통해 사회서비스의 안정적 제공 및 품질 향상

더불어민주당의 대통령선거 공약집과 국정기획자문위원회가 발표한 「문재인정부 국정운영 5개년 계획」에 따르면 현 정부에서 유보통합이 바로 실현될 가능성은 낮아 보인다. 일단 유보통합이 공약과 국정운영 과제에 반영되어 있지 않을 뿐만 아니라, 당사자인 어린이집-유치원 간 이견이 극심하기 때문이다. 유보통합을 염두해 두되, 이번 정부에서는 유치원과 어린이집의 격차를 줄이기 위한 노력을 최우선에 둘 것으로 보인다. 격차를 완화하기 위한 법과 제도를 정비하고, 교사 양성의 통합이 선행되어야 할 것이다. 예산 투입의 형평성 고려와 동시에 영유아교육의 공공성 강화를 위한 노력이 필요하다.

문재인정부 임기 말에 이르러 국공립 어린이집과 유치원의 수용율이 40%에 달하게 되면 취학 전 1년(K-1)의 의무교육 도입도 가시화될 수 있을 것으로 보인다. 교육적 관점에서 유아기와 학령기를 구별하는 것은 더 큰 발달의 질적 차이를 나타내며 많은 아이들이 초등학교 적응에 어려움을 겪기도 한다. 따라서 미국 등 외국에서는 일종의 우리나

라 어린이집의 개념에 해당하는 프리스쿨preschool 등에서 아이들이 오전반, 오후반, 반일반, 종일반 등 다양한 형태의 돌봄을 받다가 만 5세가 되면 초등학교와 한 학교 내에 있는 킨더가튼kindergarten에 입학하는 유아 교육과정을 운영하고 있다. 선진국에서 취학 전 1년의 유아교육은 의무교육에 편입되는 추세이며, 최근 일본에서도 취학 전 1년의 유치원 교육을 의무교육화하기로 결정하였다. 쉽게 말해서, 한 학교 내에 있는 유치원을 1년 간 다니다가 초등학교 1학년으로 올라가는 시스템이다.

교육의 격차를 줄여나가는 정책 중에 가장 우선되는 방향은 생애 초기 영유아 보육과 교육에서부터 불평등의 요소를 줄여나가는 것이다. 최근 우리나라에서는 부모의 나이가 많아지고 있다. 혼인율도 줄고 있는데다, 결혼한 부부들도 아이를 갖는 것보다는 경제적 안정과 각자의 직장에 전념하기 위한 이유 등으로 출산을 늦추고 있다. 이전의 사회에 비해 훨씬 상대적으로 맞벌이 부부가 증가할 가능성이 높기 때문에 영유아 보육과 교육의 필요성 및 요구는 더 거세지고 있다.

영유아 교육이 아이들의 인지와 신체적·정서적 발달에 중요한 역할을 한다는 인식도 커지고 있기 때문에, 많은 국가에서 영유아 보육과 교육의 질을 높이는 것이 정책의 우선 순위가 되고 있다. 또한 영유아 교육은 사회적 불평등을 완화하고 아이들의 학업성취도를 높이는 데도 기여한다는 수많은 연구 결과가 있다. 아이들의 교육적 격차는 학년이 올라가면서 지속적으로 발생하며 의무교육이 이루어지지 않으면 이러한 불평등은 더욱 증가하기 때문에 학교에 일찍 입학하면 그만큼 교육 격차를 줄이는 효과가 있다. 우리나라도 멀지 않은 미래에 취학 전 1년의 의무교육이 실현될 수 있기를 기대해 본다.

─────────────── **참고 문헌** ───────────────

● 통계청(2017.3.23.), 〈2016 한국의 사회지표〉
● 보건복지부(2016), 〈영유아 보육 사업 규정〉
● 육아정책연구소(2016), 〈영유아 교육 · 보육 효과성 제고를 위한 환경 조성 방안〉

자유학년제
현장 동행

덕장중 교사
소미영

시험 없는 학교? 꿈이 현실로!

누구나 중고등학생 시절 성적 향상을 꿈꾸며 언젠가 1등을 하겠다는 목표를 가져봤을 것이다. 그와 동시에 시험이 없는 학교를 꿈꿔 보기도 했을 것이다. 물론 말도 안 된다고 여기면서 말이다. 그런데, 그런 말도 안 된다고 생각했던 일이 지금 교육부 정책으로 전면 시행되었다. 현실적 입시를 고려하지 못하고 오히려 사교육이 과열될 것이라는 학부모의 반발과 우려에도 불구하고 학생이 행복한 학교, 학생의 꿈과 끼를 펼치는 자유학년제가 시행되면서 일년 동안 시험 없는 학교생활이 현실화된 것이다.

그 효과성의 검증에 대한 여러 연구가 진행되고 있으며, 이미 학교 현장에서 체감하는 학생들의 행복감은 학생들의 밝은 표정과 자신감 있는 행동으로 증명되고 있다. 불확실한 미래에 대한 불안감은 시험이 있을 때도 없을 때도 소위 성적이 좋은 상위계층의 학생과 학부모에게는 늘 있어 왔던 것이다. 더구나 초등학교 5~6학년부터 이미 특목고, 자사고를 준비하고 있는 학생들은 자유학년제 1년 동안 학교 시험이 없으니 학원 수업 및 특강, 진학에 필요한 자격증 및 예체능 활동, 봉사 활동 등으로 방과 후에 더 바쁘기도 하다. 하지만 대부분의 학생들은 시험 없는 학교생활에서 학생자치, 자율동아리, 방과 후 수업, 예술체육 활동 등에 자발적으로 참여하며 초등학교 6학년 때보다 좀 더 자유롭고, 자신이 주체가 되어 스스로 결정하는 것들이 많아진 중학교 1학년 생활에 더 만족한다. 학부모들은 현재 자녀의 학습 상태에 대해 불안해하기도 하지만, 눈에 보이는 성적표가 없으니 자녀와의 갈등도 상대적으로 감소하게 된 셈이다.

　한편, 자유학년제의 교과 수업에서 학생들의 기본개념학습과 교육과정 성취기준에 도달하기 위한 진단은 전적으로 교사의 몫이 된다. 학생의 참여와 소통을 통한 다양한 교수학습방법으로 학생들이 배움 중심 수업을 통해 개념적 지식보다는 절차적 지식과 방법적 지식을 배우게 되고, 흥미와 적성을 찾아가며 존중, 배려, 나눔을 실천하는 태도까지 학생들의 참학력(인지, 정의, 심동적 영역) 신장에 그 효과를 발휘하는 것은 고스란히 교사의 수업 디자인 및 운영 역량에 달려 있다. 시험과

미래교육의 실제

교과서라는 큰 무기를 양손에 쥐었던 교사는 이제 그 무기를 내려놓고 맨손과 온몸으로 학생들 앞에 서게 된 것이다.

깨짐으로 깨우침

경기도의 D중학교 1학년 자유학년제 주제선택활동 중 국어교과 관련 '창의사고 생각나무 마인드맵 반'은 학생들이 한 학기 동안 다양한 창의사고 교구, 보드게임, 다큐멘터리, 교과서 학습 독서, 자유 독서 등 개인 활동과 소집단 협력학습으로, 창의적인 마인드맵을 창안하여 자신의 강점을 발견하는 수업으로 운영되었다. 매 수업마다 학생들은 흥미로운 수업자료와 수업방법으로 만족도가 높았다. 학생들이 이 수업을 통해 발견한 자신의 강점을 살려 자신의 꿈을 펼칠 수 있다는 자신감 향상과 더불어 인성교육의 성과가 있기까지의 과정이 순조로운 것만은 아니었다. 그 과정 속에서 수많은 '깨짐'들이 있었기 때문이다.

첫 번째 깨짐은 아이러니하게도 '자유'가 주는 당혹스러움이었다. 초등학교를 갓 졸업한 중학생들에게 자유학년제 수업은 동학년 내 여러 학급의 학생들이 헤쳐 모여서 자신이 선택한 수업에 자기 교실이 아닌 다양한 특별실 혹은 학교 안팎의 장소에서 자유롭게 활동하기 때문에 정해진 '내 자리'가 없다. 초등학교 교실의 내 자리, 내 짝꿍, 내 모둠, 내 선생님의 안정감과 질서에 익숙한 학생들은 갑자기 자신에게 주어진 자유학년제 수업에서의 자유를 '산만함'과 '무질서'로 드러냈다.

즉 학생들은 자유롭지만 교사는 산만하다고 느끼며, 자유로운 학생들의 모습에서 존중과 배려를 실천하는 인성교육이라는 잣대로 학생들의 활동을 통제하게 되었다. 그렇게 통제된 상태에서 창의적 사고를 끌어내겠다고 하고, 끼가 넘치는 학생들의 보드게임 활동을 소란스럽다며 흐름을 끊고, 무채색을 좋아하는 남학생의 마인드맵에 컬러를 더 넣어보라고 요구하고, 만화로 마인드맵을 디자인하는 여학생에게 만화반은 수요일에 있으니 그 수요일 반에서 만화를 그리라고 하는 모습은 아이러니할 수밖에 없다. 왜 이런 일이 벌어질까? 그것은 바로 자유학년제 수업에 대한 학생과 교사의 비전이 공유되지 않았기 때문이다.

자유학년제 수업에서 학생들은 자신이 하고 싶은 대로, 말 그대로 '자유'를 펼치고 싶어한다. 그러나 교사는 수업목표 달성에 따른 배움 중심 교수학습 방법을 구안하고 운영, 평가한다. 따라서 학생들에게 매 수업의 활동 내용과 방법에 대해 안내하고 학생들은 수업 내용과 방법을 모두 익혀야 한다. 여기에서 교사의 비전은 모두가 함께 참여하고 소통하여 보드게임을 하고 자신만의 창의적 마인드맵을 디자인하여 학생 스스로 자신의 강점을 찾아본다는 큰 그림이지만, 학생의 비전은 그날의 수업을 흥미롭고 재미있게 하려는 자유로움에 있다. 여기서 알 수 있는 교사와 학생의 동상이몽 현상은 자유학년제 수업뿐만 아니라 모든 수업활동에서 흔히 교사와 학생이 느끼는 현상일 것이다. 따라서 교사는 학생들과 함께 비전을 공유해야 하는데, 그러기 위해서는 수업을 멈추고, 활동을 멈추고, 서로의 목소리를 듣는 것이 우선되어야 할 것이다.

두 번째 깨짐은 '관계 맺음'과 '경계 세우기' 없는 계획들이다. 자유학년제는 학기 초 첫째 주에 오리엔테이션이 있고, 둘째 주부터 본격적으로 수업이 운영된다. 담당교사와 학생들은 늦어도 셋째 주까지 정해야 하는 것들이 많다. 자유학년제 수업 연간 계획, 평가 계획, 학생자치회 구성, 학급생활규범, 자율동아리 구성, 방과 후 프로그램 구성 등 꼭 자유학년제 수업이 아니더라도 학기 초에 이 많은 계획들이 짜여진다. 하지만 이 짧은 시간은 교사와 학생들이 충분한 시간을 나누기에는 턱없이 부족하다. 학생이 행복한 학교, 학생 중심 교육활동이라고 하면서 정작 학생들이 원하고 바라는 학생들의 목소리가 반영되지 못한 채, 학생들의 흥미와 적성과 끼를 발견하고 꿈을 키워줄 수 있는 계획들이라는 것이 급하게 세워진다. 이전 학기 말에 이미 전문적 학습공동체 혹은 학교 자체 평가를 통해 준비된 계획들이라 할지라도 학생들의 의견은 간단한 체크리스트 정도인 설문지이거나 학부모에게 배부된 가정통신문에 나타난 통계적 수치들인 경우가 대부분이다. 우리 지역의 특색, 우리 학교만의 빛깔, 우리 학생들이 원하고 바라는 목소리 없이 교육부 혹은 교육청에서 '길라잡이'로 내려온 매뉴얼의 샘플 중에 학교 현실에 가장 잘 맞다고 생각하는 레고 블록 같은 교육과정을 세워 놓고, 거기에 우리 학생들의 목소리를 한 칸 한 칸씩 넣었다고 해도 과언이 아닐 것이다. 한 아이를 키우려면 온 마을이 필요하다는 교육비전에 공감하면서도 정작 단위학교의 자유학년제 교육과정에서 그 학교 학생들의 목소리가 반영되기 어려운 이유는 무엇일까? 이에 대한 속시원한 답을 얻으려면, 우선 현재 대한민국의 자유학년제 운영 학교 현장부터 들여다봐야 할 것이다.

　자유학년제의 목적은 중학교 과정 1년 동안 학생들이 시험 부담에서 벗어나 꿈과 끼를 찾는 데 있고, 이를 위해 참여형 수업과 다양한 체험활동이 가능하도록 교육과정을 유연하게 편성한다. 초등학교의 학생 활동 중심 수업과 성장·과정 중심의 수행평가 경험을 중학교 교육과정, 특히 자유학기와의 연계 및 확대를 통해 지속하고 성장시킬 수 있도록 한다. 학교의 장이 해당 학교 교원 및 학부모의 의견을 수렴하여 중학교 1학년 중 자유학기와 연계 자유학기를 자율적으로 결정한다. 자유학년제는 자유학기제를 확대한 개념으로 2개 이상의 자유학기를 운영하는 제도이다. 주로 1년간 '자유학기'와 '연계자유학기'로 운영한다. '자유학기'의 경우 지필평가는 없으며, 수행평가를 실시하되 성적을 산출하지 않고 수업 과정에서 학생들에게 나타난 역량을 기록한다.

연계 자유학기는 자유학기의 경험을 연계 및 확대하는 것으로 기존의 교육과정 범위 내에서 학교 여건에 맞게 교과 및 창의적 체험활동을 활용하여 운영하는 학기다. 경기 자유학년제는 경기혁신교육의 비전과 성과를 반영한 자유학기 확대 운영으로 학생·학부모·교원 모두가 만족하는 행복교육을 실현하고, 학생 중심 수업 개선을 통한 창의성, 인성, 자기주도 학습능력 등 미래 핵심 역량을 함양하고자 한다. 연계 자유학기 교육과정은 현 교육과정 편성·운영 지침의 범위에서 학생 참여형 수업·평가, 자유학기활동을 교과 및 창의적 체험활동과 연계하여 운영하며, 학교별 여건과 학생 및 학부모의 요구 등에 맞추어 자유학기 활동의 4가지 영역 중에 2개 영역을 특화해 창의적 체험활동과 연계한다.

자유학기 수업의 영역은 '주제선택활동, 진로탐색활동, 동아리활동, 예술체육활동'으로, 주로 5~6교시 오후 수업으로 운영된다. 즉 1~4교시는 자기 반 학생들과 교과 담당교사의 교과수업이 진행되고, 5~6교시는 다른 반 학생들과 함께 헤쳐 모여서 월(주제선택1) 화(진로탐색) 수(예술체육) 목(주제선택2) 금(동아리) 등으로 다양한 체험 및 활동 위주의 수업으로 진행된다. 이렇게 운영되려면 1학년이 5개 반일 경우 요일별 5개씩 총 25개, 8개 반일 경우 40개, 10개 반일 경우 50개의 프로그램이 나와야 한다. 그렇다면 각 프로그램을 맡을 교사도 그 프로그램 개수만큼 필요하다. 즉 1학년 담임교사 혹은 교과 교사만으로는 부족하다. 전문 강사가 진행한다고 하더라도 학교에서 수업 임장지도는 필수이며, 교사의 취향, 역량, 선호도로 자유학기제 프로그램이 디자인된다. 그럼 자유학기 수업을 운영할 교사는 어떻게 선정되는가? 안타깝게도 교사 자신의 희망이 반영되지 못하는 경우가 많다.

　중학교 교사들의 보통 수업 시수는 20~22시간 정도이다. 학급 규모에 따라 한 학년만 전담하기도 하고, 3개 학년을 다 맡아야 하는 경우도 생긴다. 이렇게 수업 시수를 맞추다 보니 전공 교과는 16시간에 자유학기제 수업 4시간, 전공 교과 18시간에 학교 스포츠클럽 1시간과 진로수업 1시간, 전공 교과 8시간에 순회 6시간과 자유학기제 4시간 등 교사 개개인의 수업 시수를 살펴보면 자신이 원하든 원하지 않든 자유학기제 수업, 학교 스포츠클럽, 진로 수업 등에 동원될 수밖에 없다. 그러다 보니, 전공 교과 수업만 20~22시간을 하는 교사는 부러움의 대상이 된다. 뒤집어 말하면 전공 교과 수업만 하는 교사는 자유학기제 수업을 하고 싶어도 못하고, 그 교사가 미술 과목으로만 20시간을 수업하면, 미술 관련 주제선택 프로그램이 없다는 이야기가 된다. 물론 예술체육활동에 미술 관련 수업이 개설될 수도 있겠지만, 이러한 경우 학교 미술 교사가 아닌 전문 강사 혹은 미술에 관심이 많은 교사가 그 수업을 운영하게 될 가능성이 크다.

　이러한 점에서 자유학년제 수업의 한 학기 자유학기제 수업 프로그램은 결국 학생들의 꿈과 끼를 펼친다는 전제 조건에서 학생들의 목소리, 즉 선호도가 반영된 프로그램 개설에서부터 먼저 깨진다. 물론 최선의 방안이 되기 어려우니 차선의 방안으로 자신의 전공 교과를 최대한 살리되 학생들의 선호도를 반영해 보겠다고 방학 중, 주말과 휴일 중, 퇴근 후 등 교육청과 관련 기관에서 주관하는 '자유학기제 역량 강화, 우수 자유학기제 실천 사례' 등의 연수와 '전문적 학습공동체'로 고민하고 실천하는 준비된 교사들도 적지 않다. 그러나 교사를 자유학기제 수업 역량 강화로 소진하게 하는 '선 정책 후 연수'는 분명 자유학년제 중학생들의 꿈과 끼를 따라가기에 역부족일 것이다.

세 번째 깨짐은 위와 같은 이유로 인해서 생기는 '현문우답'이다.

Q1. 왜 나는 '창의사고 생각나무 마인드맵반' 국어 관련 주제선택 프로그램을 신청했는가?

A1. 선택 프로그램 이름 옆 관련 교과목에 '국어'라고 적혀 있는 것을 보고 우리 부모님께서 시험 없는 1년을 걱정하시며 '국어'라서 무조건 하라셨지만, 나는 사실 수업 소개에서 '보드게임'이라는 것에 더 호감이 갔기 때문에 선택하였다.

Q2. 우리 학교는 1학년 자유학년제 1학기 자유학기제 주제선택 프로그램의 관련 교과가 그 수많은 교과 중에서도 왜 국어, 수학, 한문, 사회, 과학인가? 그리고 내가 중학교에 입학하기 전에 내게 신청받지도 않고 어떻게 생겨난 것인가?

A2. 교과가 5개인 이유는 1학년이 5개 반이기 때문이고, 이 교과목 담당교사가 자기 전공 교과로만 20시간이 안 되기 때문이었거나 1학년 담임이라 자기 전공 교과목 수업 시수를 1시간씩 내놓았기 때문

이었다. 더 놀라운 것은, 이 교과 교사들도 2월 말 전체 교사 수업 시수를 확인하고 나서야 알게 된 거라는 사실이다. 1월 방학 중 전국 자유학년제 및 자유학기제 담당교사들의 연수가 각 권역별, 지역별로 있었지만 그때까지도 전입 전출 교사가 확정되지 않았기 때문에 자유학년제 교육과정이 어느 정도 구안은 되었으나 정작 각 수업의 담당교사는 없는 수업 주제 이름만 있는 교육과정이었다는 것이다.

Q3. 1학년 자유학년제 중 2학기 연계 자유학기제에서 우리 학교는 왜 영어만 하는가? 1학기 자유학기제에서 학생 선호도 혹은 만족도가 높은 프로그램을 한 번 더 해줄 수는 없나?

A3. 2학기 연계 자유학기제에서는 1~2과목 정도만 연계하여 자유학기제를 운영하도록 되어 있어서 우리 학교 교과목 중 수업시수가 가장 적은 영어과에서 맡아 주기로 했기 때문이다. 1학기 학생 선호도 혹은 만족도가 가장 높은 프로그램의 담당교사는 2학기에 자기 전공 수업 시수로 이미 20시간이 넘기 때문에 어렵다. 그리고 교육청 혹은 교육부에 이미 2학기에는 영어 교과가 연계 자유학기제로 한다고 보고했기 때문이다.

Q4. 교육부는 '꿈꾸는 중학생 자유학기제' 경기도 교육청은 '천 개의 꿈과 천 개의 길'을 말하면서 왜 정작 자유학년제를 하고 있는 나에게는 묻지 않는가?

Q4. 교육부와 경기도교육청의 자유학기제 정책은 '학생 중심'이지만

자유학기제 수업은 학생이 꾸려나가지 않기 때문이다. 자유학기제 수업은 교사가 교육과정을 디자인, 수업 운영, 평가에 이르기까지 총괄하기 때문에, 그리고 중등 교사의 경우 자기 전공 교과 수업을 더 중요하게 여기기 때문에, 교사 스스로도 자유학기제 수업 역량에 자신이 없기 때문에, '선 정책 후 연수'로 교사를 소진하게 하기 때문이다. 더구나 이렇게 에너지를 소진한 교사가 학생들의 넘치는 에너지를 따라갈 수나 있겠는가?

혼자 그러나 함께

초등학교 수업 시간표를 보자. "오늘은 국어, 영어, 창체, 창체, 수학이고, 창의적 체험활동으로 김치 만들기가 있으니, 오늘 국어는 이렇게 하고 영어는 요렇게 하고, 수학은 그렇게 하면 되겠군." 초등학교 교사는 그날의 수업 상황을 보고 학생들을 배려하는 수업의 강약을 이렇게 자신이 조절할 수 있다.

그런데 중고등학교의 각 학급 시간표는 어떠한가? 중고등학교 교사는 자신의 시간표보다 우리 학생들의 시간표에 더 많은 관심을 가지고 있는가? 2학년 3반 학생들의 하루 일과 교과목에서 수행평가가 4개나 있다는 것을 교사는 알고 있을까? 이번 주 수행평가를 해야 다음 주 학교 행사로 빠지는 것을 방지할 수 있으니, 학생들에게는 안타깝지만 이번 주 모두 수행평가를 해야 한다. 그러다 보면 한 개 교과목에 수행평가가 3개씩 있으면, 학생들은 한 학기에 최소 30개 이상의 수행평가를 치르게 된다. 중학교 교사는 매 수업 모든 학급에서 힘주어 열심히 강강(强强) 수업을 한다. 중고등학교 학생들은 이런 수업에 지칠 때도 많아서, 하루 일과의 시간표를 보고 자신이 수업의 강약을 조절한다.

"오늘은 수학, 도덕, 음악, 체육, 국어, 영어인데 요 시간엔 좀 쉬고, 이 시간엔 좀 듣고, 그 시간엔 수행평가니 열심히 해야지."

중등교사는 학생들이 자신의 교과목에 대한 애정을 가지기를 바라고, 학생들의 성취도에 기뻐하며, 진로보다는 진학에 관심이 더 많을 수밖에 없는 현실에서, 학생들에게 진정한 도움이 되며 학생들의 꿈에 한 발짝 더 다가서게 하는 교과목 수업 성취도에 주력한다. 열의가 넘치는 중등교사의 배움 중심 수업은 강의식 주입식 전달 수업이 아닌, 학생들이 토의 토론하며 소집단 협력학습으로 배움을 키워나가는 수업이다. 그래서 배움 중심 수업의 학생들은 바쁘다. 가만히 앉아서 강의를 듣기만 하면 편할 텐데, 교사의 발문에 창의적 생각을 하고 토의 토론하고 프로젝트를 수행하며 끊임없이 연구하고 무언가를 해내야 하는 과정에서 학생들은 바쁠 수밖에 없다. 그러다 어느 순간, 배움 중심 수업에서 오히려 학생들이 소외되는 것은 아닌가 할 때가 있다. 교사가 배움에 열광할수록 학생들은 더 지쳐가는 게 아닐까 싶을 때도 있다. 모든 중등 교과 교사들이 강강(强强)수업을 하고 있어서 말이다.

결정적으로 그 강강(强强)수업의 연속선상에 평가가 있기 때문에 우리 학생들은 수업에서 취사선택을 하게 되는 것이 아닐까?

좀 더 자세히, 일부 자유학년제 운영 교사의 개인 시간표를 한번 살펴보자.

A교사 수학 1학년 15시간, 1학년 주제선택 4시간.

B교사 영어 2학년 18시간, 1학년 동아리 2시간, 3학년 학교스포츠클럽 1시간

C교사 과학 3학년 17시간, 1학년 예술체육 2시간, 2학년 진로수업 1시간

D교사 한문 1학년 5시간, 3학년 10시간, 1학년 진로탐색 2시간, 1학년 학교스포츠클럽 1시간

A교사는 1학년 담임, B교사는 2학년 담임, C교사는 3학년 담임, D교사는 비담임으로 학교 내 전문적 학습공동체를 학년별로 운영할 경우, 자유학년제 수업에 대한 학습공동체는 1학년 담임들이며 주로 주제선택 프로그램과 관련해서 국한될 수밖에 없다. 그래서 이러한 수업 시간표에 대한 총체적인 고민과 해결 방안에 대한 논의 없이는 자유학년제 수업은 수업을 운영하는 모든 교사 '함께'가 아닌 자유학년제 업무 담당교사 '혼자'의 몫이 될 수밖에 없다.

그럼에도 불구하고, '혼자 그러나 함께'하는 교사의 학습공동체는 모둠에서 무임승차를 하는 학생들에 대한 고민으로 역할이 있는 협동학습, 2인 협력학습인 하브루타 러닝, 액션러닝 등의 다양한 교수학습 방

법을 찾았다. 일제식 지필평가에서 다양한 수행평가, 과정평가, 성장중심 평가의 방법을 모색하고 있으며, 교육과정-수업-기록-평가의 일체화를 통해 '학생 중심'의 수업을 실현하려고 노력하는 열정 있는 교사, 집단지성을 발휘하는 학습공동체가 살아 있다.

자유학년제를 운영하는 교사는 학습공동체로서의 학습생태계라는 관점에서 자신과 자신의 교육 활동의 현재를 살펴봐야 한다. 왜냐하면 지금의 자유학년제는 초등학교와 고등학교 사이, 진로교육과 진학교육 사이, 경쟁과 협력 사이, 성장과 성공 사이처럼 무언가 명료하게 정의되기 어려운 병아리와 닭 사이 닭병아리들 '중학생' 이 주인공이기 때문이다.

중학생은 '혼자 그러나 함께'이다. 자아 정체감의 혼란기이며 부쩍 외롭고 쓸쓸함을 느끼기 시작하고, 초등학생일 때보다 친구들이 더 좋으면서도 여럿 가운데서 소외감을 짙게 느낀다. 또한 좋아하는 것과 싫어하는 것들의 경계가 달라지면서 자기 자신도 자신의 마음을 모를 때가 많은데, 친구와 함께 있으면 마냥 좋은 그런 상태의 기러기다. 기러기는 혼자 나는 것처럼 보이지만 늘 함께 날고 있다. 이런 중학생에게 자유학년제는 잠시 '멈춤'으로써 살짝 '비전'을 보여준다. 본격적으로 날기 전에 잠시 '멈춤'으로써 어느 방향으로 날 것인지, 어떻게 날 것인지, 왜 날고 있는 것인지 다양한 체험을 통해 '혼자' 충분히 고민해야 하지만 '함께'하는 교육활동으로 자신의 '비전'을 정립하고 실천할 수 있는 기회의 시간을 선물받을 수 있다.

대한민국 교육생태계에서 이러한 자유학년제의 취지를 잘 살려 운영하기 위해서, 중학생의 발달 상태를 고려하여 담임교사를 포함해 각 교과 교사는 자유학년제의 다양한 빛깔처럼 다양한 모습으로 학생과 함께해야 할 것이다. 새로운 교사의 역할 모델에 여러 미래학자들은 학교나 교사가 없어질 것이라고 보는 견해와는 달리, 학교가 새로운 시스템으로서 교육의 구심점이 되면서 교사에게는 많은 기회가 생길 것이라 말하고 있다. 학교에서 학생이 도움을 필요로 할 때 코치 또는 강사로, 사회적인 주변 환경이 변화함에 따라 행사 기획자나 체험 디자이너의 모습으로, 자신만의 독특한 교육과정 브랜드를 제작하는 제작자로서 교사의 다양한 역할에 대해 전망하고 있다. 이러한 전망은 현재 자유학년제를 운영하는 교사의 역할 기대와도 일맥상통한다. 개별 교사의 개성이 잘 드러난 상태로, 여러 가지 역량을 두루 갖춘 슈퍼맨의 모습이 아닌 개별 교사 하나하나 빛날 수 있다. 누구는 '인생의 멘토'로서 어떤 누구는 '학습 코치'로서 혹은 비판적 사고력을 촉진하는 '퍼실리테이터'로 그리고 고민과 상담으로 다가가는 '카운셀러'로서 유기적 공동체성을 발휘해야 할 것이다. 그러한 점에서 중학교 자유학년제를 운영하는 교사 역시 '혼자 그러나 함께'이다.

적자생존? 적는 것이 옳다? Write & Right

자유학년제의 자유학기 생활기록부는 일반학기보다 글이 더 많다.

각 교과별 평가영역, 성취기준, 학생 세부능력 특기사항 모두 숫자가 아닌 글로 서술된다. 학생들이 참여하는 수업 과정 속에서 보여 주는 다양한 역량을 평가하는 과정 중심의 평가로 교육과정에서 제시한 성취수준의 도달 정도를 참고하여 활동별 프로젝트 수행 과정 속에서 자기 평가 및 모둠 상호 평가, 동료 평가, 포트폴리오 평가 등 다양한 평가 도구를 활용하여 교사가 관찰한 내용을 개별 학생들의 특성에 맞게 맞춤형으로 서술해야 한다. 자유학기 혹은 연계 자유학기 생활기록부 연수에서 가장 강조하는 것은 'Ctrl C + Ctrl V'를 하지 말라는 것이다. 따라서 교사의 생활기록부 글쓰기 능력에 따라 학생의 1년 학교 교육 활동 내용도 달라진다. 생활기록부 매뉴얼에 제시되어 있는 예시만 보아도 그러하다. 교사가 학생을 다양한 평가 방법으로 다각도로 평가한 내용은 그 목적과 취지 그리고 방법보다는 결과로 서술된 내용에 따라 다르게 보인다.

- (꿈꾸는 도서관, 34시간) 자료 분석을 통해 문헌 분류 방법을 찾아 유의미한 정보를 찾는 것에 흥미를 보이며, 자신의 진로와 관련한 책을 읽고 다양한 독후 활동을 통해 문학적 표현으로 창작하며 소집단 협력 학습에 적극적으로 참여함.

- (기하학 도형길, 34시간) 기하학을 활용한 평면도형에 관심을 보이며, 수학과 프로젝트 학습 활동을 통해 모둠원과 협력함.

- (영어 프리젠테이션, 34시간) 스마트폰 앱을 활용한 가상인터뷰 활동과

UCC제작에서 창의성을 보이며, 외국인에게 한국의 아름다움을 소개하는 프리젠테이션을 훌륭히 발표함.

위 기록 내용을 보면 이 학생이 어떤 성취기준에 도달했는지, 어떤 역량을 발휘했고, 어떻게 성장했는지보다는 이 학교의 자유학년제 프로그램 종류가 무엇인지와 어떤 내용들로 구성되어 있는지가 더 잘 보인다. 왜냐하면 서술의 내용이 짧기 때문이다. 34시간의 활동에서 교사가 관찰한 학생의 수업활동 과정이 이렇게 짧을 수 있을까? 자유학기 생활기록부 매뉴얼에서는 일반 교과가 아닌 자유학기제 수업(진로탐색, 주제선택, 동아리, 예술체육) 4개 영역에 합산 1000~1500byte 정도만 허용하고 있기 때문에 많이 쓸 수가 없다. 물론 자유학기가 아닌 일반학기 생활기록부에서도 교과 세부능력 특기사항 및 창의적 체험활동(자치, 동아리, 봉사, 진로) 특기사항 모두 글자 수byte 제한을 두고 있고, 일반학기 생활기록부는 성적산출을 숫자로 따로 하고 있으나, 자유학기 및 연계자유학기 생활기록부의 성적 산출은 '이수, 미이수'로만 표기하기 때문에 각 교과 및 자유학기제 수업의 글자 하나하나가 중요한 셈이다. 그러나 어찌 보면 중요하지 않을 수도 있다. 왜냐하면 자유학기와 연계 자유학기의 평가는 고입에 반영되지 않기 때문이다. 중2~고3까지 생활기록부의 교과별 세부능력 특기사항은 특목고나 자사고에서 얼마나 일관되게 '선택과 집중'으로 특정 교과목 혹은 특정 역량이 꾸준하게 잘 발휘되었는가 평가하는 기준으로 보일 수 있기 때문에 고입 혹은 대입에 신경 써 줘야 하는, 소위 성적 좋은 전교 몇 %의 학생들은 관리해 줘야 한다는 교사의 책임감이 풍성하고 다채로운 생활기록부를 창안해야 한다는 부담감으로 나타난다. 그리하여 자유학기와 연계 자유학기의 평가 기록은 상대적으로 덜 부담스러워져, 형식적으로 서술해 주는 관행으로 왜곡될 수도 있다. 왜냐하면, 중2~고3까지의 생활기록부는 모든 학생을 다 해 줄 필요 없이 정말 교과별 세부능력 특기를 보인 학생들만 서술해 줘도 되는 반면에, 자유학기와 연계 자유학기의 생활기록부는 모든 학생들에 대해 모든 교과, 모든 자유학기 활동 과정에 대해 전부 다 서술형으로 기록하기 때문에 교사들은 학생 하나하나에 힘주어 기록해 주지 못할 가능성이 커진다. 그리고 1학기 과정에서 그때그때 기록해 두지 않으면 최소 25명(한 학급)에서 최대 300명(중등교사의 일반적인 수업 시수를 20시간이라고 할 때 연계 자유학기의 일반 교과 2단위씩 10개 반, 한 학급에 30명 정원일 경우)의 학생들에 대한 평가 기록은 불가능하다.

즉, 자유학년제의 취지와 목적을 살린 수업 밀착형 평가와 학생 중심 평가를 위해서는 다음과 같은 문제들이 논의되어야 한다.

첫째, 교사 1인당 담당해야 하는 학급당 학생 수 문제이다. 현재 혁신학교에서의 학생 수도 학급당 28~32명 정도이기에 자유학기제 수업에서는 1학급 2교사제, 혹은 N+1 학급 편성 등으로 학생 수를 줄일 수 있다. 학생들의 수업활동에 대한 양질의 관찰과 기록에 효과가 있을 것이다.

둘째, 학교생활기록부의 글자 수^{byte} 제한 문제이다. 글자 수 제한을 풀어서 기록의 양을 늘리자는 것이 아니라, 교육과정 성취기준에 맞는 성취수준에 대한 기준 마련, 자유학기제 프로그램에 대한 평가 기록의 내용과 방법에 대한 기준이 필요하다. 학생들에 대한 평가 내용이 자세하다고 해서 학생 성취수준이 잘 기록되어 있다고 보기는 어렵기 때문이다.

셋째, 다양한 평가도구의 개발 및 교사의 평가 기록 역량이 강화되어야 한다. 자유학년제 수업 활동에서 학생들의 성취수준을 파악하는 일제식 평가지가 없기 때문에, 활동에 대한 적극적 참여도와 활동지 결과물 등으로 파악하는 데에서 학생들이 어떤 부분에서 배움이 향상되었는지 파악하기 어려울 수 있다. 그래서 배움 성장의 자기 보고서 작성 등에 대한 다면적 평가를 할 수 있는 평가도구의 개발과 함께, 교사가 다양한 시각으로 학생들의 수업 과정을 관찰할 수 있는 역량에 대한 연수 및 실천 사례 나눔이 중요하다.

넷째, 진로 진학에 반영하는 방법 개선 문제이다. 현재 고입 전형에 자유학년제의 성적은 반영되지 않는다고 하였으나, 과학고, 자사고, 특목고 등을 준비하는 학부형이나 학생들은 자유학년제의 생활기록부에 기록되는 교과세부능력특기 사항의 내용이 상급학교에서 일부 반영될 것이라 여기고 있다. 그리고 학생의 역량을 중심으로 평가 기록하는 것이 학생의 꿈과 끼가 반영된 진로 진학에 도움이 될 것이다.

Now를 넘어 How로!

 그렇다면 '꿈꾸는 중학생, 행복한 대한민국'을 표방한 자유학년제는 어떻게 효율적이고 창의적인 교육과정으로 편성·운영될 수 있을까? 그리고 어떻게 자유학기와 연계 자유학기를 일반화할 수 있을까? 이에 대해 교육 4주체(학생, 교사, 학교, 학부모-지역주민-지역사회)의 공동체 역량에서 그 방법을 찾고자 한다.

 첫째, 역량강화 연수 및 업무에 소진되지 않는 교사 학습공동체.

 2015개정교육과정, 자유학년제 전면 실시 등 지난 3년간 학교 현장의 교사는 새로운 교육정책에 대한 핵심요원 연수, 전달 연수, 역량강화 연수, 담당 실무자 연수, 우수실천사례 연수, 평가 및 학교생활기록부 기재 요령 연수 등 선정책 후연수로 학교 현장 교사들은 정책에 대한 깊은 고민과 공감 없이 비전을 공유하지 못한 채 운영 내용과 방법의 매뉴얼로 학교 현장의 실정을 맞춰 왔다. 수직적 관료제 문화에서 수평적 공동체 문화로 혁신하려 노력하고 있고 분업과 경쟁의 구도에서 나눔과 협력을 실천하고 있으며 교무업무 조직에서 학습 조직으로 거듭나고 있다. 또한 학교 담론의 문제에서 사회 담론의 문제로 확장시켜나가고 있다. 이를 역동적으로 주도하고 있는 것은 교육부나 교육청이 아닌 바로 교사 공동체이다.

 교사 공동체는 개방과 협력의 학습 공동체로서, 분절적이고 일회적인 것이 아니라 지속적이고 꾸준한 교육 운동이다. 또한 배움과 실천의 공동체로서 현장의 생생함이 그대로 드러난 유기체로서 교육활동의 핵심주체이다. 이러한 핵심주체로서의 교사 학습공동체가 비민주적이고 비합리적인 일들 때문에 에너지를 소진하지 않도록 하는 정책적 지원이 우선해야 한다.

이를 위해 새로운 더하기(+) 정책보다는 빼기(-) 정책이 효과적일 것이다. 이미 '교원업무정상화'를 위한 업무 경감과 교육과정 정상화, 다양화, 특색화를 위한 교육청의 지원, 학교조직진단도구를 활용한 학교 민주주의 문화 확산, 전문적 학습공동체 학점화 및 학교자체평가 등 '자생적 변화'와 '협력적 성장'을 표방한 혁신학교 시즌II로 공교육의 모델학교로서 '빛깔있는 학교'에 대한 지원이 이루어지고 있다. 그러나 새로운 정책이 하나 더 생겼다는 부담감과 책임감 그리고 힘을 소진하는 교사들이 늘어나고 있으며, 단위학교 상황에 따라 어쩔 수 없이 전출을 가는 리더 교사들 등 교사 학습공동체가 안착이 되기 전에 와해되는 일에 대한 예방과 대비 또한 필요하다. 단위학교 교사들의 '조직몰입'보다는 어느 현장에 있든 교육활동에 대한 열의를 갖게 하는 '교직몰입'의 공감대와 동기를 불러일으킬 수 있는 민주적 리더십과 권한 위임의 자율과 책무를 부여하고, 스스로 공동주인의식을 지니게 할 수 있는 견고한 교사 학습공동체 문화가 핵심이라고 생각한다.

둘째, 자신의 강점을 탐색하고 발견할 수 있는 학생자치공동체를 활성화시켜야 한다. 오늘의 행복한 배움이 내일의 특별한 희망이 될 수 있다는 믿음을 지닌 학생들이 스스로 삶을 세우며 함께 나아가는 공동체는 학교교육을 교사에게 의존하는 방식에서 벗어나 낡은 지식을 새로운 가치로 창출해 나가는 역동적 힘을 발휘하게 한다. 경기도교육청이 이미 시행하고 있는 단위학교에서의 학생자치 활성화 계획, 지역 네트워크 학생의회 및 학생사회참여동아리 등의 정책은 '좋은 학교는 학생들이 바쁘다'는 현장의 목소리로 나타나고 있다. 자신의 꿈과 끼를 발견하고 진로와 연계하여 행복한 미래를 설계하는 자유학년제의 주인이 바로 학생이며 혼자가 아닌 함께하는 자치 공동체는 자유학년제 교육과정 편성에 있어서 학생의 목소리가 반영되어야 한다.

이를 위해 자유학년제 자유학기 실시의 수업 시수 감축을 제안한다. 한 프로그램 당 수업 시수를 한 학기 17주로 하여 주로 34차시로 되어 있다 보니, 학기 초 학생과 학부모의 의견수렴 과정이 충분하지 못하며, 교사들의 수업 시수 조정 및 교육과정 운영계획도 면밀하게 검토되지 않은 채 시행되기도 한다. 그리고 초등학교에서 중학교로 진학하면서 여러 전학생들의 문제로 자유학기제 운영 프로그램에서의 학생 수 조정 등에 문제가 생기며, 전문강사 및 지역 주민의 인력풀 활용 등에도 어려움이 따른다. 한두 시간 프로그램 시행을 더 하는 것보다는, 학기 초 학생자치 공동체 구축을 통해 '학교 비전 공유' '수업 약속 정하기' '희망하는 교과 프로그램에 대한 탐색' '전교생 인문학 특강 및 진로특강' 등을 활용하여 자유학기와 일반학기 모두 본격적인 수업 진행에 앞서 학생자치 공동체를 세워 학생이 꾸려나가는 교육과정으로 진행되는 것이, 느리지만 천천히 알차게 가는 학교생활이 아닐까?

셋째, 미래교육에 대비할 수 있는 학교 교육과정 및 학습 생태적 관점에서의 학습 환경이 필요하다.

1864년 미국 링컨대통령 시절, 노예제도 폐지와 같은 날 함께 설립된 학교가 있다. 유리로 된 건물의 외벽, 벽 없이 설계된 1층과 2층, 곡선 위주로 설계된 내부 구조, 방문자가 초인종을 누르면 반짝이는 조명, 전 세계에서 모인 학생들이 화학, 경영, 예술 심리학 등 다양한 학문을 배우는 세계 유일의 청각장애인을 위한 종합대학교 '갤로뎃 대학교'이다. 학교 교직원의 절반은 청각장애가 아니지만, 공용어는 수화이며, 어떠한 장벽 없이 수화로 대화할 수 있도록 모든 소리를 눈으로 볼 수 있게 청각장애인의 입장에서 디자인된 학교다. 설립된 152년간 졸업생 중 92%가 취업했으며, 청각장애인 졸업생이 이 대학의 총장이 되었고 총장의 수화 취임사를 보고 학생들은 두 손을 높이 들어 반짝이는 박수 소리를 보냈다.

"나는 학교에서 다른 방식으로 생각하기 시작했다"

"나는 학교에서 의사소통의 자유를 배웠다"

_ EBS 지식채널e 반짝이는 박수소리

현재 우리 학생들은 학교에서 의사소통의 자유를 배우는가? 학생들은 다른 방식으로 생각하고 있는가? 우리는 학생들에게 반짝이는 박수 소리를 받고 있는가? 학교가 온전히 학생들의 꿈과 끼를 찾아줄 수 있게 디자인되었는가? 학교 생태 환경, 학교 교육과정, 수업과 평가, 진로

진학과의 연계, 지역사회와의 네트워크 구축 등으로 다양한 학생들이 바른 인성을 갖추고 인문학적 상상력과 과학적 창조력을 기를 수 있는 미래 인재 양성을 위한 학교로 준비가 되었는가? 이러한 전제 조건, 준비 과정 없이 오롯이 교사나 학부모에게 그 몫을 떠안기고 있지는 않은가? 도시 설계 혹은 건물 자체의 문제를 단지 인테리어의 문제로만 국한시키고 있는 것은 아닌가? 삶에서 필요한 역량을 강화한답시고 새로운 기술과 컨텐츠에만 현혹되고 있지는 않은가? 이제 내 삶의 무엇이 아닌 내 삶 자체를 변화해야 하지 않을까? 교육의 무엇이 아닌 교육 자체를 변화해야 하지 않을까? 이러한 문제들을 해결하기 위해서는, 학교의 교육과정 수업 운영 평가의 변화에 집중하기보다 학교 건물, 학습 생태 환경으로서의 변화에 재정적 행정적 지원이 우선되어야 할 것이다.

넷째, 미래사회에 필요한 역량을 함께 키울 평생교육 차원에서의 지역 간 네트워크 활성화가 필요하다.

현재 자유학년제 운영에 필요한 인력풀 혹은 체험처는 지역사회의 지역주민, 지역 유관기관, 직업 체험터, 지역 유적지 및 문화 공간 등을 활용하여 기존의 창의적 체험활동에서의 현장체험 및 테마학습을 진로 진학과 연계하여 확장하여 실시하고 있다. 그러다 보니 프로그램의 양과 질에 있어서 지역 환경에 따라 지역별 격차가 생긴다. 거버넌스의 관점에서 이미 단위학교는 지역사회 네트워크를 구축하고 다양한 진로 탐색 영역에서 운영하고 있다.

우수사례를 공유하고 실천적 방안을 나누며 이에 따른 새로운 직업군으로 방과 후 강사, 지역 길잡이 교사, 리더십 강사, 진로 코치 등의 인력풀 확보와 사회적 기업과의 연대, 협동조합, 마을교육공동체 등 새로운 가치를 창출하여 사회적 경제교육으로서의 확산에도 기여하고 있다. 이러한 지역 내 네트워크를 넘어선 지역 간 네트워크의 활성화를 통해 지역 간 격차를 해소하고 유연한 자유학년제 운영의 거버넌스를 구축할 수 있을 것이다.

고교
무학년 학점제

경기도교육연구원 교육연구사 **주주자**
야탑고 교사 **이동배**

1. 고등학교교육에 대한 성찰

지금 고등학교 교실에서 배움이 일어나고 있는가?

　인문계 고등학교에서 교과를 가르쳐 본 교사라면 위의 질문에 선뜻 자신있게 '그렇다!' 라고 답할 사람이 그리 많지 않을 것이다. 혁신학교가 양적으로 확대되면서 혁신학교에서 강조하는 배움 중심의 수업, 교육과정 재구성, 교육과정-수업-평가-기록의 일체화 등 좋은 교수학습 방법과 학교 조직문화 변화의 필요성에 대해 많이 공감하고 실제로 학교현장에서 변화하는 모습들도 보이고 있다. 그러나 초등학교와 중학교에서 활발하게 논의되고 실행되는 혁신적인 수업과 교수방법이 일반 고등학교에서는 잘 구현되기 어렵다. 그 이유는 무엇일까? 고등학교에서 쉽게 볼 수 있는 수업 장면을 살펴보면서 원인을 짚어 보자.

– 장면 1

고등학교 2학년인 영수(가명)는 수학시간만 되면 잠이 쏟아진다. 오늘도 선생님이 설명하시는 수업 내용은 거의 외계어에 가깝게 들린다. 영수는 중학교에 올라오면서 수학을 포기했다. 흔히 말하는 '수포자'인 셈이다. 원래 어릴 때부터 자동차를 좋아했던 영수는 멋진 자동차를 만드는 공학자가 되고 싶었지만 이과에 진학하려면 지금보다 더 어려운 수학 과목을 들어야 한다는 사실을 알고 인문계열을 선택했다. 주위를 둘러보니 자기와 같은 '수포자' 친구들이 많이 보인다. 성적이 우수한 아이들만 선생님 수업을 이해하는 것 같다. 영수는 빨리 학교수업이 끝나기만을 기다리고 있다.

– 장면 2

고등학교 2학년인 철희(가명)는 '사회문화'와 '생활윤리'를 선택해서 듣고 있다. 대학입시에서 경제학과를 지망하는 철희는 원래 '경제'를 듣고 싶었지만 신청한 학생 수가 한 반이 되지 않는다고 하여 개설되지 않았다. 할 수 없이 학생들이 가장 많이 듣는 사회탐구 과목을 선택하여 내신 점수라도 잘 얻기로 전략을 바꾸었다. 대신 수능에서 선택과목으로 시험 볼 '경제'는 따로 인강을 들으면서 독학하고 있다. 혼자 공부하다가 어려운 부분이 있을 때마다 사회선생님께 물어보면 잘 알려주시기는 하지만 수업시간에 배우는 과목이 아니라서 자주 질문하기가 좀 죄송하다. 철희는 '경제'가 개설된 학교에 다니는 학생들이 부럽기만 하다.

– 장면 3

고등학교 3학년인 도연(가명)이는 학교에서 공부하는 것에는 큰 관심이 없다. 솔직히 표현하자면 도연이는 마음 맞는 친구들과 수다 떠는 재미로 학교에 온다. 가끔씩 컨디션이 안 좋거나 수행평가가 많이 몰려 있는 날은 아예 학교를 결석하기도 한다. 대학을 가야 할지 취직을 해야 할지 진로를 아직 정하지 못했기 때문에 뭘 공부해야 할지도 잘 모른다. 고3에 올라와 도연이와 같이 방황하는 아이들이 조금 더 많아졌다. 담임 선생님과 상담도 했지만 반 전체가 입시를 목표로 하고 있는 상황에서 본인의 고민을 솔직하게 털어놓고 싶지는 않다. 도연이는 고등학교 1, 2학년 때에도 지금과 비슷했고 성적도 좋지 않았지만 결석한 날이 며칠밖에 안 되어 문제없이 3학년에 진급했다. 도연이 부모님은 일단 고등학교는 나와야 사회에 나가서도 제 역할을 할 수 있고 직장도 구할 수 있다며 도연이에게 결석만은 하지 말고 학교라도 잘 다녀 졸업장은 받아 오라고 당부하신다.

수능에 따라 좌우되는 고등학교 교육과정

위의 장면 1~3에 대해 공감하는가? 도대체 어디서부터 문제가 생긴 것일까? 많은 학생들을 배움으로부터 도망가게 만든다면, 학교는 제 역할을 못하고 있는 것이다. 1995년에 발표한 '5.31 교육개혁안'은 교육과정 다양화와 특성화에 대해 규정하고 있다. 무려 20년 전에 초·중등교육에서 학생이 선택할 수 있는 학교와 프로그램이 다양화되고, 개인의 학습능력 차이를 고려한 교육과정이 운영되어 개인의 적성과 능력에 따라 원하는 공부를 하는 것을 강조하였다. 즉, 수준별 교육과정을 편성·운영하여 개인의 적성과 능력에 맞는 교육이 가능하도록 한다고 명시되어 있다. 또한 학생의 진로선택과 학습능력에 따라 원하는 과목과 수준을 선택할 수 있도록 다양한 선택과정을 강화한다고 하여 교육과정 운영의 다양화를 명시하고 있다.

더욱이 2015년 9월 고시되어 고등학교에서는 2018년부터 본격 적용되는 2015개정교육과정에서는, '학생의 적성과 진로에 따른 선택학습'을 강조하고 있다. 특히 고등학교에서는 학생의 진로에 적합한 과목을 체계적으로 이수하고 교육청은 학생의 과목 선택권을 보장하기 위해 필요한 인적·물적 지원을 하도록 규정하고 있다.

이처럼 꽤 오래 전부터 교육과정 문서상에는 교육과정 다양화, 개별화 교육과정 운영에 대한 지침이 마련되어 있어 왔다. 하지만 현실적으로 학교현장에서 그 취지가 구현되기 어려운 이유는 무엇보다도 현재 주된 입시제도인 수능의 영향력이 크기 때문이다. 수능에서 국, 영, 수

과목이 차지하는 비중이 크고, 고3때까지 배우는 범위를 포괄하기 때문에 수능의 영향은 학교 단위에서 국, 영, 수 과목이 차지하는 비율과 학습량에도 영향을 미친다. 2009개정교육과정에 따르면 국어, 수학, 영어 교과(군)에서 고등학교 졸업에 필요한 최소이수단위는 각각 15단위이고, 2015개정교육과정에서는 각각 10단위이다. 그러나 수능에서 도구교과가 차지하는 비율이 크기 때문에 학교 교육과정 편성도 도구교과 위주로 편중될 수밖에 없어 교과목의 다양화는 현실 장벽에 부딪힐 수밖에 없다. 심지어 고등학교 간 공동교육과정을 통해 학생 맞춤형 교육과정을 운영한다고 해도 입시에 직접적으로 도움이 안 되는 과목을 개설할 경우 학부모들이 반발하는 경우가 많다. 본인의 자녀가 대학입시(정시)에 피해를 입을까 봐 두려운 것이다. 이는 결과적으로 학생의 자유로운 선택이 왜곡되고 고등학교마다 학교 고유의 특색 있고 다양한 교육과정을 운영하기에 힘든 상황을 만든다.

행정적 편의주의와 관행, 교사 중심 교육과정 운영

7차 교육과정 이후 공히 고등학교는 선택중심 교육과정체제를 도입 및 운영하고 있으며, 수시 개정의 형태로 교육과정이 개정되면서 교육과정 편성과 운영에 있어서 현장의 자율성 확대를 추구하고, 학생의 능력, 적성, 진로를 고려한 학생중심교육과정을 지속하고 있다. 2009개정교육과정 이후에는 교육과정에서 학생의 진로와 흥미를 고려하여 개설할 만한 다양한 교육과정과 교과서가 개발되었다. 전통적인 교과(군)에 속하는 과목들에서도 더욱 다양한 선택과목들이 제시되고 있으며, 전통적인 교과목들 이외의 다양한 과목들이 제시되어 있다. 예를 들어 전통적인 교과(군)으로 국어, 수학, 영어, 사회 등의 과목 이외에도 생활·교양 영역에서 교양교과(군)이 있어 다양한 과목선택이 가능하다. 또한 예술교과(군)에 포함된 예술은 소위 전통적인 음악과 미술 이외에도 연극과 영화 관련 다양한 과목이 제시되고 있으며, 생활·교양 영역에 교양교과(군)이 있어 교육학이나 심리학, 철학 등 관련한 10개의 다양한 과목들이 제시되어 있다.

그러나 실제 단위학교의 교육과정 편제표를 들여다보면 다양한 교과목이 개설되어 있는 경우를 발견하기 어렵다. 편제표 상으로는 어느 정도 다양함이 고려되어 있지만 실제로 개설이 이루어지지 않는 경우도 많다. 학생들에게 교육과정 선택권이 충분히 보장되지 않고 있는 것이다. 왜 이러한 현상이 발생하는 것일까? 먼저 교사 수급 문제가 걸림돌이다. 학생들의 진로에 개별적으로 맞춰서 다양한 교과를 개설하다 보면 그만큼 많은 수의 교사가 필요하기 때문이다. 예를 들어 탐구과목에서 학급 단위로 전 학년이 동일한 한 과목을 개설하여 배웠다면, 8학급씩 획일적으로 개설되었던 학급이 학생들의 자유로운 선택에 의해 개설할 경우 한 과목 8학급이 3과목 10학급이 될 수도 있기 때문이다.

또한 학생 수요에 따른 과목선택권이 원천적으로 차단된 채 관행적으로 교사 수급과 전공을 중심으로 교과 개설이 이뤄지고 있다는 점을 들 수 있다. 교양교과목과 전문교과목을 포함하여 다양한 교과목에 대한 학생 진로와 적성에 따른 선택이 가능하다는 것이 안내되지 않는 경우가 많다. 교사가 가르치기 꺼려하는 과목은 학생의 필요나 의도와 관계없이 폐강되기도 한다. 이와 같이 교사 중심, 행정 중심의 관행적인 교과목 개설이 이루어지면 학생의 자유로운 교과목 선택권은 그만큼 위축되고 결과적으로 진로와 적성에 맞는 과목 설계와 학습을 통한 성장이 이루어지기 어렵다.

개별적 성장이 아닌, 결과 위주의 상대적 서열화를 위한 교육활동

학교교육의 중요한 목표는 학생들 각자가 자신의 잠재력을 충분히 발휘하고 전인적인 성장을 이루도록 하는 것이다. 따라서 고등학교 교육과정 운영의 주된 목적은 학생 변별을 위한 순위 매김과 선발이 아니라, 학생들이 성취기준에 도달하고 지속적으로 자신의 잠재력을 발휘하고 전인적으로 성장하도록 지원해야 한다. 그러나 학생평가가 대입제도에 반영되는 방식인 내신제도가 여전히 상대평가가 중심이 되어 있는 상황에서 개별 학생의 성장이 교육활동의 주된 목표가 아니라 상대적인 비교를 통한 서열화가 가장 강조된다. 2014년에 고1학년부터 순차적으로 성취평가제가 도입되었고, 2016년에는 고등학교에서 성취평가제가 전면적으로 시행되고 있으나 내신제도로 석차 9등급제가 병기되고 있다.

성취평가제는 상대적인 서열적 정보가 아니라 교과에서 성취하도록 요구되는 지식과 기능 및 태도를 준거로 하여 성취수준을 평가하는 절대평가 체제이다. 이러한 절대평가 체제인 성취평가제와 함께 석차 9등급제가 병기되고 있어 무엇을 얼마나 알고 있는지 성취수준이 아니라 누가 더 잘하는지 상대적인 등급을 부여한다. 이때 교사가 하는 중요한 일은 학생들을 효과적으로 변별하기에 유리한 수업방법과 평가 전략을 세우는 것으로, 어렵고 많은 내용의 지식을 가르쳐서 객관식 위주로 평가하는 것이다. 매력적인 오답이 포함된 고난도 문항 출제를 통한 변별에 능한 교사는 실력 있는 교사로 간주된다. 학생들이 공동의 과제를 수행하기 위해 서로 협력이 요구되는 협동학습과 같은 소집단 활동에서도 서로 높은 점수를 받기 위해 같은 학급 학생들 간 배타적인 경쟁심이 조장되어 협력이 아닌 패자와 승자의 논리로 접근하게 된다. 또한 상대적으로 점수 따기에 유리한 과목 위주로 선택하게 되어 과목 선택 시 쏠림 현상이 발생하는 것도 이와 같은 내신 상대평가에서 비롯되는 측면이 크다.

조기 졸업제도에 나타난 규정을 통해서도 상대적인 비교를 통한 수월성과 탁월성이 조기졸업의 핵심 기준으로 작용하고 있음을 알 수 있다. 재능이 우수한 학생에게 수업연한을 단축한다거나 주요교과 성적의 성취도가 우수하고 지능지수가 높은 경우를 속진의 조건으로 설정하여 최소이수단위 이수가 아닌 상대적인 인지적 수월성이 조기졸업 기준이 된다.

성취기준에의 도달이 아닌 출석 위주의 질 관리

이와 같이 개별 학생들이 교과에서의 성취기준을 학습하고 성장하는 것이 아니라 상대적인 비교를 통한 변별이 핵심이므로 교육과정을 제대로 이수하였는지에 대한 질 관리도 내실 있게 이루어지기 어렵다. 초중등교육법시행령 제50조 1항에는 '학교의 장은 학생의 교육과정 이수 정도 등을 평가하여 학생의 각 학년과정의 수료 또는 졸업을 인정한다'고 되어 있다. 2조에서는 '학생의 각 학년과정의 수료에 필요한 출석일수는 제45조의 규정에 의한 수업일수의 3분의 2이상으로 한다'고 하여 교육과정 이수에 대한 명시적인 규정으로 출석일수가 제시되어 있을 뿐 교육과정 이수 정도 평가 기준으로서 성취기준은 고려되지 않고 있다.

따라서 현재 법령상 수업일수인 190일의 2/3만 출석하면 무사히 진급하고 졸업자격이 주어지며, 중간고사나 기말고사에 결석해도 일정 공식에 의해 점수가 산정되어 학습과정뿐만 아니라 학습의 결과에 있어서도 질 관리가 이루어지지 않고 있다고 할 수 있다. 개별 교과목의 교육활동에 충실하게 참여하고, 그러한 과정에서 동기 부여되고 다양한 평가를 통해 성장하여 일정한 성취수준을 보이는 것이 아니라 단순히 획일적인 출석일수로만 접근하고 있는 것이다. 학생들은 고등학교에서 어떠한 역량을 얼마만큼 배우고 준비된 채로 세상에 나오는지에 대해서는 아무것도 말해주는 것이 없다.

결과적으로, 모두에게 진정한 성장을 가져오지 못하는 학교교육

2015개정교육과정에서는 변화하는 사회적 추세에 따른 새로운 시민의 모습으로 창의·융합형 인간상을 설정하고 다양한 핵심역량을 함양하도록 하는 것을 전체적인 교육과정 운영의 목표로 하고 있다. 즉 학생들은 자신의 진로와 적성에 맞는 교과목을 선택하고 학생활동중심 수업과 학습의 과정에서의 성장을 중심으로 하는 평가를 통해서 교과역량을 키우고 미래사회에 필요한 다양한 핵심역량들을 함양하도록 요구받는다. 즉 교육활동을 통해 학생들은 전체적으로 자신의 진로에 필요한 능력을 갖추어 자기 주도적으로 살아갈 수 있는 자기관리역량, 문제해결을 위한 정보처리역량, 새로운 것을 창출하는 창의적 사고역량, 삶의 의미와 가치를 발견하는 심미적 감성역량, 타인의 의견에 공감하고 경청하는 의사소통역량, 공동체 발전을 위해 적극적으로 참여하는 공동체역량을 함양해야 하는 것이다.

그러나 위와 같이 수능의 영향력이 크고 관행적인 요인과 교사와 행정중심의 교육과정 편성이 이루어지고, 개별화된 학생선택 중심 교육과정에 대한 개별적인 성장이 아닌 학생들의 상대적인 변별이 강조되는 상황에서 학생들은 제대로 성장을 경험하지 못한다. 성취수준과 상관없이 학생들은 입시 위주의 교육과정 속에서 교과 역량을 제대로 함양하고 성장하기 어렵다. 자신의 진로와 적성에 맞는 평등하고 공정한 교육과정이 개설되지 못하고, 교실 안에서도 승자와 패자로 분리되는 극단적인 경쟁 분위기 속에서 자존감에 상처를 받고, 미래사회에서 더불어 살아가기 위한 공동체적 삶을 위해 중요한 역량을 함양하지 못하고 민주사회의 시민으로 제대로 준비되지 못한 채 고등학교를 떠나는 것이다. 특히 대입에서 소외되고 다양한 진로를 지닌 학생들은 공교육을 통해 잠재력을 발휘하고 성장하여 자신의 삶을 자기 주도적으로 개척해 나갈 다양한 경험들을 하지 못한다.

2. 교육과정 다양화를 위한 최근의 노력과 그 한계점들

교육과정 다양화를 위한 최근의 노력과 성과

획일화되고 폐쇄적인 교육과정 편성과 운영에 대한 문제의식에서 비롯하여 최근에는 학생들에게 다양한 교육과정을 제공하기 위한 노력들이 경주되고 있다. 특히 고등학교 유형이 다양화되면서 일반고의 교육여건은 더욱 안 좋아졌다. 현재 일반고는 학업성취 수준이 다양하고, 다양한 진로를 희망하는 매우 이질화된 학생으로 구성되어 있다. 이와 달리 비교적 동질적인 분야의 진로가 뚜렷한 학교로는 과학고나 예술고, 특성화고가 있으며, 학업성취도 수준이 비교적 유사한 학교로는 자사고, 외고, 국제고, 과학고 등을 들 수 있다. 따라서 다양한 진로를 가진 다양한 수준의 학습자가 같은 학급에서 학습하고 있는 일반고는 특목고나 특성화고, 자사고보다 학생들의 다양한 수요에 맞춤형으로 대응하기가 더욱 힘든 상황에 있다고 볼 수 있다.

이러한 일반고 학생들의 이질적인 특성인 학업성취와 진로 희망의 다양성을 고려하여 단위학교의 교육과정 재구성과 학교와 학교 간의 협력적 교육과정 운영을 해결책으로 제시되고 있다. 이와 더불어 혁신학교에서 강조하는 교육과정과 수업방법 혁신의 성과를 일반고에 도입하는 것이 강조되고 있다(성열관 외, 2015).

이와 같은 획일적인 교육과정 운영에 대한 문제의식은 교육청 차원의 교육과정 다양화, 특색화, 개별화 정책 시도로 이어지고 있다. 현재 일부 교육청은 일반고 교육과정을 교과중점학교, 진로집중과정, 교육과정 클러스터, 주문형 강좌 등 다양한 정책을 통하여 학생들의 수요와 요구에 맞춘 다양하고 특색 있는 교육과정을 운영하기 위해 노력하고 있다. 학생들의 선택권을 늘리기 위한 정책적 차원의 시도들은 일정부분 학생들에게 배움에 대한 동기부여와 참여를 이끌어 냈을 뿐만 아니라 교사들에게도 학생 참여형 수업을 위한 교육과정 재구성과 역량개발을 위한 계기로 작용했다는 측면에서 의미가 있다. 또한 적은 수의 학생으로 구성된 강좌의 경우 교사와 학생 간 상호작용과 피드백이 충분히 이루어지고 수행평가가 과정중심으로 이루어지면서 다양한 교과역량이 함양되어 학생성장과 교사성장이 동시에 이루어지기도 하였다.

교육과정 다양화와 특색화의 한계점들

그러나 일반고 교육과정의 다양화를 위해 만들어진 상기의 정책들이 학생의 개별화되고 다양한 진로에 적절한 효과를 나타내고 있는지는 깊이 살펴볼 필요가 있다. 다음은 일반계 고등학교 교육과정에서 학생 맞춤형 교육과정을 운영하기 위한 교육과정 다양화, 특색화 과정 중에 나타난 걸림돌이다.

첫째, 교과중점학교나 진로집중과정 운영의 경우 중점교과로 인한 다른 교과의 시수 감소와, 행정지침에 따른 획일화된 매뉴얼로 인해 교과업무 부담이 증가함에 따라 이를 기피하게 된다. 학생의 요구와 흥미, 적성 등을 고려하여 진로를 적절히 안내할 수 있는 진로집중과정이나 특정교과에 소질이나 적성, 흥미가 있는 학생에게 심도 있는 학습기회를 제공해주고자 교과중점 학교를 지정 운영하도록 하고 있으나 이상의 문제가 발생하게 되었다. 또한 교과중점학교 정책은 입시와 연계하여 학교 안 서열화를 심화시키며, 우열반을 조장한다는 비판적 시각도 있다. 특히 사교육비 절감 등의 긍정적 효과가 있다는 예술과목과는 달리 과학중점학교의 경우 그러한 문제점을 드러내기도 하는데, 성적이 우수한 소수학생들을 위한 소위 '스펙'을 쌓는 교육과정 운영으로 전락할 위험이 있다.

주문형 강좌도 마찬가지다. 주간의 정규시간 시간표 구성이 어려울 경우 이수단위인 180단위를 넘어서 학생들의 교과선택권을 늘리다 보면 야간에 증배로 수업이 이뤄질 수밖에 없다. 별도로 수업이 이뤄지다 보니 수업과 평가에 대한 학생 부담도 크고, 교사들도 시험출제와 질 관리 등에 있어서 추가적인 부담이 생긴다.

단위학교가 가지는 이러한 한계를 극복하기 위해 만들어진 제도 중의 하나가 고등학교 간 공동교육과정을 운영하는 클러스터 교육과정이다. 문제는 단위학교 간 교육과정을 연계하다 보니 학교 이동 중 학생 안전문제와 복잡한 학사일정을 조율해야 한다. 그리고 이러한 어려움을 인센티브로 극복하다 보니 교사의 가산점 제도가 오히려 부작용을 발생시킨다. 교육에 대한 철학과 학생 성장에 대한 깊은 고민 없이 관리자 간 협의에 의해 시작된다. 교사의 가산점 제도에 따라 전혀 교과와 관련 없는 교사들이 운영주체로 나서는 현상도 나타난다. 이러한 문제들은 사실 교사중심, 행정중심의 교육과정의 구태를 벗어나지 못하는 데에서 기인한다.

이들 학생 맞춤형 교육과정 운영 중에 나타난 문제 중 하나는 적절한 강사를 구하기가 어렵다는 점이다. 수준 높은 강사를 어렵게 모시면 강의 수준이 학생들의 눈높이에 맞지 않아 만족도가 오히려 낮아지는 결과가 발생한다. 또한 야간에 강좌를 개설하다 보니 교통편이 안 좋은 지역의 학교의 경우 교통비 부담도 크고, 강사료가 낮아 좋은 강사를 구하기가 힘들다.

또한 대부분의 교육과정이 3년이라는 단기적인 과정운영으로 나타나기에 장기적, 지속적인 교육과정을 설계하기 어렵다는 한계가 있다. 학교의 물리적 환경의 제약도 중요한 문제점이다. 학생들의 과목선택권을 확보하기 위해서는 기존의 획일화된 학급단위 교실보다 교과교실제가 더 적합하다. 교과교실제를 운영하지 않는 학교에서는 수업을 할 수 있는 유휴교실이 확보되어야 하고 학생 개인에 따른 시간표 설계가 이루어져야 한다.

현재 운영하고 있는 학생 중심 맞춤형 교육과정의 문제점 중 하나는 대다수 학생들의 진로와 적성을 반영한 교육과정보다는 주로 소수 학생들의 선택과 요구에 따라 교육과정이 개설되고 있다는 점이다. 실질적으로 13명 이하의 성적 산출 문제로 인해 인원수를 제한하면서, 학생들 간에는 알아서 서로 인원 제한에 맞게 빠지는 현상도 나타난다.

학생 중심의 교육과정, 다양화와 특색화에 중점을 두고 시행한 교육과정 운영이 실질적으로는 학교현장에서 획일적이며 위계적, 폐쇄적인 운영으로 나타나는 문제가 발생한 것이다. 교과중점과정, 주문형강좌, 교육과정클러스터 등과 같은 학생 진로와 흥미를 고려한 교육과정 크고 작은 문제점들을 양산하는 데는 바로 내신이 상대평가로 이루어지고 있으며, 입시규정력이 매우 커서 입시에 도움이 되지 않는 교과는 기피되기 때문이다. 이와 같은 상황에서 무학년 학점제라는 교육과정 운영방법을 어떻게 적용할 수 있을 것인가? 먼저 무학년 학점제가 무엇인지 고찰해 보자.

3. 무학년 학점제의 의미와 효과

무학년 학점제는 무엇인가?

학생들의 수준, 흥미와 진로 등에 적합하게 교육과정을 다양화하고 개별화하여 학생들의 인지적·정의적 성장을 유도하고 일반고 전체의 교육력을 제고시킬 수 있는 유력한 방안으로 무학년 학점제가 지목되고 있다. 무학년 학점제라는 말을 흔히 사용하지만 무학년 학점제는 '무학년'과 '학점제'라는 전혀 다른 의미의 두 단어가 혼합된 용어이다.

무학년제는 학습 집단 구성 방식으로 학습집단을 연령에 기초한 학년의 구분 없이 수행 수준에 따라 유연하게 구성하는 방식을 말한다(허경철, 2016). 따라서 무학년제는 기존에 우리나라에서 학습 집단을 구성할 때 일반적으로 활용되어 온 학년제에 대립되는 개념으로 학년과 상관없이 학습 집단이 구성될 때 학생들은 자신의 수준과 흥미, 진로에 맞게 교과목을 선택하고 학습에 대한 몰입이 이루어져 성장이 이루어진다고 본다. 따라서 무학년제에서 학생 선택이 제대로 이루어지기 위해서는 교육과정이 다양하게 제공되는 것이 매우 중요하다. 또한 해마다 반복 개설이 가능하면 특정 계열과 상관없이 원하는 시점에서 자유로운 선택이 가능하게 되어 문이과식의 폐쇄적인 운영에서 탈피하게된다. 즉 학생들이 자신의 흥미와 수준에 맞는 다양한 교과목을 선택할 수 있도록 충분히 질적 수준에 있어서 다양하고, 양적으로도 풍부하게 제공되어야 무학년제의 취지를 살릴 수 있다.

학점제는 교과별 이수 성취기준에 도달한 경우 학생에게 학점을 부여하고 그러한 과목별 학점이 누적되어 설정해 놓은 최소 졸업학점에 도달하는 학생에게 졸업을 인정하는 제도를 말한다(구자억, 2011). 고등학교에서 학점제를 운영하는 경우, 학생들은 자신이 원하는 교과목을 선택하여 학습하고 학습결과가 일정한 성취기준을 충족했을 때 학점을 취득한다. 교육과정에서 요구하는 특정 교과목과 최소 학점수를 다 충족했을 때 졸업이 인정되는 것이다. 즉 학점제는 학생들 자신이 희망하는 교과목을 자유롭게 선택해서 수강하고 특정한 성취기준 이상을 획득하는 것을 보여주는 질 관리 방식이라고 할 수 있다. 학점제로 운영되는 학교에서는 학생들의 다양한 적성과 흥미를 고려하여 위계화된 교과목이 개설되어 있는 경우도 있고, 일정 성취수준을 인정받으면 더 많은 혹은 더 높은 단계의 수업을 들을 수 있도록 교육과정이 개인별 맞춤형으로 이루어지는 경우도 있다. 보통 5단계의 등급(A,B,C,D,F) 중 일정 성취기준 이하(보통 F)는 학점으로 인정되지 않기 때문에 과목의 특성에 따라 해당과목을 재수강하거나 대체과목을 이수해야 하는 경우가 많다. 즉 자신이 선택한 과목에 대한 책무성이 강조되는 것이다.

단위제, 학년제와 무엇이 다른가?

학점제는 현재 우리나라 교육과정에서 공식적으로 적용되고 있는 단위제와 본질적으로 큰 차이는 없다. 우리나라는 2차 교육과정에서부터 단위제가 도입된 이후 고교 3년간 이수해야 할 총 학습량을 단위제로 제시하고 최소 성취기준과 같은 학습의 질은 제시되지 않은 채 학년제와 맞물려 사용되었다. 따라서 학점제는 다양한 교과목들을 이수한 것을 '단위'라는 표준을 사용하고 그것의 질적인 담보 하에 학점으로 인정받는 형태를 취하고 있다는 측면에서 기존의 양적 기준에 집중된 단위제와 구별된다고 할 수 있다. 현재 우리나라 2015 개정교육과정을 기준으로 볼 때 고등학교 졸업을 위해서는 3년간 교과와 비교과 영역을 모두 포함하여 204단위°만 이수하면 되고, 이수의 질에 대한 판정은 하지 않고 있다.

무학년제와 학점제는 함께 적용될 때 교육적 효과가 크다. 무학년제로 운영하는 경우 반복 개설이 가능하므로 학생들은 자신들의 수준이나 흥미, 진로와 적성에 맞는 과목을 개별적으로 선택하고, 자신의 연령이나 학년과 상관없이 원하는 시점에 선택함으로써 선택의 폭이 그만큼 넓어진다. 또한 더 많은 선택지 중에서 자율적으로 선택한 교과목을 성공적으로 이수했음을 보여주고 졸업에 요구되는 최소이수학점을 취득했을 때 졸업자격증을 부여함으로써 학점제에서 중요한 질 관리가 더욱 효과적으로 이루어질 수 있게 된다. 이것은 기존에 우리나라에서 학년에 따라 유사한 교과목을 듣고, 개별 학생이 아닌 학급을 기준으로 하여 선택과목들이 배정되던 시스템과는 전혀 다르게 철저히 학

° 1단위는 50분을 기준으로 하여 17회를 이수하는 수업이다.

생 중심으로 개별화된 맞춤형의 교육과정 운영 방식이라고 할 수 있다.

따라서 무학년 학점제는 무학년으로 교육과정을 운영하여 교과목 다양화를 통해 학생들이 자신의 적성과 진로 혹은 원하는 시기 등에 따라 자유롭게 교과목을 선택하고, 최저성취기준을 설정함으로써 충실하고 책임 있는 이수를 통해 학생성장과 발달이 이루어지도록 학생과 교사가 상호 소통을 통해 모두 노력하는 책임교육 시스템이라고 할 수 있다. 어떠한 교과목에 대해서 무학년제와 학점제를 실시할 것인지는 검토가 필요하겠지만, 어떠한 경우든 획일적인 학습집단 편성과 교과목 개설이 아닌, 학생의 진로와 적성에 따른 자유로운 과목선택과 성장을 위한 질 관리 체제를 갖춤으로써 성장 중심의 교육과정 운영이 가능할 것이다.

왜 무학년 학점제인가?

그러면 왜 지금과 같은 단위제, 학급제와 학년제가 아닌 무학년 학점제가 필요한가?

무학년제의 필요성은 크게 세 가지 차원에서 생각해 볼 수 있다.(주주자 외, 2017) 먼저 시대적 차원으로 지능화가 가속화되는 제4차 산업혁명 시대에 맞는 유연하고 개별화된 교육과정을 통해 창의적이고 감성적인 인간 육성이 절실한데, 무학년 학점제는 이에 적합한 제도이기 때문이다. 과거의 산업사회에서 획일적이고 표준화된 교육과정은 승자와 패자의 이분법적이고 극단적 경쟁을 통해 효율적인 인간을 육성하는 것에 초점을 맞추었다. 그러나 무학년 학점제는 학생들이 고등학교에 재학하는 동안 자신의 진로와 흥미, 수준에 맞는 교과목을 자유롭게 선택하고 책임 있게 이수하는 것을 강조한다. 시민성 교육을 위한 필수과목을 제외하고는 자신의 흥미와 진로에 맞는 교과목을 선택하여 학습하므로, 창의적이고 유연한 교육과정 운영이 가능하다.

다음으로 무학년 학점제가 필요한 이유를 학습자 차원에서 살펴보면, 개별 학생들의 맥락에 맞는 맞춤형 교육이 이루어져 학생의 잠재력이 개발되고 성장에 유리하기 때문이다. 저출산 고령화가 가속화되고 저성장사회가 지속되면서 학생 한 명 한 명에 대한 질적인 교육이 중요해졌다. 학생 중심 교육의 핵심은 학생들 개개인의 다양성이 존중되는 교육인데, 그러자면 교육과정이 다양화되어야 하고 학생들의 맥락에 맞게 맞춤형으로 개별적으로 이루어져야 한다. 무학년 학점제로 교육과정을 운영하면 학생들은 자신의 수준과 흥미에 맞는 교과목을 선택하고, 학습과정에서 지속적인 성장을 위한 교육적 개입이 이루어지며, 일정한 성취수준을 획득하는 것이 학습자와 학교 모두의 책임으로 부여된다.

무학년 학점제는 교육 전문가 차원에서도 도입이 필요한데, 교육의 양과 질에 대한 책임 있는 운영이 가능해져 전체적으로 고교 평준화의 질적 개선에 기여할 것이기 때문이다. 1974년 시행된 고교평준화 정책은 선발시험에 따른 과열경쟁이 완화되고 교육기회가 확대되었으며 교육 평등의 이념이 어느 정도 구현되는 성과를 가져왔다. 그러나 학생들의 적성과 능력에 부합하는 다양한 교육이 이루어지기 어려웠고 하향 평준화로 인한 교육의 수월성 측면에서 한계를 갖는다는 지적이 제기되었다. 고교 유형의 다양화 정책을 통해 이와 같은 수월성 문제 해결을 위한 방안이 시도되었지만 결과적으로 전체 일반고 학생의 70% 이상이 재학하는 일반고의 황폐화를 가져왔고 공교육이 위기에 처했다. 평준화 지역의 고등학교에서 학점제가 연착륙되어 학생 선택 중심의 다양한 맞춤형 교육과정이 편성·운영되고 과정 이수에 대한 질 관리가 이루어질 때, 획일적 평준화·하향 평준화 논쟁에서 자유롭지 못했던 고교평준화 정책도 더욱 내실화되고 교육적 효과가 배가될 수 있을 것이다.

　학점제 운영을 통하여 학교는 성취결과로 학생들을 촘촘하게 줄 세우는 것이 아니라, 수강한 교과목에서 무엇을 얼마만큼 성취하도록 지원해야 하는지에 집중하게 된다. 결과적으로 고등학교 전 과정이 성취기준을 준거로 학생의 배움과 성장이라는 교육의 본질에 충실해져 공교육 정상화에 기여하게 된다. 또한 이수 과목에서의 교과 역량뿐만 아니라 민주시민으로서의 자질도 함양하게 되는데, 학생들이 자신의 자율적인 의견에 기초하여 자유롭게 교육과정을 선택하고 그에 따른 책임을 진다는 맥락에서 잠재적으로 '자율'과 '책임'이라는 시민으로서의 자질을 학습하게 된다. 학교는 학생이 자신의 진로와 적성에 맞게 교육과정을 선택하고 최저 성취기준 이상을 만족하고 최대한의 성장을 지원함으로써 책임교육이라는 공교육의 소명을 더욱 충실하게 이행할 수 있게 되는 것이다.

2015개정교육과정에 따라 고등학교에서 무학년 학점제가 가능한가?

현재 2009개정교육과정 이후에는 이전 교육과정에 비해 학생의 선택권을 더욱 확대하고 있다는 측면에서 학점제의 기본적 전제가 되는 다양한 과목 선택이 가능하다고 할 수 있다. 2018년 고등학교에 본격적으로 적용되는 2015개정교육과정은 창의융합형 인재 성장을 위한 문·이과 통합형 교육과정 도입을 통한 문이과 체제의 극복, 미래사회에 요구되는 핵심역량 함양, 학습자의 필요에 의한 선택권 확대 등을 특징으로 한다. 우선 문·이과 진로와 관계없이 공통과목을 도입하였고 통합적 사고력을 키우기 위해 통합사회와 통합과학을 이수해야 한다. 따라서 고등학교에서는 학생들이 공통과목 이수 후에 자신의 진로와 적성에 따라 다양한 과목을 선택하여 이수하면 된다. 단순히 관행적으로 이루어져 온 문과와 이과로 구분되어 설계된 수업을 듣는 것이 아니라 자신의 진로와 적성에 따라 다양한 과목을 개별적으로 선택할 수 있다. 교과(군)은 기초와 탐구, 체육·예술, 생활·교양으로 이루어져 있는데 교과군별 최저 이수 단위만 만족하면 학생들은 자유롭게 자신의 흥미와 희망에 맞는 교과군의 과목을 선택하면 되고, 3년 동안 교과와 비교과를 합하여 총 204단위를 이수하면 졸업 자격이 된다.

예를 들어 고교 졸업 후 취업을 목표로 하는 학생들이 있는 학교에서는 일반고 재학 동안 수학은 10단위만 이수하여도 다른 교과목에서 충분히 단위수를 확보하면 졸업 자격을 얻을 수 있도록 교육과정을 편성할 수도 있다.

또한 2015개정교육과정은 2009개정교육과정에서와 마찬가지로 학년군제를 도입하고 있어, 고등학교 1~3학년군 내에서 자유롭게 무학년으로 교과목을 선택할 수 있다. 단 교과목 내용이 위계가 있는 경우 가급적 위계에 맞도록 배치해야 하고, 공통과목을 이수한 이후에는 개별적으로 선택과목 이수가 이루어지도록 하고 있다. 또한 교육과정은 보통교과를 중심으로 편성하도록 되어 있으나 필요에 따라 전문교과 과목을 개설할 수 있고 소인수 선택과목일 경우 거점학교를 통해 이수할 수 있으며 마을 학습장에서 이루어지는 교육도 인정받을 수 있는 여지를 두어 교육과정이 유연하게 이루어질 수 있는 기반이 조성되어 있다고 할 수 있다. 2015개정교육과정 총론에서 고등학교의 편제와 시간 배당 기준과 관련하여 총론에 제시된 유의미한 내용을 살펴보면 다음과 같다.

- 학교는 일정 규모 이상의 학생이 이 교육과정에 제시된 선택과목의 개설을 요청할 경우 해당 과목을 개설해야 한다. 이 경우 시도교육청이 정하는 지침에 따른다.
- 학교에서 개설하지 않은 선택과목 이수를 희망하는 학생이 있을 경

우 그 과목을 개설한 다른 학교에서의 이수를 인정한다.

- 학교는 필요에 따라 이 교육과정에 제시되어 있는 과목 외에 새로운 과목을 개설할 수 있다. 이 경우 시도교육청이 정하는 지침에 따라 사전에 필요한 절차를 거쳐야 한다.
- 학교 및 학생의 필요에 따라 지역사회의 학습장에서 이루어진 학습을 이수과목으로 인정할 수 있다. 이 경우 시도교육청이 정하는 지침에 따른다.

학점제의 중요한 측면인 학습에 대한 질 관리는 학생 평가가 어떻게 이루어지고 있는지를 통해 파악할 수 있다. 현재 우리나라 고등학교 학생 평가는 2016년도부터는 성취평가제가 전면적으로 시행되고 있으나 내신제도로 석차 9등급제가 병기되고 있다. 이러한 절대평가 체제인 성취평가제와 함께 석차 9등급제가 병기되고 있어 무엇을 얼마나 알고 있으며, 최소한의 성취와 성장을 위한 질 관리보다는 높은 등급을 받기 위해 같은 학급 학생들 간 배타적인 경쟁심이 조장되며 협력적인 학습활동에 저해가 된다. 그러나 최근 교실 평가에서 과정 중심의 수행평가가 강조되고 있는 상황은 고무적이다. 2009개정교육과정에서부터 서술형과 논술형, 수행평가의 비중이 확대되도록 하며, 평가결과를 활용하여 수업의 질이 개선되도록 하였다. 2015개정교육과정에서는 학습결과뿐만 아니라 과정을 평가해서 모든 학생이 교육목표에 성공적으로 도달하도록 하는 것을 강조하고 있다. 이를 통해 최종적인 결과가 산출되기 이전에 학습의 과정에서 학생들의 성장을 위해 맞춤형으로 지원하는 것이 점차 중요하게 부각되고 있음을 알 수 있다. 평가 결과에 대한 적절한 정보를 제공하고 추수지도를 통해 학생의 지속적인 성찰과 개선이 이루어지도록 지도할 것이 강조되고 있다.

4. 무학년 학점제 국내외 사례

해외 사례는 어떠한가?

해외의 교육 선진국들은 대부분 무학년 학점제를 도입하여 운영하고 있다. 미국, 영국, 캐나다, 핀란드, 프랑스, 싱가폴 등 국가의 경우 무학년 학점제로 교육과정을 운영하고 있는데, 구체적인 교과목 선택 방식이나 질 관리 방식은 매우 다양하다. 예를 들어 미국의 경우 학교마다 무학년 학점제를 운영하는 방식은 다양하나, 로빈슨고등학교의 사례를 살펴보면, 필수교과 비율이 대략 68%로 높으며 필수교과목수는 5~7개로 상대적으로 적고, 개설 강좌수는 200~400개로 매우 다양한 것으로 알려져 있다. 강좌는 위계화되어 있으며 성취기준에 미달될 경우에는 재이수가 가능하다. 핀란드의 경우에는 필수교과의 비율이 더 높아 77~81%이며 필수교과는 13과목이고 개설 강좌수는 200여 개에 달한다. 강좌는 모듈화되어 있고 일정 성취기준에 미달 시 재이수가 가능하다.

여기서 주목할 점은 이들 나라에서는 내신평가가 모두 절대평가이고 고등학교 졸업 요건으로 대부분 졸업학점 이수와 졸업자격 시험을 실시하고 있다는 점이다. 즉 상대적 서열이 아닌 절대평가 위주로 개별 학생들이 무엇을 얼마나 알고 있으며 어떻게 성장하고 있는지에 주목하기 때문에 학생들의 자유로운 의사에 기초하여 과목 선택이 이루어진다. 고등학교교육과정 중에 이수하는 각 교과목에 대한 질 관리뿐 아니라 고교 전체 교육과정에 대한 질 관리가 동시에 이루어지고 있는 것이다.

우리나라에서 무학년 학점제로 운영하는 학교 사례는?

우리나라에서도 부분적으로 학점제 혹은 무학년 학점제를 적용하고 있는 학교들이 있다. 무학년 학점제로 교육과정이 이루어지기 위해서는 우선적으로 많은 선택과목들이 제시되어야 하고, 학생들의 과목선택과 이수 과정에서의 질 관리가 이루어져야 하는데 현재 우리나라 고등학교 과정에서 무학년 학점제를 운영하고 있는 학교는 다양한 스펙트럼을 보인다. 몇몇 교과(군)에서만 무학년으로 운영하거나 완화된 형태의 학점제로 운영하는 경우에서부터, 유급제나 재이수제를 둠으로써 엄격한 질 관리를 시도하고 있는 경우도 있다.

예를 들어 대안형 특성화고등학교인 A고등학교의 경우 총 12학급 240명의 학생과 28명의 교사(강사)로 구성되어 있으며 2017년 기준 1,2,3학년 학기별로 통틀어 총 150과목이 무계열로 개설되어 있다. 자신의 진로와 관련하여 수학교과 이수가 핵심이 아닌 경우에는 고등학교 3학년 때에 수학 대신에 탐구나 생활교양 영역에서 다양한 과목을 선택하기도 한다. 개별 학생마다 시간표가 다르며, 일과 중에 생기는 공강 시간에는 도서관에서 개별자습을 하거나 프로젝트 활동을 하기도 하며 상담을 받기도 한다. 수학과 영어과목의 경우 좀 더 맞춤형으로 질 관리가 이루어진다. 수학은 입학 후 진단평가와 면담을 거쳐 자신에 적합한 교과목을 선택하고 있으며, 기초수학의 경우 최소 성취기준에 도달하지 못할 경우에는 방학 때 보충수업을 활용해 최소한의 성취수준에 도달할 수 있도록 지원한다. 과정 중심의 수행평가가 활발하게 이루어지고 있는 과목들이 대부분이며 과제연구나 교양과목과 같은 다양한 과목개설이 이루어져 학생 활동 중심 수업과 프로젝트식 위주의 수업이 주를 이룬다.

학교 특유의 디플로마 제도를 운영하고 있는 B고등학교의 경우에도 학생들의 다양한 교과 선택이 실질적으로 보장되고 성장 중심의 질 관리를 통해 학점제를 운영하고 있는 학교이다. 2017년 기준 1023명의 학생과 92명의 교사가 근무하며 교과교실을 갖추고 있고 3계열, 8과정별로 선택과목이 제시되고 있다. 2~3학년 선택과목 일부는 무학년으로 운영되며 총 129개의 과목이 개설되어 있고 최소 10명이 신청하면 과목이 개설되는 것을 원칙으로 하고 있다. 계열이 다르다고 하더라도 희망하는 경우 과목을 들을 수 있다. 전 교과목에 대한 학습의 질 관리가 이루어지고 있는데, 1차 지필고사 이후 과목 이수 조건을 만족하지 못할 것으로 예상되는 학생에 대해 '학사경고장'을 발송하여 학생, 학부모, 교과교사, 담임교사에게 알리고 학생 성취를 위한 지원에 힘쓰도록 한다. 학기 성취율이 60% 미만인 경우에는 최저학력미도달자로 판정하여 여름방학에 개설되는 일정 강좌를 수강하도록 하고 있다. 즉 대체강좌 이수를 통하여 최저 수준에 미달된 교과목에서의 성취 수준을 끌어올리도록 하고 있다. 그 외에도 대입과 수능의 영향력이 절대적인 한국의 교육 풍토에서 무학년제 혹은 무학년 학점제를 시도하고 있는 몇몇 학교 사례들이 있다.

이들 학교는 학생들에게 자신의 흥미, 수준, 진로에 맞게 다양한 교과목 선택의 기회를 제공하여 학생 맞춤형 교육이 이루어지도록 한다. 졸업에 요구되는 과목별 필수이수단위가 충족된 이후에는 다수가 수강하는 과목을 선택하지 않을 권리도 주어지며, 학급이 아닌 개인별 진로에 맞게 과목 개설이 자유롭게 이루어진다. 대학과 같이 가끔 주어지는 공강 시간에는 자유롭게 휴식을 취하거나 부족한 과제나 프로젝트 학습을 하는 등 학생들은 자기 주도적으로 시간을 관리한다. 또한 이들 학교들에서는 질 관리 차원에서 느슨한 형태로라도 일정 성취수준에 미달된 학생들의 개별적 성장을 위한 다양한 노력들이 이루어지기도 한다. 모든 학생을 존중하고 공평하게 대우하고자 하는 교육철학이 학교 운영의 기저가 되고 있어 교사 수급이 가능한 범위 내에서 학생 수요를 최대한 반영하여 한 명의 교사가 복수의 과목을 가르치면서 과정 중심의 평가를 통해 학생 한 명 한 명의 성장을 위한 다양한 교수학습

전략이 시도된다.

또한 위 학교들과 같이 초중등교육법의 적용을 받는 중등교육기관이 아닌 국내 외국인학교나 영재고등학교의 경우에는 외국과 유사하게 무학년 학점제로 교육과정이 운영되기도 한다. 이들 학교에서는 필수이수과목을 제외한 경우 학생의 자유로운 선택을 존중하여 무학년으로 교과목이 개설되고 질 관리가 이루어진다. 학교 내신이 절대평가로 이루어지기 때문에 서열을 위한 교수학습과 평가가 아니라 학생들이 자율적으로 선택한 교과영역에서 일정 수준의 성취기준을 확보하도록 돕는 식으로 수업이 이루어진다. 학급당 학생 수도 20명 이하 수준으로 적고 교사 1명이 담당하는 총 학생 수도 100명을 넘지 않는 경우가 많아 학생들의 개별적인 성장을 위한 교사의 시도가 효과적으로 이루어진다. 주로 학생부종합전형을 통하여 대입이 이루어지고 있는데, 이와 같은 대입전형은 고등학교 재학 중 학생들이 자신의 흥미와 수준, 진로에 맞는 교육과정과 학습경험에 대한 질적인 성장과 평가가 가능하도록 하는 핵심기제이기도 하다.

5. '교육의 본질' 찾기, 무학년 학점제는 어떻게 안착될 수 있나?

무학년 학점제를 위한 선행 조건은 무엇인가?

학생들의 자유로운 교과목 선택을 저해해 왔던 요소들, 학생들이 일정한 성취기준에 도달하고 성장하도록 하기 위한 지원을 막아왔던 요인들, 이러한 것에서 벗어나는 것이 급선무이다. 학교와 교사는 학생들이 고등학교에서 배워야 할 내용을 자신의 진로와 적성에 맞게 개별화된 교육과정을 설계하고 성공적으로 이수할 수 있도록 도와야 한다. 졸업에 요구되는 필수이수단위를 확보한 이후에는 학생들의 성장에 진정으로 도움이 되는 의미 있는 교육과정이 제공되도록 친절하게 안내하고 자유롭게 선택할 수 있는 여건을 마련해 주어야 한다. 학교와 교사는 개별 학생들이 진로유형이나 성취수준에 상관없이 고등학교에서 심리적으로 안전하고 지원적인 상태에서 자신의 강점을 발견하고 잠재력을 발휘하여 성장할 수 있도록 도와야 한다. 고등학교 이후의 삶을 자기주도적으로 개척하고 행복하게 살아갈 수 있는 힘을 키워주어야 한다.

무학년 학점제가 단위학교 현장에서 제대로 안착되기 위한 여건들을 교육과정 다양화, 평가와 질 관리, 학교교육과정 운영과 지원체제 측면에서 살펴볼 필요가 있다.

● 교육과정 다양화, 개별화 측면

교육과정 다양화 측면에서는 첫째, 학생들의 수준과 흥미, 진로와 적성에 맞는 다양한 과목 선택이 개설될 기회를 확대할 필요가 있다. 학생들의 진로와 적성에 맞는 과목 개설을 위해 어느 영역에서부터 선택권을 확대할지 학교차원에서 교사지원이 가능한 선에서 최대한 개설되어야 할 것이다. 단위학교에서 개설이 어려운 경우는 일반고, 특성화고 등 학교 간 공동교육과정운영, 지역사회와의 연계, 온라인수업 연계 등을 통해 과목 선택의 폭을 넓혀줄 필요가 있다. 특히 대입만이 아닌 다양한 진로를 지닌 학생들의 개별적인 선택권을 확장하기 위한 과목 개설이 이루어져야 할 것이다. 교양교과와 전문교과에서 다양한 과목 개설이나 신설을 통해 학생들이 진로와 적성에 맞는 다양한 역량을 키우도록 지원해야 한다.

둘째, 학생들에게 부여하는 진정한 학습권은 특정 교과목을 '선택하지 않을 권리'를 인정하는 것에서 시작할 필요가 있다. 졸업에 요구되는 최소학점을 이수한 이후에는 자신의 진로와 적성에 맞는 과목선택을 자율적으로 선택할 수 있도록 해야 하며, 더 나아가 특정교과목을 선택하지 않을 권리가 부여되어야 한다. 예를 들어 2015개정교육과정상 국, 영, 수 교과영역에서 각각 10단위씩 이수한 이후에는 획일적으로 해당 교과목을 듣지 않을 자유, 즉 자유롭게 수강할 권리가 인정되어야 한다. 교원수급을 고려하여 단위학교에서 지나친 도구교과의 비중을 체계적으로 줄이고, 특히 고등학교 3학년 과정에서 선택교과의 비중을 확대해야 한다. 도구교과의 난이도나 성취 수준도 현재와 같은 획일적인 교과수준이 아니라 좀 더 세분화되어 조정될 필요가 있다.

셋째, 선택과목 개설이 적정선에서 이루어져야 할 것이다. 고등학교 시기의 발달 과정과 학교교육의 목적, 학생의 진로와 적성 등 다양한 요소들을 염두에 두고 교육과정을 편성해야 한다. 자칫 학생의 진로에 따른 과목 선택권이 지나치게 강조될 경우 고등학교 교육의 중요한 목적인 기본적인 민주시민으로서의 소양 함양이 경시될 위험이 있다. 4차 산업혁명 시대에 창의성과 융합 역량을 지닌 인재가 되도록 하기 위해 발달 시기에 맞는 전인교육 및 보편적인 민주시민 교육과 기본 소양에 대한 교육이 충분히 이뤄져야 한다.

이와 더불어 더 적게 가르치면서도 많은 배움이 일어날 수 있도록 교육과정 필수 이수 단위수와 도구교과의 비중 감축이 필요하다. 국가 수준에서는 교육과정의 방향과 비전, 원칙, 최소 이수 기준만 제시하고 세부 내용은 지역 단위 교육과정위원회 등을 만들어 권한 위임을 할 필요가 있다. 현재의 이수 단위로는 시간표 편제상의 한계로 인해 학생들의 개별화, 다양화, 특성화된 수업 기회를 열어줄 여유가 없다. 현재의 204단위를 180단위 이하로 감축하고 선택과목 내에서는 탄력적으로 운영해야 한다.

● **학습과 평가의 질 관리 측면**

학습과 평가의 질 관리 측면에서 살펴보면 첫째, 성취평가제가 정착되어야 한다. 무학년 학점제가 정착되어 학생들마다 맞춤형의 개별화된 교육과정이 설계되도록 하기 위해서는 학생 간 비교와 변별 위주인 상대평가가 아닌 성취기준에 따른 도달 정도를 판단하여 성장을 지원하는 절대평가가 확대되어야 할 것이다.

둘째, 절대평가 위주로 학생이 반드시 필요한 성취기준을 획득하도록 지원하기 위해서는 획일적이고 선다형으로 이루어진 객관식 위주,

결과 위주의 평가가 아니라 학습의 과정에서 이루어지는 과정 중심 평가가 활성화되어야 할 것이다. 과정 중심 평가는 이전의 '학습 결과에 대한 평가'assessment of learning를 넘어서서 '학습을 위한 평가'assessment for learning, '학습으로서의 평가'assessment as learning로 평가 패러다임이 확장된 것이다. 이는 학습과 평가가 분리된 것이 아니라 평가 자체가 학습의 과정으로 기능할 수 있음을 말한다. 학생에게 학습 과정에 대해 성찰하고 교사에게 교수학습 수정의 기회를 주며, 실제적 과제의 수행을 중심으로 하는 수행평가가 활성화되어야 학생들의 다양한 성장이 가능할 것이다. 무엇보다도 질 관리가 단순한 평가 결과에 대한 이수/재이수 판정이 아니라, 과정 중심 평가를 통해 학생 성장 중심의 질 관리가 돼서 최종적인 결과물이 나오기 전에 성장을 위한 다양한 지원이 이루어져야 한다는 것이다. 최종적 결과물이 나온 이후에는 다양한 보충수업의 선택지들을 제시하여 학생들이 최소한의 교과 성취수준에 도달할 수 있도록 지원하여야 할 것이다.

셋째, 평가와 관련하여 교사의 자율성과 평가권이 인정되고 확대될 필요가 있다. 교사의 평가권과 자율성의 확대는 교사의 수업에 대한 책무성에 의해 뒷받침될 필요가 있는데, 교육과정 재구성과 과정 중심 평가를 위한 전문성 강화와 이를 위한 학습공동체 활성화가 중요하다.

학생이 수업을 통해 성장하고 최소한의 성취기준을 충족하며 성장하도록 하기 위해서는 다양한 학생들의 특성과 수준에 맞는 맞춤형 수업의 세분화를 통해 다양한 학생들의 특성에 맞는 맞춤형 수업과 평가

전략을 구사하고, 그러한 과정에서 다양한 선택지들이 제공되어야 할 것이다.

무엇보다도 고등학교 교육과정과 연계된 대입제도가 마련되어야 한다. 공통과목 이수를 통한 학생들의 진로와 적성에 따른 개별화된 교육과정이 내실 있게 진행되기 위해서는 이와 같은 고등학교 교육과정과 연계된 학생부 중심의 대입제도가 중요하다. 수능은 어렵고 방대한 지식 위주의 상대평가가 아니라 절대평가 위주로 자격고사화하고, 다양한 고등학교 교육과정이 질적으로 반영된 학생부 중심의 입시전형이 마련되어야 할 것이다.

마지막으로, 교육과정과 대입제도의 변화가 필요하다. 미래사회의 변화 흐름에 맞게 역량 중심 교육과정으로 개편하여 중요한 핵심 가치 및 학생이 갖춰야 할 미래핵심역량, 융합적 교과, 핵심주제 중심으로 교육과정이 설계될 필요가 있다. 교육과정 설계 시에 교육학 교수뿐만이 아니라 현장의 교원과 학부모와 시민사회단체, 미래학 전문가 등으로 다양하게 구성하여 설계가 이뤄져야 한다. 대입제도는 이와 같은 고등학교 공교육 정상화와 병행되는 방법으로 개편되어야 할 것이다.

● 학교교육과정 운영 및 지원체제 측면

학교교육과정 운영 및 지원체제와 관련하여서는 무엇보다도 학생의 과목선택권이 확대되고 성장 중심의 질 관리가 가능한 단위학교 여건이 마련되어야 한다. 첫째, 교사들에게 교육과정 문해력 향상 및 전공 다양화 지원을 위한 교육이 필요하다. 학생 중심 선택교육과정을 통한 교육과정 다양화와 학업의 질 관리가 핵심인 학점제에서는 교육과정에 대한 교사의 문해력과 기획력이 요구되며 더 나아가 학교 내 교육과정 전문가 양성이 요구된다. 단위학교 내에서 한 교사가 이전보다 더 다양한 교과목을 가르쳐야 할 가능성이 높다. 이에 대비하여 미리 다양한 연수체계를 마련하여 교사가 다양한 교과역량을 습득할 수 있는 기회를 마련해 줌으로써 담당 교과목의 유연성을 증가시킬 필요가 있다. 장기적으로는 교사양성대학 과정 단계에서 교사교육이 체계적으로 이루어져야 할 것이다.

둘째, 교사의 수급계획과 유휴교실의 확보, 시간표의 편제 등 실천적인 계획이 뒷받침되어야 한다. 단위학교 교사로 수급이 어려운 경우 교수인력 지원이 체계적으로 이루어져야 하며, 예를 들어 현재의 순회교사제도를 교육청 소속의 전담 순회교사로 변경하여 행정업무를 최소화하고 수업에 투입될 수 있도록 해야 한다. 수강과 시간표편제를 지원하여 교육과정 편제가 효율적으로 이루어져야 할 것이다. 교과교실이 충분히 확보되어 교과마다 다양한 특색 있는 교과교실을 통하여 학생 동기부여와 성장이 이루어지도록 하며, 무학년 학점제가 단위학교에서 운영되기 위해서는 동일한 과목을 1, 2학기 똑같이 개설하여 학생의 선택권을 높이기 위해 모든 과목의 단위수가 동일해야 한다. 또한 여유교실이 부족할 경우 학급당 학생 수를 줄여야 하는 현실적인 조건이 뒷받침되어야 한다. 이러한 제반조건이 잘 갖춰지지 않는 경우 실제 운영과정에서 교육과정의 혼란이 발생할 여지가 있다.

셋째, 진로교육이 활성화되어야 하고 교육과정 상담자의 역할이 강화되어야 하다. 학생들은 고등학교에 입학하면서부터 고교 3년간 이수하고자 하는 교과목의 구성과 배치에 대해 고민하게 된다. 이런 과정에서 교육과정 카운슬링을 담당할 역량 있는 교사진이 학교마다 구축되어 있어야 한다. 현실적으로는 다양한 지원이 전제된 상태에서 담임교사가 학생들의 교육과정 카운슬링을 하는 것이 가장 효과적일 수도 있다. 따라서 담임교사들의 학생진로지도와 생활지도를 위한 시간이 반영된 담임 표준수업시수 도입도 검토가 필요하다.

이를 위해 행정업무를 최소화하고 생활지도에 대한 공동체적 지원을 통해 지금까지 담임교사의 업무 과중으로 인해 충분하지 못했던, 학생 성장을 위한 시간과 여건을 마련해 주어야 한다. 학급당 학생 수 감축과 교사 1인당 총 학생 수를 일정 범위로 제한할 필요가 있다. 한 명의 교사가 다양한 교과를 가르치면서 학생들의 성장 중심, 과정 중심의 질 관리가 내실 있게 이루어지도록 하기 위해서는 교사가 소통해야 할 학생 수가 적정해야 하며 이를 통해 관계 중심의 교사-학생 의사소통이 활성화될 수 있다.

이상과 같은 여건이 갖추어졌다 하더라도 학교가 민주적 소통 문화에 기초하여 학교 구성원간 교육의 비전과 목표에 대한 소통과 공감을 통한 합의가 이루어지지 않는다면 교육의 본질을 구현하는 작업인 학점제의 성공적인 실현은 어렵다. 무엇보다 학교장의 학생 중심 교육철학과 교육과정에 대한 리더십이 중요하다. 한편 소수의 교사들에 의한 교육과정 운영이 아닌 아래에서부터 교사들의 공감이 이뤄져야 교사들의 자발성과 동료성이 담보될 수 있다. 교사들 스스로도 교과 이기주의에서 벗어나 동료교사와 학생 중심 교육이라는 가치를 공유하며 수업에 협력하는 노력이 필요하다.

고등학교 혁신교육을 위한 변곡점으로서의 무학년 학점제

저성장 고실업이 지속되고 인공지능으로 대표되는 제4차 산업혁명이 가속화되는 시대적 상황 속에서 자기주도적으로 삶을 개척해 나갈 창의적이고 상상력을 갖춘 시민을 기르는 것은 어느 때보다도 더 중요해졌다. 사전적 의미의 혁신innovation은 '묵은 풍속, 관습, 조직, 방법 따위를 완전히 바꾸어서 새롭게 함'을 의미한다. 교육에서의 혁신이 교육의 본질, 즉 "학생의 진정한 배움과 성장"을 가로막는 온갖 관행들을 제거해 나가는 작업일 것이다. 지방교육자치 시대에 민선교육감들이 추진해 온 혁신교육에서 교육과정과 관련해 강조한 내용은 학생 중심 수업과 교육과정 재구성과 같은 교실 수업에서의 혁신이었다. 고등학교에 있어서 오랫동안 관행적으로 지속되어 온 교육과정의 학년·학급 중심 획일성, 교사·행정중심 종속성, 대입·상대평가 종속성에서 벗어나 교육의 핵심 주체인 학생을 중심에 두고 개별화된 교육과정이 설계되고 다양한 질적인 학생성장이 일어나도록 지원하는 것이야말로 진정한 고등학교교육과정의 혁신이라 할 수 있다.

해외 교육선진국들이 오래 전부터 실시해온 고교학점제는 사실 그리 멀리 있지 않다. 이미 그동안 실시해 온 교육과정 다양화 정책들 속에서, 학생 중심 수업을 넘어 과정 중심의 수행평가를 통해서 수업의 과정에서, 그리고 학생성장을 이끌어온 실천들 속에서 일정 부분 찾아볼 수 있다. 예를 들어 경기도교육청이 그간 실행해 온 학교 간 공동교육과정인 '교육과정 클러스터'나 '주문형 강좌', '자유수강제'와 같은 학생선택중심 교육과정 다양화, 개별화 경험들은 학점제 시행의 기초가 된다. 이제 이러한 교육과정 다양화·특색화 경험을 증배의 형태 이외에 학교 정규 시간 안에서 내실화하고, 입시제도와 내신제도 및 원활한 교수지원체계 등 핵심 영역에서의 변화와 동반될 때 학생들의 성취수준 성장과 질 관리까지 가능한 온전한 고교 무학년 학점제가 구현될수 있을 것이다. 이 지점에서 고교 무학년 학점제가 혁신교육을 질적으로 심화하고 확장해서 그동안 혁신의 테두리에서 소외되어 왔던 고등학교 교육과정을 정상으로 되돌리고, 결과적으로 진정한 책임교육을 실현하는 변곡점이 될 것이다.

참고 문헌

- 구자억(2010), 〈고등학교 교육에서의 학점제 도입 필요성과 방향〉, 교육정책포럼 제200호: 17-20
- 성열관·백병부·김학윤·이형빈(2015), 〈서울시 일반고 활성화를 위한 제도적 지원 방안 및 전략수립 연구〉, 서울특별시의회
- 주주자·김위정·이현미·이동배·박수진(2017), 〈고교 무학년 학점제 구현방안 연구〉, 경기도교육연구원
- 허경철(2017), 〈교육과정 선진화를 위한 구상: 무학년제를 도입하자〉, 월간교육

진로교육의
방향

군포고 교사
이혁규

"너 커서 뭐가 될래?"

우리는 자라면서 부모님과 주변의 어른들로부터 자주 들어왔던 질문이 있다.

"너 커서 뭐가 될래?"

이러한 질문에 흔히 사회적으로 성공한 사람들이나 어려서 본 영화와 동화 속 환상의 주인공을 동경하는 남자아이들은 주로 장군이나 대통령이 되겠다고 이야기하고, 여자아이들도 마찬가지로 공주님, 선생님 등 본인이 동경하는 인물과 동일시하는 직업을 진로로 대답하곤 한다. 지금도 이러한 질문을 받고 자란 아이들은 어떻게 살 것인가의 삶의 방향을 정하는 데 있어 교육을 통해 내가 누구이며 무엇을 좋아하고, 타인과 어떤 협력을 통해 살아갈 수 있는지 자신의 이해로써 성장하며 결정하기보다는, 우리 사회만이 가지는 독특한 교육의 경쟁 시스템을 통해 기성세대가 만들어 놓은 위계적인 사회적 가치를 내면화하면서 부와 권력이 집중된 직업만을 선호하는 경향이 있다. 이러한 현상은 진로를 탐색하고 준비하여야 할 중고등학생 시절, 깊은 사색 없이 단순한 흥미를 직업으로 생각하고 진로를 설정함으로써 발생하는 현상이다.

학교현장 진로교사가 바라본 현장 진로교육의 실태 분석

학교에서 진로교사가 되어 학생들의 진로를 안내하는 역할도 벌써 6년이 지났다. 그동안 진로 수업을 하고 해마다 1학년 학생들을 만나면서 느낀 점은 학생들에게 꿈이 없다는 것이다. 아니 좀 더 정확히 말하면 흥미는 있지만 적성과 가치관을 바탕으로 어떤 직업을 가질 것인가에 대한 구체적인 답을 찾지 못한 학생이 80%가 넘는다. 2011년 이명박 전대통령 재임 시절 대통령령으로 전국에 모든 중고등학교(5,562개[•])에 진로진학상담교사를 배치한 지 만 6년이 지났고, 2016년 전국 3,209개 모든 중학교에 교육과정 중 한 학기 동안 학생들이 시험 부담

[•] 2016년 교육부 통계자료, 분교 및 폐교는 학교 수에서 제외, 각종 학교 및 방송통신중고 등 기타 학제 제외

에서 벗어나 꿈과 끼를 찾을 수 있도록 토론·실습 등 학생 참여형으로 수업을 개선하여 학생 개개인의 진로탐색 활동을 위해 다양한 체험 활동이 가능하도록 교육과정을 유연하게 운영하는 자유학기제가 시행되었다. 그 후 진로교육을 받고 고등학교에 진학한 학생들을 대상으로 진로 관련 조사를 한 결과, 자신의 꿈을 발견하고 구체적인 비전을 세운 학생들은 중학교는 30%, 고등학교에 입학한 후에는 10% 정도로 낮아진 것을 알 수 있었다. 이는 초등학교 시절 자신의 흥미를 직업과 연결하여 가벼운 흥미 정도만 있어도 그것이 자신의 진로가 될 거라 생각하지만, 학교에서 교육과정을 통한 진로교육과 각종 매체를 통한 직업 정보를 제공받고 이를 실현하기 위한 조건들이 구체화될수록 흥미를 넘어서 직업적성과 진입장벽에 막혀 생겨난 결과이다.

이러한 단절 현상은 보통 대학입시에서 학교 선택과 학과 선택에서 자신이 설정한 진로에 맞는 합리적 선택을 하지 못하는 데 있다. 즉 사회가 만들어 놓은 서열화된 입시구조에 따라 점수에 맞추어 수도권 명문대를 맹목적으로 신앙함으로써 학과에 대한 깊은 고민 없이 합격 가능한 학과를 선택하기 때문이다. 이는 다시 1,2학년 때의 학과 선택에 대한 후회로 고액의 편입학원을 기웃거리게 만들거나 휴학을 통해 재수라는 길을 걷게 만든다.

1985년 한국교육개발원에서 수행한 한 조사 연구에서 "우리나라 아동들이 선호하는 직업은 전체 19개 직업에 한정되어 있었다."는 보고가 있었다. 그 뒤 22년이 지난 2007년 정부기관에서 만들어낸 진로 관계 책자에서 "현재 우리나라에 있는 직업의 종류는 약 1만 개 정도로 추정한다. 그런데 대부분의 학생들이 겨우 10개의 직업 안에서 선호하는 직업을 대답했다. 이러한 현상은 아마도 학생들이 어떤 직업들이 있는지 잘 모르기 때문일 것이다."라는 동일한 평가가 있었다.

어떻게 22년 동안 우리나라 학생들은 직업 정보에 대해 이렇게 철저하게 차단되었을까? 오늘날 우리나라 학생들이 얼마나 시대에 뒤떨어진 직업관을 가지고 있는지 다음의 도표를 보면 더 잘 알 수 있을 것이다.

초·중등학교 학생들이 선호하는 직업 비교

구분	1986년도	1999년도	2009년도	유망직업 (US news & world report)	유망직업 (한국고용정보원)
1	교사	교수, 교사	중등교사	환경전문회계사	애완동물미용사
2	의사	디자이너	의사	웹광고 전문가	컴퓨터게임 개발자
3	운동선수	컴퓨터 관련	공무원	웹사이트 개발자	정보기술 컨설턴트
4	과학자	의·약학계열	사업가	기업컨설턴트	웹개발자
5	간호원	연예인	컴퓨터 프로그래머	건강치료사	헤드헌터
6	법관	언론·방송인	건축 설계사	헤드헌터	큐레이터
7	회사원	스포츠 관련	인테리어 디자이너	언어치료사	지리정보시스템 전문가
8		예술인	유치원 교사		텔레마케터
9		경영·사업가	회사원		노무사
10		법조인	경영인		선물거래 중개인

2016년도 학생 선호 직업 조사 결과(교육부 자료)

	초등학생	중학생	고등학생
1	요리사/셰프	경찰	간호사
2	의사 /의료인	요리사/셰프	경찰
3	경찰	선생님/교사	스튜어디스/승무원
4	초등학교 교사	초등학교 교사	유치원/어린이집 교사
5	선생님/교사	군인/직업군인	체육 선생님
6	축구선수	가수	군인/직업군인
7	가수	스튜어디스/승무원	초등학교 교사
8	과학자	간호사	건축가/건축 디자이너
9	프로게이머	공무원	요리사/셰프
10	제과제빵사/파티쉐	건축가/건축 디자이너	공무원
11	웹툰 작가/만화가	체육 선생님	연기자/배우/탤런트
12	야구선수	유치원/어린이집 교사	선생님/교사
13	수의사	의사 /의료인	컴퓨터 프로그래머
14	컴퓨터 프로그래머	수의사	CEO/회장,사장 /기업가/사업가
15	군인/직업군인	외교관	(대기업) 회사원
16	연기자/배우/탤런트	컴퓨터 프로그래머	호텔리어
17	건축가/건축 디자이너	엔지니어/기술자	의사 /의료인
18	검사	작곡가/작사가	수학 선생님
19	변호사	PD/프로듀서	가수
20	유치원 /어린이집 교사	CEO/회장,사장 /기업가/사업가	사회복지사 /복지 관련

학생 선호도 직업 검사 결과 1986년, 1999년, 2009년, 그리고 2011
년에서 2015년까지 전국 5,600여 개의 중고등학교에 진로진학상담교
사의 1인 1교 배치로 진로교육을 실시하였지만, 2016년 검사에서 청
소년들이 선호하는 직업 범주가 이전 3번의 검사 결과와 크게 달라진
것이 없다는 것이다.

이는 청소년들에게 진로와 관련하여 학교 내 교육과정을 통한 현실적 교육이 전혀 이루어지지 않고 있으며, 학교에서 아이들에게 현대사회에 대한 진로 및 직업 정보 제공이 안 되고 있다는 반증이다. 게다가 각 시도 지자체가 교육청과 협력 하에 운영하도록 되어 있는 진로지원센터 및 학교에서 예산 결산 문제로 인해 예산 집행자의 진취적, 창의적 교육 프로그램 개발이 전혀 안 되고 있다. 이것이 진로교육의 현실이다. 지자체는 지원센터의 운영 인력 및 재원과 장소를 제공하고, 교육지원청은 진로교육의 컨텐츠를 생산해 내며 학교현장의 어려움을 지원하는 역할보다, 교육청의 정책 기능을 전달하는 전달자로서의 역할만 수행한다. 그러다 보니 지역 내 경력단절자 여성이나 퇴직자 인력풀을 통해 진로활동시간이나 자유학기 프로그램 중 직업인의 만남에 몇몇의 직업인을 공급하고 지역 내 기업이나 소상공인의 현장에 학생들의 직업체험을 보조하는 일이 진로지원센터의 역할로 규명되어서 학교현장에 필요한 진로프로그램 개발을 못하고 있다. 이러한 단점을 보완하기 위해 진로지원센터는 지자체로부터 지역청소년 육성 지원 예산을 통해 외부 사교육 업체의 진로 프로그램에 막대한 재정을 들이고, 학교는 지원되는 예산을 컨텐츠 생산이나 프로그램을 개발하는 데 사용하기보다는 사교육 업체의 프로그램을 학교로 사들여 진로교육을 시행하고 있다. 이로 인해 학교현장에서 교사들의 진로지도 역량이 성장하지 못하고 있으며, 단순 활동 지원을 진로지원센터의 역할로 인정하고 비판 없이 받아들여 전국 규모로 막대한 예산이 지자체별로 소진되고 있다. 지자체와 지역교육지원청의 거버넌스 구축으로 인한 협업 시스템은 구축되었지만 무엇을 어떻게 해야 할지에 관한 구체적인 운영 역량은 아직도 많이 부족한 게 현실이다. 이는 형식적인 교육 자치로 인해 역량이 분산되고 진로지원센터 내 프로그램 개발과 컨텐츠 개발을 위한 추진 동력이 상실됨으로써 센터와 단위학교 진로교육역량을 약화시키기 때문이다.

또한 삶의 맥락에서 지역과 사회자원을 활용하여 교육과정을 통한 학교교육과 접목하는 진로교육으로, 실천 중심의 교육이 실현되어야 하지만 대학에서 교육학을 전공한 교수나 직업교육을 전공한 학자들의 이론적 당위성을 주장하는 사람들에 의한 교육 컨텐츠 개발과 진로교육에 관한 형식적 제안들이 교과서 내 원론적인 수준을 벗어나지 못하고 있다. 더구나 진로교육을 진학지도나 상담 정도로 치부하는 현장 교사들의 진로교육 역량 부족으로 구체적 실천 방안에 대한 현장 전문가나 대학의 전문가가 부족한 것이 현 시점 우리 진로교육의 실태이다.

Ginzberg나 Super, Tuckman 등은 인간의 진로발달CarrerDevelopment은 '진로인식 → 진로탐색 → 진로선택 → 진로준비 → 진로전문화'의 연속선상에 있다고 주장한다. 정확하게 구분할 수는 없지만, 대체로 유치원생부터 초등학교 저학년(1~3학년)생까지는 진로인식단계, 초등학교 고학년(4~6학년)부터 중학생까지는 진로탐색단계, 고등학생은 진로선택 혹은 진로준비단계, 대학생은 진로전문화단계로 구분할 수 있다. 진로발달의 연속성에 비추어 학생들은 진로발달단계에 따라 순차적이고 체계적으로 지도를 받는 것이 바람직하나, 최근까지 우리나라에서 학부모와 학생은 물론이고 일선 학교에서조차 진로지도를 진학지도와 동일시하는 경향이 강하여 체계적인 지도가 이루어지지 않고, 우리나라 청소년들은 다양한 직업세계에 대한 지식의 폭이 좁고 자기 자신이 어느 직업에 흥미와 적성이 있는지도 정확히 알지 못하는 것이 현실이다. 따라서 우리나라의 경우, 청소년에 대한 진로지도는 진로발달단계 이론에 따라 해당 연령에 맞는 진로지도를 실시하기보다는 좀 더 폭넓게 지도할 필요가 있다. 가령, 고등학생의 진로발달 단계가 진로선택 및 진로준비 단계에 있다고 해서 진로선택만 해서는 안 되며 진로탐색, 직업선택이 동시에 이루어져야 한다. 또한 특성화고 학생의 경우에는 진로준비도 함께 이루어져야 할 것이다. 더욱이 초등학생 때부터 미래에 어떤 직업을 가지고 살 것인지에 대한 신중한 고민 없이 대학입시에만 매달리는 우리나라 현실에서는 자신의 행복과 사회적 역할의 수행이라는 측면에서의 건전한 직업관 형성과 학생 스스로 정확한 자기인식을 할 수 있는 정보 지원도 동반되어야 할 것이다.

미래사회에 대비하는 올바른 진로교육을 위한 대안

● 광역자치단체 수준에서 진로교육지원센터 모델 구축 사업 추진

미래의 올바른 진로교육을 위한 대안으로는 『광역자치단체 수준에서 진로교육지원센터 모델 구축 사업 추진』을 해야 한다. 분권과 자치 시대를 맞아 지자체 별로 시·군청에서 교육청과 낮은 단계의 협업으로 운영하는 진로지원센터의 운영은 단위학교 진로교육 지원에 예산 대비 교육적 효과와 효율성이 떨어진다. 학생의 진로는 다양한데 지역 차원의 지원은 다양한 지역사회의 물적, 인적 자원의 효율적 이용을 칸막이 효과로 차단하게 되고 교육지원청 수준에서 교육자치는 지원의 의미가 퇴색된다. 즉 교육지원청 차원의 작은 교육적 모델 구성은 지방자치시대에 학교와 지역이 연계하여 학교 내 다양한 교육과정을 지원해 주는 방식으로 지원해 주어야 하지만, 더 바람직한 모델은 학교를 넘어 지방자치시대에 지역교육활동 지원을 통한 지역문화 및 경제 활성화를 이룰 수 있어야 하기 때문이다. 이때 지원 대상을 살펴보면 아래와 같이 지원이 가능하며 학교뿐 아니라 지역사회 경제 활성화 및 지역문화 활성화를 이루는 방법으로 확대되어야 할 것이다.

- 1순위 : 지역 초중등교사교육활동 지원
- 2순위 : 지역 초중등학생 진로상담 및 자율활동(탐색, 창의) 지원
- 3순위 : 지역 문화인, 경제인 지원
- 4순위 : 지역 학부모 교육 지원

● 진로교육의 정체성 확립

현행 진로교육은 직업교육으로 착각하거나 진학교육으로 오해하는

경우가 많다. 따라서 학생들에게 올바른 직업교육과 이를 성취할 수 있는 진학교육이 함께 이루어질 수 있도록, 이론 분야가 올바르게 정립되어야 진로교육에 관한 현장 지원이 원활하게 이루어질 것이다.

● 기초 직업에 대한 탐구학습 활성화

직업 또는 산업 중 기초 산업이나 기초 직업을 분류하여 체험 프로그램에서 제외하고 조사 및 토론 학습으로 대체되어야 한다.

예) 간호사, 경찰관, 요리사, 법관, 교사, 공무원 등과 같은 직업은 학생들의 탐구학습을 통하여 스스로 체득할 수 있게 하고, 체험 프로그램에서 제외하여야 한다.(놀이 중심의 체험 프로그램은 교육의 질을 심각하게 훼손하고 있으며 예산에 대한 면피용 집행임.)

● 체험학습 프로그램에 대한 새로운 접근

현재 진로교육의 일반화된 형태로 이루어지고 있는 직업 중심의 체험 프로그램은 낡고 후진적인 사고의 결과물이다. 현재 학생들이 체험하는 직업의 상당수는 2030년 이후 우리 사회에서 기술의 발달로 퇴출될 가능성이 크며, 기술의 융합으로 미래에는 새로운 산업이 등장하기 때문이다. 학생들이 사회에 진출할 때 없어질 직업을 탐구하기보다는 미래산업의 특성과 기본 원리 중심의 체험 프로그램을 NCS(국가단위직무능력)와 연계하여 산업이 변해도 기본적인 역량 개발로 인해 사회변화를 대체할 수 있도록 해야 한다.

● 체험학습을 위한 전문 교육조직 구축

개인적 사정으로 경력이 단절된 인력과 특정 분야의 고급인력을 활용하여 교육적 차원에서 체험 프로그램을 운영하기 위해 교안 개발, 교사 양성 등의 일을 새로운 신지식산업 또는 새로운 직업 창출로 연계하는 것이 필요하다.

● 토론 중심의 직업 및 산업 테마 추출

중고등학생을 대상으로 한 진로교육 방법으로 고전적인 지식 전달이나 정보 제공 방식의 수업 방식을 버리고, 직업이나 산업의 메커니즘 중심 역량에 대한 토론교육을 실시함으로써 자연스럽게 학과와 산업을 연계하여 탐색하는 방법 및 융합적 사고 역량을 도모하여야 한다. 이를 위해 교사교육이 선행되어야 한다.

● 진로교육을 창의성 개발 교육의 수단으로 활용

진로교육은 삶의 맥락 속에서 기존의 지식을 활용하여 미래 자신의 직업을 구현하는 활동이다. 따라서 학교교육에서 교육과정을 통한 교과 간 융합을 통해 진로통합 방식의 교육을 실시함으로써 진로를 특정 과목이나 교사에게 한정하기보다는 모든 교사들이 수업을 통해 학생들의 진로개척역량을 함양시키고 이를 바탕으로 창의성 개발 교육의 수단으로 활용할 수 있다.

● 지역대학 산학협력단 구조 개편 및 활용

지역대학 산학협력단 구조를 개편하여 신직업교육센터로 활용함으로써 대학생의 취업을 지원하고 지역문화 및 경제 활성화 수단으로 활용할 수 있다. 이는 기존의 지역사회 내 존재하는 물적·인적 자원의 인프라를 활용하여 별도의 투자 없이 초중등진로교육을 융합할 수 있는 최선의 방법이 될 수 있다.

● 진로적성검사와 관련한 활용 방법에 대한 교사 연수

매년 중고등학교에서는 다양한 진로적성검사를 실시하여 자기주도적 진로개척역량을 길러주기 위해서 검사 결과를 활용하여 각종 정보를 제공한다. 하지만 전국에 1교 1진로교사를 배치함으로써, 1:1상담을 통해 검사 결과에 나타난 다양한 결과들을 정확히 해석하고 이를 바탕으로 학생의 이해를 도와줄 수 있는 인력이나 전문성을 지닌 교사가 부족함에 따라, 검사 결과가 학생에게 유의미하게 전달되는 경우는 극히 드물다. 더구나 학생 개인별 진로탐색을 위한 검사 종류와 유형이 다음의 표과 같이 너무 많아 교사가 각각의 유형을 이해하고 전문성을 갖추기에는 매우 어려운 실정이다. 특히 결과를 바탕으로 직업정보가 제공되는 경우 어떤 특성으로 인해 직업이 추천되었고 그 직업이 요하는 직무역량이 무엇이며, 어떤 경로를 통해 학습자 개인이 도달할 수 있는지에 대한 정확한 이해를 지닌 전문교사가 부족하기에 검사 결과를 해석하여 학생들에게 맞춤형 진로정보를 제공할 수 있는 교사교육이 학교 진로교육의 성공 여부를 좌우할 중요한 요소가 된다.

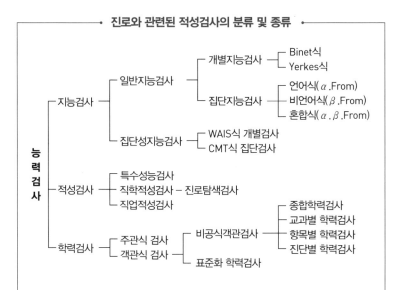

· 진로와 관련된 적성검사의 분류 및 종류 ·

- 능력검사
  - 지능검사
    - 일반지능검사
      - 개별지능검사
        - Binet식
        - Yerkes식
      - 집단지능검사
        - 언어식(α.From)
        - 비언어식(β.From)
        - 혼합식(α.β.From)
    - 집단성지능검사
      - WAIS식 개별검사
      - CMT식 집단검사
  - 적성검사
    - 특수성능검사
    - 직학적성검사 – 진로탐색검사
    - 직업적성검사
  - 학력검사
    - 주관식 검사
    - 객관식 검사
      - 비공식객관검사
        - 종합학력검사
        - 교과별 학력검사
        - 항목별 학력검사
        - 진단별 학력검사
      - 표준화 학력검사

【참고】노동부 산하 한국고용정보원이 운영하는 직업심리검사는 개인의 능력과 흥미, 성격 등의 심리적인 특성들이 각 직업에서 요구하는 능력 수준 및 특성에 얼마나 적합한지를 과학적인 방법으로 측정하여 보다 성공 가능성이 높고 만족할 만한 직업들을 탐색하도록 도와주는 심리검사의 일종이다. 직업심리검사는 청소년(10종)과 성인(13종)을 대상으로 총 23종의 검사가 있다.

진로 관련 검사 종류 예시(기관별 통합)
흥미검사, 가치관검사, 적성검사, 계열흥미검사, 학과적합도검사, 다중지능검사, MBTI검사, 대학전공검사, 진로인식검사, 진로발달검사, Big5 성격검사, 자아개념검사, 저지능검사, 지능검사 A,B형, 창의성 사고력검사, 생애진로검사, 직무적성검사, GATB적성검사, 논리적사고력검사, 진로태도 성숙도검사, 학습흥미검사, K-CBCL검사, 사회성숙도검사, 성격요인검사, K-YSR검사, 다면진로종합검사, MMPI383, 566검사, 에니어그램 성격유형검사 등

● 학부모 교육 프로그램 상설화를 통한 교육자치 시행

진로교육에서 학부모교육이 중요한 까닭은 학생의 선택이 대부분

가정에서 부모와의 대화를 통해 형성된 정보를 가지고 진로를 선택하기 때문이다. 만약 학부모의 정보력이 시대의 흐름에 맞게 형성되지 못하면 자녀도 기성세대의 위계적 직업관을 가지고 오인된 진로관을 형성하게 된다. 오인된 정보를 가진 부모들은 자녀의 흥미와 적성, 가치관 등 자녀에 대한 정확한 이해 없이 자녀들에게 학력 자본을 세습하려는 성향으로 사교육 문제를 야기하고 삶의 방향으로서 진로보다 목표지향적 삶을 사는 것이 성공이라는 가치체계를 대대로 세습하게 한다. 따라서 부모교육은 거스를 수 없는 대세이다. 그러나 학교에서 실시하고 있는 연간 20시간 미만의 진로교육으로는 시대의 흐름에 맞게 정확한 정보를 제공하기가 어렵다. 더욱이 학교에서 진로교육을 이수하는 학부모의 비율이 10%를 넘지 못하는 현실이다. 학교는 재정 부족과 학부모교육을 담당할 역량 있는 교사 확보가 어렵고 교육을 상설화하여 언제든 양질의 교육을 제공하기가 쉽지 않다. 따라서 교육지원청 단위의 학부모교육 전문강사를 양성하고 이를 연간 상설화하여 언제든 학부모들이 필요한 시간에 자녀 진로와 관련된 정보를 제공받을 수 있도록 하는 것이 필요하다. 이는 전문 강사를 지역에서 선발하여 운영함으로써 새로운 지역의 일자리를 창출하는 효과도 가져올 수 있다.

- **학생의 창의적이고 자율적인 진로학습을 위한 진로교육 인트라네트 워크 구축**

학생들에게 양질의 정보를 지속적으로 제공하고 학생 스스로 정보를 찾아볼 수 있는 인트라네트워크을 구축하여 학생 스스로 진로학습을 할 수 있도록 지원하여야 한다. 기존에 정보 제공을 위해 만든 사이트는 너무나 기초적인데다, 정보로서의 활용 가치가 낮은 것들로 구성되어 있어 교육계 내 인트라네트워크 구축을 통해 지속적으로 양질의 정보와 진로교육 컨텐츠를 생산하여 공급해야 한다. 그리고 교사와 학생 모두가 활용 가치가 높은 자료실을 구축하여 공유하는 것이 필요하다. 자료실에 양질의 데이터를 업로드하기 위해서는 창의적 진로탐구학습을 위한 메커니즘 개발과 지역과 학교, 교육청이 하나되어 지속적으로 교재를 개발하여 현장을 지원하여야 한다.

● 지역 문화인과 지역 경제인에 대한 진로교육 실시로 새로운 사업 및 문화 활동 영역을 창출하고 지역 교육자치와 연계

기존의 진로교육은 마을교육처럼 교육이 학교울타리를 넘어 지역과 협업을 위한 거버넌스 구축 기초단계로서 지역의 인적·물적 인프라의 현황 정도를 공유하고 지원하는 체계에 머물러 있다. 하지만 미래사회 진로교육을 지원하기 위해서는 지역 문화인과 지역 경제인에 대한 진로교육을 실시하여 지역의 특색을 반영한 새로운 사업 및 문화활동 사업을 지역학교 진로교육에 활용하여 학생들의 사회적협동조합 운영이나 창업 등을 지원하여 지역 교육자치와 연계하여야 한다.

● 창의적 진로탐구학습 메커니즘 개발과 교재 개발

미래사회를 준비한 진로교육에서 무엇보다도 중요한 것은 진로교육의 필요성에 대한 당위성 주장보다는 한 단계 낮은 수준의 교육 주체별(학교, 교사, 학생, 학부모)행동 강령 수립과 교육 정체성 확립이 필요하다. 이를 실현하기 위해서는 주체별 행동 강령 수립을 위한 창의적 진로탐구학습 메커니즘 개발과 이를 바탕으로 교재 개발이 필요하다. 올바른 정보제공 없이 훌륭한 인재로서 성장을 기대하는 자체가 어불성설이기에 학생들의 희망을 구체적인 비전으로 성장시키기 위해서는 학교에서나 가정에서나 독서교육이 필수적이다. 독서교육을 통해 올바른 정보를 제공받음으로써 학생 스스로 흥미 수준의 꿈에서 현실 실현을 위한 구체적 로드맵과 실현 전략을 수립할 수 있기 때문이다.

──────────────── 참고 문헌 ────────────────

● 장석민 외 3인(1985), 《진로교육 목표 및 내용 체계 연구》, 한국교육개발원

● 교육인적자원부 한국직업능력개발원(2007), 《나의 꿈을 찾아 떠나는 신나는 직업 여행》

● 박효정(1999), 《자녀의 진로지도를 위한 부모용 읽기 자료 개발 연구》, 한국교육개발원

미래형 교육과정과 교과서 체제

경기도교육연구원 교육연구사
황현정

학교 혁신의 출발, 교육과정 재구성

혁신학교의 변화를 위한 최초의 시도는 수업에서 이루어졌다. 현재의 수업 방식으로는 더 이상 학생들과의 소통이 힘든 것이 아닌가 하는 현장 교사들의 반성에서 출발한 것이다. 수업은 교육과정이 최종적으로 구현되는 장면이다. 따라서 포괄적인 변화를 고민하던 교사들은 한걸음 더 나아가 교육과정 재구성을 통한 변화를 시도하기 시작했다. 즉, 학교현장에서 이루어지는 교육과정 실현이 교육내용을 전달하는 것에만 그치는 총체적 문제점들을 인식하고, 이를 극복하기 위한 재구성 과정이 있어야 하지 않는가에 대한 논의로 한층 더 진척되었다. 이

때 교육과정은 단위학교별 전체의 교육활동을 재구성하는 것, 각 학년에 따라 연간 계획을 구성하는 등의 학년별 교육과정을 고민하는 것, 그리고 이에 따라 각 교과의 내용을 학교 및 학년의 교육목표나 활동에 따라 내용을 재구성하는 것으로 흐름을 잡았다.°

이때 중요한 것은 '교사'에 의한 교육과정 재구성이라는 것이다. 학교 전체의 교육과정을 재구성할 때는 단위학교의 교사들이 모두 협의에 참여하여 교육의 목표와 방향을 설정하고, 그에 따라 교육활동을 어떻게 구성할지를 고민한다. 물론 이때 국가수준의 교육과정과 지역교육청 단위의 지역화 교육과정을 녹여내기 위한 밑그림이 전제되어야 할 것이다.°° 그리고 각 학년별로 다시 협의를 진행하여 이전 단계에서 함께 설정한 학교의 교육철학이자 목표를 학년별로 어떻게 구현할지를 고민하여 3개년 학생의 학교교육과정을 구성한다. 최종적으로 각 교과에서는 이들 학년 교육 목표를 교과 내용과 연계하여 어떻게 수업을 이끌어 갈 것인지를 시기별로 재구성한다. 그리고 교사에 의해 수업에서 구현된다.

이 과정에서 교사의 존재와 역할이 규정될 필요가 있다. 재구성되어 나오는 교육과정은 학교 전체이든 학년이든 혹은 교과수업의 방식이 분과이든, 통합이든 그 안에서 교사가 가지는 의미를 되새겨 보아야 한다. 그에 따라 통합교육과정에 대한 여러 가지 가능성과 성과들의 인과관계를 살펴볼 수 있기 때문이다.

앞서 지적한 것처럼 중등학교의 교육과정은 분과적 경향이 지배적이었다. 이는 오랫동안 존속되어 온 형태로, 과거 서구의 형식 교과를 중시한 전통교육의 맥락과 연장선상에 있다. 이것이 삶과 유리된 채 지식 위주로 전개되어 왔음을 지적하면서 실생활과 연계된 교육과정이 필요하다는 주장들이 제기되었다.ᵒᵒᵒ 이 논의는 1세기 이상이 흐른 지금 우리 교육현장에서도 유의미하다. 교과별 암기식 주입 교육은 지식교육에 치중하여 학생들의 삶과 유리된 채 학습되고 있다. 평가는 선발을 위해서만 존재한다. 최종적인 대학입시를 위해 한 노선만을 고집한다. 혁신학교의 통합교육과정에 대한 출발은 이러한 문제의식에서 비롯되었다.

현재 초등교육에서는 통합교육과정의 구상 및 적용이 상당 기간 진행되어 왔다. 통합교육과정에 대한 노력은 중등교육에서도 있어 왔다.ᵒᵒᵒᵒ 7차 교육과정 발표 당시 공통사회, 공통과학 등의 교과목으로 인접 학문의 통합시도가 이루어졌으며 그에 따른 교과서 개발, 교사 자

ᵒ 교육과정 재구성 절차나 방안은 교사 연수에 활용하고 있는 교육과정 재구성 매뉴얼에 제안된 방식이다. 이 방식은 초기 혁신학교를 추진했던 핵심 교사들의 연구년 연구 프로그램인 혁신학교 아카데미 1기 교사들에 의해서 논의된 교육과정 재구성을 기초로 하여 제안되었다. 이후 화성창의지성교육 사업의 혁신교육 일반화를 위한 컨설팅 과정에서 활용되었을 뿐만 아니라 역으로 현장에서 들어오는 의견을 다시 반영하여 최종 완성된 형태로 만들어졌다.

ᵒᵒ 〈2012 경기도교육과정〉(경기도교육청, 2011.12)은 지역화 교육과정의 설정 시도로 선도적 의의를 가진다. 여기에서 국가수준의 교육과정을 지역 실정에 맞게 설정된 교육철학과 융합하여 교육과정 구현을 위한 중간 단계의 역할을 하도록 구상되어 있다.

ᵒᵒᵒ 진보주의 교육 운동, 듀이의 실험학교 등이 이러한 흐름이다.

ᵒᵒᵒᵒ 초등학교에서는 통합교과의 방향으로 교육과정을 제안하고 편성한 것이 1983년 제 4차 교육과정 (1981년 고시)부터이다. 따라서 올해로 29년째를 맞이하고 있는 셈이다. 통합에 대한 공감된 학계의 인식을 살펴볼 수 있다. 그러나 그 과정에서 3R's를 체계적으로 가르쳐야 학력이 저하되지 않는다는 비판으로 국어나 산수과는 독립시켜 운영되어 온 측면도 있다.

격증 발급, 교육대학원 관련학과 개설 등의 노력으로 중등에서도 통합이 강조되었다. 그러나 7차 교육과정 개정 시기에 공통사회와 공통과학이라는 교과의 정체성 혹은 필요성에 대한 문제 제기, 현장에서의 문제점 등을 수용하여 상당 부분 위축되었으며, 2009개정교육과정에는 교과목 축소라는 목표 하에 두 교과가 사라졌다. 그리고 공통사회 가운데 역사과는 중학교 사회과에서 분리, 독립되어 개정·고시되었다. 이러한 교육과정 정책의 변화 속에서 중등의 경우 통합교과에 대한 지향점은 실현되기 힘든 것으로 판단된다. 이는 다양한 교과 이기주의와 이익집단의 입김이 작용한 것으로 볼 수 있으나 각 교과 교육의 학문적 입장 및 현장 적용에서의 문제 제기 등이 가장 큰 원인이다.°

중등학교 단계의 교과 중심 교육과정의 편성 및 운영은 각 교과의 학문구조를 충실히 학습하기에 적합하며, 이것은 청소년기 사회에 진출하기 직전에 자신의 전문성을 갖기 위한 교양과정으로서 담당하고 있는 역할이 분명하다. 또한 형식교과의 전통을 이어온 부분도 있으며, 브루너의 학문중심 교육과정의 영향을 받아 학교현장에 더 고착화되고 정형화된 교육과정의 편성 방식이기도 하다. 현대는 한 분야에서 전문성을 갖고 자신의 역량을 키우기 위해서 10여 년의 기간이 필요하다는 하워드 가드너의 인식 논의로 더 보완되어 분과별 영역이 강조되고 있다.

그러나 학생이 성인이 되어 진출하는 사회는 총체적인 모습이다. 즉, 각 교과별로 정리되어 구별되어 있는 세상이 아니다. 그들이 학교의 교육과정을 마치고 나서 마주하는 통합된 사회와 그 안에서 개인별 전문성을 동시에 발휘하기 위해서 통합의 관점은 어느 정도 필요하다고 본다.[oo] 따라서 분과-학문적 교육과정은 통합의 관점이 보완되어야 한다. 교과 통합의 접근을 위해서 주제를 선정하여 수업을 진행해야 하며, 이는 분과적 교과 중심의 교육과정 편성 운영을 보완하여 통합적 시각을 길러주는 방법이 될 수 있다.

　이론적인 논의들이 결론나지 않은 상태에서 통합적 관점을 길러 주기 위한 교사들의 실천 움직임이 혁신학교 교사를 중심으로 먼저 시도되었다. 주목되는 것은 대부분의 혁신학교들이 왜 통합교육과정을 통해서 교육 변화를 시도하고자 하였는가에 대한 것이다. 수업 변화를 고민하는 교사들의 관심은 교과서로 고정화된 내용지식보다 현재의 삶과 가치에 의한 한층 의미 있는 지금 교육활동의 '주제들'이었다. 이것은 사회적 이슈 등 학교 밖으로부터 주어진 주제들도 있었으며, 교육의 본질적 목적으로 다시 돌아와 반드시 추구되어야 할 포기할 수 없는 주제들도 있었다. 예를 들어, 혁신학교에서 가장 많이 통합주제로 등장

º 현재 운영되고 있는 2009개정교육과정의 사회과 교과서는 지리와 일반사회 교과가 통합되어 구성되어 있다. 여전히 통합에 대한 접근을 시도한 것으로 보인다. 하지만 이것은 교과의 수를 줄이기 위한 방편이 주요 의도라고 보인다. 여전히 사회과 내에서의 논의는 지리와 일반사회를 분리하고자 하는 노력이 시도되고 있다.

ºº 융합의 관점으로 중등 교과에 접근하는 시각이 있다. 통합은 인접학문간의 연계를 의미하는 것으로 학문간 경계를 여전히 인정하고 있는 관점이다. 융합은 모든 교과의 통합이 가능하고 통합되고 있는 학문의 경계를 넘어서는 개념이 포함된다. 현재 중등단계의 교과간 경계가 너무나 명확한 시점에서 융합을 지향하나 그의 단계적 진행을 위해 우선적으로 통합의 개념을 사용하기로 한다. 또한 교사 수준에서의 교육과정 재구성을 전제로 하는 교육활동에 대한 논리 전개이므로 이 개념이 적합하다고 생각한다.

하고 있는 소통, 평화, 인권 등이다. 이들은 사회적 이슈이기도 하며 대체로 교과목에 내용적으로 충실히 기술된 주제이기도 하다. 그런데 국어과나 사회과에서 기능이나 내용에 치중하여 가르쳐 왔으며 그것이 학생들에게는 삶의 원리로 체험되지 않아 왔던 것이다.

이것을 경험적이고 실제적인 교육활동을 통해 추진하고자 하였을 때 교과의 벽을 넘어야 함을 교사들은 절감하였다. 소통을 잘하는 학생들을 키우기 위해 국어과에서만 열심히 가르친다고 학생들이 의사소통을 원활히 할 수 있는 민주시민이 되는 것이 아님을 느꼈다. 그리고 인권을 사회과에서 내용적으로는 충실히 배웠으나 친구의 인권을 소중히 하는 모습이 생활에서 잘 드러났는지, 그 교육 결과에 대해 의문을 가졌다. 따라서 새로운 변화를 위해 교사들은 이를 범교과 차원에서 접근하여 교육할 필요성을 느꼈으며, 체험과 활동으로 학생들에게 체화될 수 있는 방법을 고민하였고 이를 위해 통합교육과정을 시도하였다. 결국 통합은 교육의 질적 도약을 위해 고민하던 현장 교사로부터 출발한 것이다.

교육과정 재구성과 교사의 역할

혁신 학교현장에서는 '교사에 의한 교육과정의 재구성', 그에 따른 활동으로 '학생에 의한 지식의 재구성' 이라는 교육활동이 중요하게 부각되고 있다. 교육과정의 재구성은 국가에서 제시된 것을 그대로 전달하는 교사의 역할보다는 교사 자율성에 근거하여 재해석 및 재구성되어 학생들에게 제공되는 것을 의미한다. 그리고 이때 제공되는 교육과정에 따라 학생은 자기 스스로의 생각을 만들어 나가는 것이다. 학생의 지식을 재구성하는 데 의미를 갖는 것에 비례하여 교사의 교육과정 재구성도 의미를 지니는 활동이다.

교사에 의한 강제적인 지식의 주입이나 아동의 수동적인 지식의 암기가 아닌, 개별의 사고 활동을 통해 지식을 재구성해 나가는 것이다. 따라서 동일한 교수-학습활동 상황에서 아동은 의미를 가지고 각자의 지식 체계를 구성한다. 이때 중요한 것은 아동들이 스스로 생각하여 재구성한다는 것이다. 그 결과물로서 재구성된 지식 그 자체보다는 구성을 하고자 하는 아동 자신의 사고 활동이 유의미한 것이다. 그래서 아동의 자기 생각 만들기가 핵심이다.[●]

학교에서 학생의 사고는 비판적이고 자율적인 사고활동이며 민주시민이 되기 위한 전제 조건이다. 교육과정이 전개되는 상황에서 학생은 지식을 스스로 재구성하는 활동을 한다. 이 과정에서 사고의 자율성을

[●] 비고츠키가 중시한 고등정신기능은 재구성에서 드러나는 사고활동을 의미한다. 이는 인간의 역사적, 문화적 축적물인 말(기호, 상징체계 등)에 의해서 성장하고 촉진되며, 또한 세대 간 전수된다고 보았다. 현장은 문해력를 중시하는 것에서도 알 수 있듯이, 말(입말, 글말 등 포함)에 의해 모든 교육이 일어난다. 제공되는 지식체계인 인류의 역사적 축적물을 중시하여 이를 주입하고 암기하는 것이 중요시되었다. 그런데 이와 함께 중시되어야 하는 것은 교사와 학생의 고등정신기능이다. 이 고등정신기능은 학습해야 할 내용을 중시하고 강조함으로써 이제까지 묻혀서 간과되어온 중요한 영역이다. 한 세대의 사고 활동 결과물이 다음 세대의 고등정신 기능 발달에 도움을 주는 순환적 구조에서 가장 중요한 것은 인류가 가진 고유한 사회성을 바탕으로 한 고등정신기능의 발달이라는 것이다. 그리고 이것이 바로 사고활동이다.

경험하며, 세계에 대한 객관적 이해를 자기 관점으로 구성해 나갈 수 있게 된다. 일상적으로 자신의 지식을 재구성할 수 있는 능력은 사물과 사상에 대한 판단력을 길러 주며, 이는 민주사회의 구성원으로서 지녀야 할 비판적 사고력과도 맥이 닿아 있다. 성장의 과정에서 이성적 사고 경험의 축적은 아동이 사회로 나왔을 때 그 사회의 구성원이 개인과 공동체에 대해 생각하고 고민할 수 있는 인간으로 바로 설 수 있게 도와주며, 민주시민으로서의 역할, 개인의 자아실현 등을 함께 고민할 수 있도록 한다.

학교라는 공동의 장에서 학생과 마찬가지로 교사 사고의 자율성을 키울 수 있어야 한다. 교사 또한 사회의 구성원으로서 민주시민으로 끊임없이 성장하며 제 역할을 해야 한다. 교육이라는 전문적 활동은 이러한 역할을 더 많이 요구한다. 배움과 성장을 돕는 기성 세대로서 교사는 모범이 되어야 하고 본인 스스로가 민주시민으로서의 역할을 담당해야 한다. 따라서 교사 사고의 자율성, 비판적 사고력과 판단력 등이 학교라는 공간에서 학생만큼 교사에게도 담보되어야 한다.

생각하는 민주시민으로서의 교사는 단위학교에서 교육과정 재구성 활동을 통해 드러난다. 교사에 의한 교육과정 재구성은 교사 나름의 판단력과 자율적 사고활동의 결과물이며, 학교 환경이나 학생의 특성을 고려하여 만들어지는 것이므로 그 자신의 교육활동이나 단위학교현장에서 의미를 가진다. 재구성 결과로 나온 것이 다른 교사에게도 유용한 의미있는 것이 되려면 그것이 나온 맥락과 유사해야 한다. 따라서 교육과정 재구성에서 중요한 것은 지속적으로 교육과정을 재구성할 수 있는 교사 사고의 자율성과 이를 실현하고자 하는 자발적 동기, 즉 교사의 의지이다. 결국 결과물로서 재구성되어 나온 교육과정보다 중요한 것은 교육과정 재구성을 지속적으로 실천하고자 하는 교사의 자유의지이다. 교사가 가르치는 전문인으로서 스스로의 사고 과정을 통해 교육과정을 생성해내는 것, 따라서 교육과정 재구성을 통해 교사의 전문성, 교사의 자존감과 자율성을 회복한다는 것을 의미한다. 일상적으로 자신의 지식을 재구성할 수 있는 능력은 민주사회의 구성원이 지녀야 할 자질로서 바로 학교교육의 목표가 되어야 한다. 이러한 사고 활동에 대한 훈련은 세계에 대한 이해와 자아에 대한 성찰을 통해 개인의 자아실현을 이룰 수 있도록 해 줄 것이다. 교사가 지니는 사고의 자율성은 사회구성원으로 성장해 가는 학생 사고의 자율성과 더불어 교육현장에서 중요한 의미를 가진다.

우선은 함께 생활하는 학교라는 공간에서 구성원 전체가 각자 사고의 자율성을 지니고 활동에 참여하는 것에서부터 학교의 문제 상황들이 해결될 것이다. 다음으로 사고하는 아이들을 키우기 위해서 사고하는 교사가 우선해야 한다. 교사의 사고를 통한 자유의지의 발현은 한 공간에서 생활하는 학생들에게 영향을 미치며, 더불어 성장하는 것으로 귀결된다. 지식의 재구성을 통해 학생 사고의 성장을 바라는 것, 그리고 나아가 성숙한 민주시민으로 살아가기 위한 준비를 돕는 것과 마찬가지로 교육과정의 재구성을 통해 교사 사고의 자율성을 담보할 수 있으며, 이에 의한 전문성과 성숙한 민주시민으로서의 성장은 결국 아동과 같은 맥락에서 성숙한 민주시민 사회 구현에 이르는 길이 된다. 그리고 사회 혹은 학교에서의 민주주의를 실현하기 위한 학교공동체의 일원으로서 교사 스스로가 민주시민이 되는 것이다. 결국 현재 우리 사회가 지향하는 방향에 맞는 '유의미한 교육활동'이 학교현장에서 일어나는 것이다.

수업과 교사, 그리고 미래사회

학생 중심의 수업 문화

예로부터 '교학상장'이라는 말이 전해 오고 있다. 가르치고 배우는 행위는 서로를 성장하게 한다는 의미이다. 그런데 이제까지 학교에서는 가르친다는 말만 의미를 지녀왔다. 어떻게 가르칠까, 무엇을 가르칠까, 왜 가르칠까 등등 교사가 가르치는 행위에 관심을 가지고 학교에서 일어나는 여러 문제들을 해결하려고 했다. 학교 문화가 이제까지 기성세대인 교사를 중심으로 형성되어 왔음을 단적으로 보여주는 현상이다. 최근 학생인권조례 제정이 보여 주었듯이° 학생들의 존재감이나 여러 역할 등이 간과되어 온 문화가 학교에서 뿌리 깊게 이어져 왔다. 학생인권 조례에 대한 교사들의 반응도 학생인권을 교권과 대비하여 보고, 이에 따라 상대적으로 교사들의 인권이 추락되었다고 하면서 교권을 보호하려는 움직임을 보이는 양상이다. 이는 마치 교사와 학생들이 대립하고 있었다는 뉘앙스까지 풍긴다. 이러한 문화 속에서 교학상장이라는 말은 무색할 수밖에 없다. 가르침과 배움은 동시에 일어나는 것이 상식인데도, 학교는 사회적 분위기와 변화에 대응하여 움직이지 못하고 있다는 인상이 든다. 이러한 맥락에서 혁신학교의 교육 변화 움직임은 학생들의 배움에 주목하려는 시도이며, 학교의 가장 본질적인 교육활동을 반성해 보는 것이기도 하다.

교사들은 학생과 더불어 가르치면서 배우는 존재가 된다. 학습자 중심 수업, 열린 교육, 배움의 공동체 등의 흐름은 여전히 가르치고자 하는 교사의 교육적 열정과 고민이 담겨 있다. 그러나 학생들의 배움이 곧 나의 배움으로 이어진다는 생각을 하고 있는지는 의문이다. 학교는 미래에 대비한 여러 가지 내용들을 배우는 곳이면서, 결국 지금 현재의 삶을 영위하는 현장이다. 따라서 배우는 것으로만 학교로 오는 아이들은 없다. 오히려 배움 공동체에서 배움에 적극적인 사람은 교사이다. 여전히 어떻게 가르칠지에 대한 고민으로 그 답을 찾으려고 하고 있다.

이때 배우는 주체인 학생의 입장을 한층 더 고려하기 위해 교육과정을 고민하고, 그것의 구현태가 통합교육과정이다. 배움의 주체로서의 학생은 배움에서 일어나는 사고 활동을 통해 절대적 진리를 추구하되, 과정에서 생겨난 지식은 지속적으로 구성되는 것이며, 이때 학생들은 스스로 배움을, 지식을 만들어 나간다는 관점이다.°° 따라서 교사로부터의 주입식 지식 습득은 의미가 퇴색한다. 학생의 배움을 생각하면서 교육이 이루어져야 한다는 생각이 교육과정 구상 단계에서 반영된다면 당연히 수업도 그러한 관점에서 진행될 수 있을 것이다.

이러한 학생 중심 학교 문화로의 변화는 통합교육과정을 실천한 학교의 학생들의 반응을 통해서 살펴볼 수 있다.°°° 거의 매시간 학생들은 정답이 없는 문제들을 해결하기 위해 노력한다. 이런 역동적인 모습은 수업을 통해 고스란히 드러난다. 이런 협력수업으로부터 자연스럽게 학급활동과 학교행사로 이어지는 모습을 보였다. 체육대회, 학교축제에서 학급구성원들의 의사결정으로 의견을 모아 프로그램을 구성한다. 특히 모둠활동에서는 인위적인 구성이나 명확한 역할이 정해지지 않기 때문에 모둠 안에서 스스로 협력해서 결정한다. 모둠 구성원들이

° 진보교육감 중심으로 제정된 학생인권조례는 학교사회에서 학생들의 여러 권리들이 인정받아 오지 못했던 점에 착안한 현안으로 경기, 전남, 강원, 전북 등의 지역에서 정착되어 가고 있는 과정에 있다. 이러한 제안은 사회적으로 큰 반향을 불러 일으켰으며 때로는 교육감의 정치적 성장을 뒷받침하는 이슈가 되기도 하였다.

°° 이 관점에서의 지식은 절대적 진리를 의미한다. 현재 우리가 알고 있는 지식은 세계를 이해하고 파악하는 정도를 반영할 뿐, 이를 기반으로 나를 둘러싼 환경과 인간 사회 발전에 대한 지속적인 이해를 추구할 필요가 있다. 따라서 지식이라는 것은 끊임없이 창조되고 형성되는 것이며, 인간의 인식 영역이 확대되어 가는 과정에서 유의미한 내용일 뿐이라는 것이다. 따라서 어떤 내용을 배우는가에 초점이 맞추어지기보다는 어떻게 지식을 탐구해 나가는가를 배우는 것이 중심이 되어야 한다. 즉 학습을 구상하고 방법적으로 고민하는 것은 학생과 교사가 함께 한다면 현재 습득해야 할 지식의 속성을 더 잘 이해하고 또한 진리로 나아갈 수 있다. 그리고 이러한 과정에서 인간의 인식이 확장되고 이를 중심적으로 추동해 나갈 수 있도록 해주는 것이 교육과정 재구성이며, 중등에서는 통합교육과정이라고 할 수 있겠다.

°°° 설문은 고고학체험을 마친 2학년 학생들에게 가장 선호/비선호하는 수업 그리고 그 이유를 작성한 것과 장곡중학교 2학년 학생 12명이 고고학 체험활동에 참여한 후 수업일지를 작성한 것을 바탕으로 서술하였다. 그리고 의정부여중의 경우 2학년 학생들이 도덕수업 '정의란 무엇인가'를 듣고 수업을 평가한 내용이다. 이 수업은 교과내 주제중심 통합수업이다. 선생님은 수업이 끝난 후 학생들에게 수업평가를 부탁하였다. 89명의 학생이 참여했다(〈부록 1〉 참조). 이들 학생들 반응에 근거하여 서술하였다.

자연스럽게 역할을 나누고 의견을 교환하면서 표현하는 활동으로 이어졌다.

학생들이 활동한 작품들은 교실과 복도 등에 상시적으로 붙였는데, 이를 통해 학생들의 자존감을 높이는 동시에 다른 교사의 학생과 정보를 공유하면서 협력하고 표현하는 학교 분위기를 조성할 수 있었다. 정답과 진도를 고려하지 않은 방향으로 수업이 디자인되면서 학생들의 사고가 수업 후에도 이어지는 모습도 특징적이었다. 수업 중에도 질문이 많지만 수업 후에도 자기들끼리 혹은 교사들을 붙잡고 물어보는 일이 다반사였다. 인터넷이나 도서관 자료를 자연스럽게 찾아가는 모습도 보였다.

결론적으로 학생들은 통합프로그램에 대해 긍정적으로 생각하고 있었다. 활동과 체험 위주, 모둠 수업 등의 통합프로그램 중심인 수업에 대해 적극적으로 참여하게 되었고, 다양한 활동을 통한 협력심을 키울수 있었다고 한다. 더불어 친구관계도 좋아지고 생활에 활력을 얻는 장점이 있었다고 진술하고 있다. 활동을 통한 정의적 영역에의 교육 효과도 발생하였던 것으로 보인다. 통합프로그램을 진행하는 교과에 대한 선호도가 상당히 높은 편이며, 학습에 대한 긍정적 마인드를 심어 주는 역할을 하여 교육적 차원에서도 성과가 있었다고 볼 수 있다.

여기서 한 가지 해결해야 하는 문제도 드러나는데, 학생들이 개념, 지식을 익혀야 하는 순간이 오면 다시 흥미가 줄어든다는 점이다. 심지어 개념 위주의 통합수업은 활동 중심의 통합수업에 비해 수업 참여도가 떨어진다. 가르치고자 하는 개념(지식)이 교과별로 엄연히 존재하는 상황에서 활동과 적질히 융합될 필요가 있다. 따라서 교과 지식간의 통합에 관심을 가지고 방법을 더 고민해 보아야 할 것이다.

중등 통합교육과정 운영을 통해 학생 중심의 수업 문화를 만들기 위한 노력이 진행되었다. 이는 기존 학교 문화에서 관심이 적었던 학생 중심의 학교 문화를 조성하는 데 상당히 기여하는 것으로 보인다. 그리고 학생과 더불어 교사도 성장할 수 있는 토대를 만들어 주는 것이기도 하다.

수업 중심의 교사 문화

교직 사회가 변화해야 한다는 전제에 앞서, 일상적인 교직 문화가 어떠한가에 대한 반성을 먼저 해보아야 한다. 일상의 교직 문화는 교사라면 누구나 잘 알고 있을 것이다. 아침 일찍 학교에 가서 학생들이 제대로 출석했는지를 살피고 교과수업을 챙긴다. 물론 교과서의 내용을 잘 가르치기 위해 꼭 필요한 수업 준비 과정이다. 교과 내용을 잘 전달하기 위한 방법을 고민하긴 하지만 대체로 강의식이다. 특히 고등학교의 입시 위주 몰입 교육은 수업 교재가 문제집인 경우도 많다. 그리고 이어지는 보충수업은 여전히 교과 내용에 치중한 수업이다. 그리고 잠깐의 휴식이나 여유가 생기면 교사는 행정 업무에 집중해야 한다. 때로 행정 업무가 과하면 오히려 수업이 쉬는 시간처럼 느껴질 수도 있다.

가끔씩 학생들에 대한 이야기를 나누지만, 생활교육의 어려움이나 성적과 관련한 학생들의 변화, 진로 등에 대해서 같은 공간의 선생님과 대화를 한다. 업무적인 차원의 이야기만 나누는 것은 아니다. 개인적 삶을 풍요롭게 하기 위한 여가, 취미, 여행 등에 대한 수다도 함께 한다. 자녀교육에 대한 고민도 중요한 대화 주제이다. 교육에 전문가라고 자부하는 교사들의 자녀교육 관심은 매우 높은 편이다. 이러한 일상적 교직 문화에서 교사가 세상을 보는 렌즈는 그다지 안목이 높기를 기대할 수 없다. 오히려 별다른 문제의식을 가지지 못하고 세상을, 일상을 평화롭게 여길 수도 있다.

교육에 소명의식을 느끼고 있는 교사 또한 마찬가지이다. 이들은 교육을 사회와 분리하여 생각하는 경향이 있다. 교육은 본연의 목적에 충실하여 아동의 성장을 돕고 개인의 삶을 풍요롭게 하는 것이다. 이러한 교사의 안목은 사회 공동체와 개인의 관계를 연계해 생각하지 못할 수도 있다. 따라서 지금의 교직 문화에서 교육을 바꾸고자 하는 여러 정책에 교사는 둔감해진다. 위로부터 내려오는 일방적인 지침들은 문서에서, 행정적으로만 구체화될 뿐 수업 상황으로 연결되지 못한다. 왜냐하면 교사에게 체화되지 못한 좋은 정책들은 그냥 흘러가는 유행의 교육일 뿐이기 때문이다.

학교가 사회의 교육적 기관으로서 사회 구성원을 길러내는 역할을 해야 하며, 현재 그 사회가 지향하고 있는 가치 혹은 방향성이 민주주의라는 것을 체득할 수 없는 교직 문화이다. 따라서 사회의 문제의식을 함께 고민하지 못한다. 이러한 교직 문화는 아이들에게 그 자체가 비교육적이다. 민주사회를 꿈꾸고 민주시민 양성이 공교육의 목표가 되어 온 지는 오래다. 교육의 내용들이 이를 위해 존재해 왔다. 내용적 지식으로 배운 민주주의다. 그런데 과연 학교가 민주적인 공간이었는가? 합의를 위한 소통체계가 잘 정착되어 있는지에 대한 문제의식이 존재할 수 있을까?

통합교육과정을 운영한 학교 사례에서 교사 생활에서의 큰 변화를 질문하였고 여기에서 소통에 대한 긍정적 결과를 찾아 볼 수 있었다. 우선으로 꼽는 것은 중등의 교과 분절적인 교육과정 운영 속에서 타 교과에 대한 이해가 높아졌다는 것이다. 주제 중심의 교과 통합을 시도하다 보니 다른 교과에 대한 이해, 배려가 우선일 수밖에 없었다고 한다. 그리고 평소의 신변잡기식 수다가 주를 이루던 대화에서 수업과 학생에 대한 이야기를 주로 공유하기 시작하였다고 한다. 이러한 논의들은 한걸음 더 나아가 교육과정 재구성 과정에서 합의를 도출해 나가는 소통의 경험, 그리고 운영에서 드러나는 여러 가지 어려움을 극복하기 위한 과정 속에서 교사간 단절된 소통체계를 경험하였다고 한다.

두 번째로 살펴볼 수 있는 것은 통합교육과정을 운영하기 위한 숙의 단계에서 교육과정 재구성에서도 교사들의 협의 문화 경험은 강렬하다는 것이다. 이전에는 몇몇 소수에 의해 정해지는 학교교육과정과 그 안에서 고민하는 학교의 중점 사업이나 활동 혹은 교과별 교육과정이 존재했다. 그리고 교사는 국가수준의 교육과정 전달자에서 학교교육과정 전달자로 역할이 바뀌지만 그 안에서 교사의 역할이 수동적이라는 것은 같았다.

그러나 통합교육과정을 운영하기 위해서는 단위학교 전체의 교육과정 재구성을 교사 모두가 고민해야 하는 상황이 펼쳐진다. 그리고 합의를 거쳐야 운영으로 나아갈 수 있기 때문에 지속적으로 의견을 모으고 중재하며 합의된 교육과정을 도출해야 한다. 이렇게 합의된 내용을 실천하는 데서 오는 자부심은 이전의 전달자로서 느껴온 것과는 다르다. 그리고 이 과정 자체가 민주적인 절차를 잘 반영하고 있는 것이다.

마지막으로 통합교육과정 운영 학교의 교사들이 느끼는 자부심을 꼽을 수 있다. 이 정서의 근원은 교육과정 전문가로서 자리를 잡아 가는 교사의 전문성과도 닿아 있다. 더 나아가서는 통합교육과정 진행 전반에서 보이는 학교의 민주적 절차에서도 찾을 수 있다. 교직이 전문직이라는 것은 누구나 알고 있는 이야기이다. 그러나 실천적 의미로, 진정성 있는 용어로 받아들이는 이들은 생각보다 많지 않다. 교사 스스로도 전문직으로서의 자부심을 받아들이는 데 주저한다. 높은 학력, 낮은 급여, 교직에서 오는 특유의 스트레스는 전문직이라는 생각이 드는 것을 가로막는 요소들이다.

통합교육과정을 운영했을 때 느끼는 자부심은 바로 교사 전문성을 실천적으로 느꼈기 때문인 것으로 분석된다. 앞에서 서술하였듯이 교사의 자율적 사고는 이 통합교육과정을 운영하기 위한 모든 단계에서 지속적으로 작동한다. 그에 따른 자율성 혹은 자발성은 결국 전문성을 담보하는 방향으로 흘러가며 따라서 그들이 느끼는 자부심과 연결될 수밖에 없다.

이 과정에서 학교 민주주의가 정착할 수 있다. 아이들에게 학교는 미래를 준비하기 위한 장소라기보다는 현재를 생활하기 위한 공간으로 존재한다. 학교생활이 곧 삶의 연장이며, 잠시 몸을 담고 앞으로의 진로와 직업을 정하기 위한 임시 공간은 아닌 것이다. 이 학교는 사회와 맥이 닿아 있다. 그리하여 사회가 지향하는 민주주의는 학교 안에서도 구현되어야 하며 통합교육과정으로 출발한 교사간 소통 문화는 그 자체가 학생들이 민주주의를 체득하는 교육의 장이 될 수 있다.

미래형 교육과정과 교과서 체제

앞서 살펴봤듯이, 학교 변화의 출발은 수업과 교육과정이었다. 당연히 이를 담아내고 있는 교과서 체제도 이제는 변해야 한다. 교육과정의 구현체가 교과서이다. 따라서 교육과정에 대한 교사의 자율성은 교과서에도 적용된다. 현재 우리나라 교육과정은 국가가 개발한다. 형평성과 공평성을 염두에 둔다면 국민 모두에게 동등한 교육과정을 제공하는 것이 바람직하며, 교육에서 형평성과 공평성은 여전히 중요한 가치이기 때문에 국가 교육과정이 유효한 나라들이 많다. 그러나 교과서의 발행 문제는 교육과정과는 다른 접근을 하고 있는 나라들이 많다. 국가가 전적으로 발행하는 경우가 드물며, 국정제만을 유지하고 있는 나라는 핀란드, 필리핀, 북한 정도뿐이다.

우리나라의 경우 7차 교육과정 개정 시기에 대체로 늦은 시기까지 국정으로 발행되어 오던 국어와 역사 등의 교과가 교과서를 검인정 발행 체제로 전환하면서 점차 국정 발행 방식이 감소하고 있는 상황이다. 검인정 발행 체제에서는 교과서 개발 준거로, 국가가 개발한 교육과정과 관련하여 교육과정 해설서, 교과서 편찬상의 유의점 및 검정 기준, 교과서 편수자료, 교과서의 집필 기준이 있다. 집필 기준이 요구되지 않는 교과의 경우도 있다.

역사 교과서는 세세한 집필 기준에 의해 교과서를 집필하고 이에 대해 검정 절차를 거쳐 교과서로 발행되고 있다. 더욱이 역사 교과서는 검인정 발행 체제로 전환되었다가 국정 발행 체제로 일시 전환되었던 민주적이지 않은 '우여곡절'의 경험을 겪기도 했다. 역사 교과서의 국정 발행 체제로의 전환 문제를 겪으면서 기존 검정 발행 체제에 대한 여러 문제들이 제기되었고, 인정제와 자유 발행제에 대한 논의가 검토되기 시작했다.

자유 발행제를 도입하고 있는 영국의 사례를 살펴보면, 영국은 초중등 교육과정의 교육 내용을 학교 교장의 지휘 하에 담당 교과목 교사가 결정한다. 각 학교들은 교육의 수월성을 놓고 서로 경쟁하는 입장이기에 학생 수가 줄면 교사도 해고되거나 혹은 추가로 필요한 교사가 충원되지 않을 수 있다. 따라서 외부 평가 기관의 평가에 매우 민감한 상황이다. 영국의 교육과정은 법령에 의하여 전국적인 핵심 교육과정이 정해지고, 이에 따라 초중등교육과정이 단계별로 이루어진다. 해당 학교의 학교운영위원회는 학교 운영에 필요한 재정 등 전반적인 상황에 대해 평가할 수 있는데, 이 결과에 따라 해당 학교의 교장이 해고되기도 한다. 따라서 전체적으로 자율성을 인정하면서 외부 평가기관의 정기적인 평가를 통해 책임 소재를 명확히 따지는 교육제도를 운영하고 있다.

전국 단위의 교육과정에서 과목마다 추구하는 가치와 목표점, 평가요건 등이 서술되어 있지만, 국가 단위의 교과서 발간 혹은 지방자치단체 단위의 검정 혹은 인정 방식을 통한 교과서 개발, 교재 공급과 구매 등이 이루어지지는 않는다. 일반 도서를 구매하듯이 각 출판사들이 기획하여 도서 시장에 공급하는 서적을 해당 교과목 교사가 수업 자료로 활용하는 방식이다.

무상 의무교육이 초중등교육과정에서 이루어지지만 교과서 관련 사항은 자유 시장 경쟁 방식을 따르고 있다. 학생들은 핵심 교육과정상 자신의 학력 수준을 평가받기 위하여 학교 단위로 또는 개별적으로 검정시험에 응시하는데, 이러한 학력인정서는 정규교육과정 이후 취직이나 대학 진학에 활용되기 때문에 매우 중요하다. 이 검정시험을 대비하기 위한 서적들이 매우 다양하게 출간되는데, 필요에 따라 개인 비용을 들여 자율적으로 구매해 활용하고 있는 상황이다.

인정제를 채택하고 있는 나라의 사례로 미국의 경우를 들 수 있다. 미국 내에 주 정부에서 교과서를 인정하는 주는 21개이며 텍사스, 캘리포니아, 플로리다와 같은 대규모 주들이 여기에 포함된다. 그런데 이들 주에서 사용되는 교과서가 미국 전역에서 사용되기 때문에 이러한 주의 교과서 인정 정책은 미국 전역에 영향을 미친다. 주 정부의 교과서 인정과 관련, 문제가 되는 것은 주 정부 내에서 교과서 인정을 책임지는 주 교육위원회가 정치단체로부터 많은 영향을 받기 때문에 출판업자들은 자체 검열을 통하여 논란이 될 주제나 내용을 제외시키고 교과서 인정 절차에서도 교육위원회가 정치적 견해에 따른 영향력을 광범위하게 행사하고 있다는 점이 특징적이다.

주 정부의 교과서 인정과 관련하여 주요 법률적 쟁점이 되는 것은 미국 연방수정헌법 제1조의 표현의 자유를 침해하는지 여부로서, 교과서 저자, 학생, 교수의 표현의 자유를 침해하지 않는 것인가이다. 각 주 교육위원회의 교과서 인정과 관련, 위원회의 교과서 인정이 명백히 정치적 의도를 가진 것으로 입증된다면 학생의 표현의 자유에서 파생되는 정보 수집권을 침해한 것으로 위헌이 되지만, 그 외의 경우에는 교과서를 정부의 표현물로 보아 견해에 따른 차별도 인정되고 있다. 이상과 같이 영국의 자유 발행제와 미국의 인정제 사례를 통해 교과서 발행의 문제를 검토해 보았으며, 여기서 다음 몇 가지의 쟁점들을 제기할 수 있다.

첫째, 교과서 발행의 문제는 사회의 분위기나 문화적 풍토를 반영하고 있다. 역사 교과서의 국정 발행이 폐기된 근거에는 민주주의를 역행하고 있었던 것에 대한 불편함이 있었기 때문이다. 역사교육 전공자 이외에도 많은 여론들이 이에 동의하고 함께하였다. 국가가 교육을, 학교 교육현장을, 교사의 수업 내용을 규제하려고 하였다는 점에서 민주주의를 심각하게 훼손하는 것이었다. 더구나 교육과정 재구성의 관점과 교사의 교육과정 자율성과 전문성이 화두인 상황에서 교과서를 통해 교육의 내용과 수업을 규제하는 것에 대해 강하게 반발하는 학교현장의 분위기가 있었다. 이것은 사회의 민주주의 수준을 보여주는 것이었다. 영국의 자유 발행제나 미국의 인정 발행제는 각 사회의 민주적인 분위기 속에서 진행되는 것을 볼 수 있는데, 우리나라의 민주주의 진보 수준도 여기에 이르렀음을 보여주는 것이다. 따라서 교과서 발행이 민주적인 방식을 선호할수록 자율과 개인의 판단에 맡기는 경향이 나타난다. 즉, 교과서 발행이 그 사회의 문화 척도임을 알 수 있다.

둘째, 교육이나 학교가 가지는 역할을 규정하는 것과 닿아 있다. 교과서 발행이 국정이라면 교사는 교육과정과 교과서를 충실히 전달하는 존재로 규정될 수 있다. 미국과 같은 인정 발행제의 경우, 협의체 등을 통해 인준을 받는 수준에서 교육 내용에 대한 교사의 자율성이 어느 정도 담보되는 것을 전제로 한다. 그러나 정치적 견해 등에 있어서의 규제에서 여전히 자유롭지 않은 부분이 있어 인정제로 운영되는 상황에서 교사의 역할은 제한된다. 자유발행제를 실행하고 있는 영국의 경우, 어떤 교과 내용을 선정하고 가르치는지의 문제가 오롯이 교사에게 맡겨져 있으며, 그에 따른 책임 또한 교사가 전적으로 진다. 따라서 학생들의 학력이나 성장 등에 대해서도 책임지면서, 심지어 해고되는 상황도 연출된다. 결국 교과서 발행은 교육에 대한 자율과 책임을 교사와 학교에 어느 수준으로 부여할 것인지의 문제와 닿아 있는 것이다.

셋째, 시장의 경제 논리가 작동하고 있다. 발행은 책 출판의 문제이다. 따라서 이익이라는 경제활동을 취하는 자본가나 기업과 연결되는 문제이다. 이들의 경우, 교육의 논리와 다른 경제 논리로 교과서 발행 문제를 접할 수 있다. 이익이 되지 않으면 폐기하고, 소비자의 선택이라는 경쟁에서 살아남아야 하는 문제가 강하게 작동한다. 영국의 경우, 소비자의 선택을 받은 교과서는 독점적 경쟁력을 확보하여 우위를 선점하게 된다. 이 자본의 논리에는 교육의 명분도, 가야 할 가치나 지향도 무시될 수 있다. 미국 인정제의 경우에는 인정 과정을 거치는 과정에서 발행되기 위해 수정하는 과정들이 또한 교육의 자율성을 훼손하는 경우가 생길 수도 있다. 검정제의 경우에도 출판 업체 간의 경쟁으로 다종의 교과서가 발행되어서 경쟁 구도를 보이기도 하였다. 국정 발행제를 제외하고 검정이나 인정 혹은 자유 발행은 자본과 결탁될 소지가 많다.

2016년에 겪게 된 한국사 국정 교과서 파동은 역사 교과서가 계기가 되었지만, 교과의 내용에 대한 문제에 집중되지 않았다. 교과서 발행의 문제를 앞서 언급한 것처럼 사회나 문화 전반에 영향을 받아서 이루어지는 것임을 드러내는 계기가 되는 사건이었으며, 더 나아가 사회 전체의 문제로 확대되어 모든 사람들이 교육을 고민할 수 있게 촉발해 주는 문제임을 확인시켜 주었다.

교과서의 발행뿐만 아니라 역사교육의 내용 구성면에서 학교현장의 교사와, 한걸음 더 나아가 교육의 수요자인 학생과 학부모에게 선택의 권리를 주어야 함을 확인시켜 주었다. 학계의 연구 성과를 반영하는 차원, 교육 전문가들의 교육목적이나 방법 혹은 수업 논의보다는 어떠한 관점으로 수업을 바라보아야 하는지의 문제를 돌아보게 하였다. 더 나아가 내용 전달과 이해의 문제가 아니라 사고할 수 있는 수업이 필요하다는 문제 제기들이 이루어졌다. 교과서 발행의 문제가 수업을 성찰하게 하는 계기가 되었던 것이다.

교과서 발행은 자유 발행제와 인정 발행제의 논의를 검토해 볼 수 있다. 국정에 대한 검토는 폐기된 상황이며, 기존에 운영되었던 검정제 또한 과도한 검열 기준과 집필을 위해 제공되는 세세한 기준들에 대한 문제들이 지속적으로 제기되었으며, 결국 다양한 수업을 위한 교과서 발행제 개선을 요구해왔다. 자유 발행제와 인정제에 대한 검토가 필요한 분위기가 조성되었던 것이다.

인정제 도입은 인정도서 관련 권한을 현행과 같이 교육감에게 위임하되, 시도교육청이 체계적으로 관련 사무를 수행할 수 있도록 제도를 개선하는 방안 중 하나가 될 수 있겠다. 교육감의 권한이 교육과정 편성이나 특정 과목의 인정도서 지정에까지 이른다면 실질적인 자치 행정이 가능한 것이며, 인정도서 관련 사무 경험이 축적되어, 중장기적으로 지역의 교육 실태에 특화된 과목들이 명확해지면서 교육감의 역할이 중요해질 수 있다.

이것은 교육자치 시대에 부합하는 것으로 교육내용의 질 담보는 국가 교육과정으로 진행하고 시도 교육감의 인정도서 발행을 통해 교사의 자율성을 어느 정도 담보해 줄 수 있다. 지방교육 자치의 실현이라는 관점에서 살펴볼 지점임에는 분명하다. 그러나 인정제의 경우 여전히 검열을 하는 위원회가 작동할 가능성이 큼에 따라 교사의 교육 자율성을 침해할 소지가 여전히 있다. 역사 수업의 경우 검정제도의 검열 과정이 시도교육청의 교육감 수준으로 내려오는 것일 뿐 수업의 다양성을 담보해 주기는 어렵다.

자유 발행제의 경우, 수업의 다양성을 구상해 볼 수 있다. 우리나라의 경우 학교에서 국검인정 도서를 사용해야 할 의무를 규정하고 있을 뿐 일반 도서를 사용해서는 안 된다는 규정을 두고 있지 않고 있다. 교과용도서의 지위를 부여받은 도서는 반드시 사용해야 하지만, 그렇지 않은 도서는 사용 여부에 대한 규제가 없다는 뜻이다. 현행 법규상 명시 조항이 없기 때문에 법규 차원의 개정 방안을 마련하기는 어렵다. 자유 발행제를 운영하고 있는 영국의 경우 관련 법규가 없다. 기본적으로 교과용 도서와 일반 도서를 별개로 구분하지 않는 것으로 교과서의 자유 발행은 교과용 도서 관련 규정이 사라지는 것을 의미한다.

이것은 자유 발행제의 시행을 위한 별도의 법규가 필요하지 않음을 의미하며, 만약 일반 도서를 교과용 도서의 범주에 포함시킨다면, 현행 규정은 모든 출판 도서를 대상으로 교과용 도서로서의 적합성, 출판 절차, 학교에서의 채택 절차를 제도적으로 정비해야 하는데, 사실상 이러한 작업은 힘든 구조이다. 영국의 자유 발행제가 별 규정이 없는 이유도 바로 여기에 근거가 있다. 현행 교과용 도서 관련 법규를 폐지함으로써 자유 발행제를 시행할 수도 있으며, 법규의 폐지는 국정이나 검인정 도서와 같은 교과용 도서의 지위가 사라지는 것으로 모든 도서가 수업 교재로 활용될 수 있는 길을 열어주는 셈이다.

교육내용에 대한 결정권이 국가에 있다면 교과서의 민간 이양을 고려해 보아야 한다. 국가 교육과정으로 충분히 교육내용의 형평성이나 균등성을 확보하고 있는 것으로 보인다. 간접적으로 평가와 인증을 통해 교육내용을 통제하고 있는 영국의 경우를 참고해 볼 때, 교과서의 집필과 발행 등은 국가가 정한 교육과정의 내용들을 충분히 담는 방식으로 발행될 수 있을 것이다.

자유 발행제로 추진되었을 때 상상되는 수업은 다음과 같다. 첫째, 교과서가 존재하지 않는 독일의 경우, 논쟁성을 살리는 역사 수업을 맘껏 상상해 볼 수 있는데, 사진자료를 풍부하게 제공해 주고 논쟁점을 토론하게 하는 방식으로, 논쟁을 중심으로 하는 것이 가능하다. 수업의 본질을 살릴 수 있을 것으로 보인다. 전체적으로 구조화·맥락화·논쟁성을 다루는 능력 성장을 염두에 두고 수업을 상상할 때 교과서는 필연적으로 자유 발행제의 가능성이 검토되어야 한다.

둘째, 국가 교육과정의 규정력이 교과에서 어떤 요인을 규정하여 균등성과 형평성을 갖출 것인가에 대한 문제이다. 기존 내용 중심의 규정력은 한계에 부딪친다. 어떤 역량을 길러 낼 것인가에 초점을 맞춘다면 내용을 무엇으로 채울지에 대해 자유로워진다. 따라서 교과서의 내용이 자유롭다면 발행 또한 자율적으로 이루어져야 할 것이다. 다원성과 다양성을 반영한 역사 수업은 교육과정과 교과서 그리고 학생들의 역량을 길러내는 것으로 교과서 발행의 자유에서 그 상상이 가능할 것이다. 그 수업 속에서 생각을 키우는 교육이 될 것이다.

참고 문헌

- 손우정(2012), 《배움의공동체》, 해냄
- 화성창의지성교육센터(2013), 〈성찰과 합의의 교육과정재구성〉, 창의지성교육과정 컨설팅 워크숍
- 헤르바르트, 김영래 역(2006), 《일반교육학》, 학지사
- 제롬 부르너, 이홍우 역(2005), 《교육의 과정》, 배영사
- 하워드 가드너 저, 유영재·문용린 역(2007), 《다중지능》, 웅진지식하우스
- 경기도교육청(2011), 〈2012 경기도 교육과정〉
- 비고츠키·루리야, 비고츠키연구회 역(2012), 《도구와기호》, 살림터
- 모티머 애들러, 장건익 역(1991), 《열가지 철학적 오류》, 서광사
- 김덕근 외(2013), 〈우리나라 현행 교과용도서 법규의 개정 방안〉, 한국교육과정평가원
- 이승준 외(2016), 〈초등 역사교육 현황 및 교사 인식 분석〉, 경기도교육연구원
- 김은선 외(2015), 〈역사 교과서 발행체제 및 역사교육 정책 제언〉, 경기도교육연구원
- 김덕근 외(2012), 〈교과용 도서 관련 법규의 국제 비교〉, 한국교육과정평가원

미래교육의
체제와 방향

국가교육위원회의
위상과 성격°

교육정책디자인연구소장
김성천

왜 국가교육위원회인가

국가교육위원회에 관한 논의는 제법 오래되었다. 2002년에 교총에서는 일관된 교육정책의 추진과 집행을 위해, 초당적·초정권적 기구가 필요하다고 정책연구 결과를 발표한 바 있고, 2007년도에 대선주자에게 제안한 바 있다. 경기도교육청에서도 2012년에 김용일 교수를 연구책임자로 하여 관련 연구를 진행하였다. 이후, 19대 국회에서 이용섭

° 2016년 정동프란치스코 회관에서 열린 '새로운 교육체제 수립을 위한 심포지엄'에서 필자의 토론자 원고와 2017년 6월호 월간교육에 투고한 '새 정부의 국가교육위원회가 나아가야 할 길' 원고에서 가져왔음을 밝힌다.

국회의원이 연구 결과를 상당 부분 참고하여 관련 법안을 대표 발의하였다. 경기도교육연구원과 경기도교육청에서 발표한 4·16교육체제 보고서에도 국가교육위원회 설치를 제안하였다. 20대 국회에서 박홍근 국회의원은 교육기본법 개정을 통해, 안민석 의원은 「국가교육위원회 설치 및 운영에 관한 법률안」을 대표 발의하였다.

왜 이렇게 국가교육위원회에 관한 요구가 끊임없이 나타나는 것일까? 그동안 우리나라의 해묵은 교육과제를 교육부가 속시원하게 해결한 적이 별로 없기 때문이다. 기본적으로 교육부는 관료조직의 속성을 지닌다. 교육부로서는 교육개혁을 본인들이 주도한 적이 없고, 역대 정권에서 각종 위원회를 만들어서 추진하였으며, 그 요구에 따랐을 뿐이라고 항변할 수도 있겠지만 그것이 충분한 변명의 사유가 되기는 어렵다. 그러나 교육부로서도 갑갑할 노릇일 수밖에 없는 것이, 교육은 진공상태에서 이루어질 수 없고, 각종 이해관계의 충돌에 의해 항상 갈등이 표출되기 때문에 관료들이 소신 있게 정책을 추진하기 어려운 측면도 분명히 있다. 청와대의 강력한 의지 표출이나 사회적 분위기 형성이 되지 않은 상태에서는 어떤 문제에 대한 개선 방안을 제시하기가 어렵다. 모두가 만족하는 완벽한 교육정책은 거의 존재하지 않기 때문이다. 교원이 찬성을 하면 일반 직원이 반발을 하고, 학부모가 찬성을 하면 교원이 반대하거나, 학생이 찬성을 하면 학부모가 반대하기도 한다. 언론의 지지를 얻지 못하거나 이해관계자의 강력한 반발에 따라 현장의 저항이 발생할 때 업무를 추진했던 담당자들로서는 곤혹스러워진다.

이러다 보니 중장기적인 정책을 펼치기가 어렵고, 늘 1년 단위의 살림을 반복하는 경향이 있다. 사회적인 문제가 터지면 그제서야 대안을 부랴부랴 내놓지만 시간이 지나면 유야무야된 경우가 많다. 현장에서는 교육부가 정책을 발표해도 "시간이 지나면 수그러들겠지." 정도로 의미를 축소해서 받아들이는데, 이에는 세 가지 의미가 있다. 실제로 장관이 바뀌거나 정권이 바뀌면 그 실행의 힘이 위축된 정책들이 적지 않았다는 점이고, 두 번째로는 정책이 전달되는 힘이 여러 기관을 거쳐 반감되었음을 의미한다. 청와대와 교육부에서 정책을 기획해도 시도교육청과 교육지원청을 거쳐 단위학교까지 갔을 때에는 상당한 정책 가치의 누수 현상이 발생한다. 즉, 껍데기만 남게 된다. 세 번째는 현장의 형식적 대응을 의미한다. 학교에서는 내라니까 계획을 내고, 실행하라니까 실행을 할 뿐이다. 진정성과 생명력이 담긴 정책이라고 교원들이 스스로 느낀 경험도 드물거니와, 그것이 있다고 해도 애초의 의도대로 현장에서 의미 있게 실행한다는 보장이 없다. 이런 상황이기 때문에 더 이상 교육부를 중심으로 교육개혁을 추진하기 어렵다는 문제의식이 공감대를 이루었고, 그 고리로서 국가교육위원회가 존재한다.

찬성과 반대 논리 살펴보기

대체적으로 국가교육위원회에 관해서는 찬성론과 반대론이 함께 논의되고 있다.

찬성론은 첫째, 교육 거버넌스 실행의 관점에서 그 필요성을 강조한다. 관료의, 관료에 의한, 관료를 위한 교육정책 의사결정 시스템에서 탈피하여 시민사회와 학계, 학생·학부모·교원 3주체가 참여할 수 있는 거버넌스 시스템을 만들자는 입장이다.

둘째, 교육의 중립성과 지속성을 강조한다. 정책이 정권 교체에 따라서 해마다 냉탕과 온탕을 왔다갔다 했던 적이 한두 번인가? 일관된 철학과 비전을 실현하는 기구로서, 적어도 10년 이상을 내다보자는 차원에서 국가교육위원회의 필요를 주장한다.

셋째, 전문성을 강조한다. 전 국민이 전문가라는 교육 분야에서 즉자적인 방식의 대안을 내놓을 수 없다. 체계적인 연구와 논의를 바탕으로 공론의 과정을 거쳐 일정한 합의를 도출해야 한다. 그러나 비판론도 제법 제기된다.

첫째, 우리나라에서 무슨 위원회를 꾸려서 실효성 있는 결론을 내린 적이 있냐는 것이다. 각종 이해관계 집단의 대표성을 지닌 이들이 현실적으로 들어오게 되는데 이 과정에서 실질적 합의를 이끌어내기란 대단히 어렵다. 국회에서도 국회의원들이 법안을 발의할 때 이해관계에 민감한 내용이 포함된 경우에는 법안 발의를 주저하게 된다. 그러한 경향이 국가교육위원회는 없을 것이라고 단언하기 어렵다.

둘째, 의사결정의 비효율성과 옥상옥 구조의 가능성을 제기한다. 각종 요구에 대해 교육 관련 기관의 대응이 지금도 느린 편인데, 교육부 위에 별도의 의사결정 단위를 만들어 놓았을 때 단위학교의 관점에서 보면 국가교육위원회라는 시어머니가 하나 더 생기는 구조가 만들어진다.

셋째, 명칭부터 전근대적이라는 주장도 있다. 자율과 자치, 분권의 시대는 지역과 단위학교를 중심으로 교육을 이끌어가야 하는데, 명칭에 국가가 교육을 주도하겠다는 의도를 내포하고 있다는 것이다. 이에 따라 명칭을 미래교육위원회나 시민사회교육위원회 등으로 바꿀 필요가 있다는 주장도 있다.

국가교육위원회의 위상과 성격

국가교육위원회 설치는 헌법에 근거 조항을 넣거나 관련 별도 법률을 만들 수도 있고, 기존 법률에 설립 조항을 삽입하는 방안이 가능하다. 박홍근 의원은 교육기본법 개정을, 안민석 의원은 국가교육위원회 설치 및 운영 법안 제정을 선택했다. 이미 발의한 국가교육위원회 관련 법안에서는 그 필요성으로서 교육의 중립성, 안정성, 일관성, 전문성 등을 강조하고 있다.

문제는 국가교육위원회의 위상과 성격을 어떻게 부여할 것인가이다. 크게 자문기구, 심의기구, 심의의결기구, 집행기구의 스펙트럼에서 결정을 해야 한다. 역대 정권에서는 주로 자문기구나 심의기구에서 대통령 자문기구를 두었던 선례가 많다. 심의의결기구로 가면 교육부의 기획 기능은 상당히 약화될 것이다. 국가교육위원회에 집행을 부여한다면 이는 사실상 교육부 해체와 동일한 방안으로 봐야 한다. 과도기적으로 국가교육위원장과 교육부장관 겸임을 상상해볼 수 있다. 그러나 교육부 해체는 거의 불가능에 가깝기 때문에 집행기구로서 국가교육위원회 설정은 쉽지 않아 보인다. 현실적으로는 자문기구나 심의기구로서 기능할 가능성이 커 보인다.

헌법 제97조에서 100조는 감사원을 다루고 있다. 국가교육위원회가 감사원처럼 독립된 헌법기구로서 위상을 갖고 일정하게 집행력까지 보장받으면 최선이겠으나 이는 개헌과 맞물려 있는 문제이고, 정치권에서는 교육문제를 핵심의제로 채택하지 않는 경향이 있다는 점을 감안한다면 국가교육위원회가 감사원 정도의 헌법기관으로서 위상을 갖기는 현실적으로 불가능하다.

금융위원회와 금융감독원과 같이 국가교육위원회와 교육부의 관계를 설정할 수 있겠으나 이 경우에는 국가교육위원회에 막강한 권한이 부여되는 방식이라는 점에서 상당한 학술적·정치적 논의를 필요로 한다. 국가인권위원회와 같이 독립적 성격을 지닌 법률기관으로서 그 위상을 설정할 수 있는데, 정권에 따라서 그 활동의 질이 일정하게 달랐다는 점을 감안한다면 정권으로부터 완전히 독립하여 운영한다는 것도 쉬운 일이 아니다. 특히, 교육정책은 교육공약과 맞물려 일정한 철학과 방향을 가지고 들어가야 하기 때문에 국가인권위원회 같은 방식으로 그 조직의 위상을 확보하기란 대단히 어려워질 수 있다.

현실적으로는 대통령 자문기구 내지는 심의기구로서의 국가교육위원회가 유력하다. 정권의 입장에서는 공약을 제시했고, 이를 실행해서 일정한 성과를 내야 한다. 그런데 초기에 국가교육위원회를 만드는 데 에너지를 쏟다 보면 많은 개혁과제들을 처리하기 어려워진다. 물론, 대통령 자문기구도 헌법에서 명시하느냐 법률로 명시하느냐에 따라서 그 위상도 달라질 수 있다. 헌법상으로는 국가원로자문회의, 국가안전보장회의, 민주평화통일자문회의. 국민경제자문회의가 명시되어 있다. 필요한 경우에 대통령은 자문기구를 둘 수 있다고 헌법에는 명시되어 있다. 그러나 헌법에 명시되어야만 위원회가 만들어지는 것은 아니다. 금융위원회는 『금융위원회 설치 등에 관한 법률』, 국가인권위원회는 『국가인권위원회법』에 근거하고 있다. 향후 개헌에 관한 논의가 이루어질 때 국가교육위원회를 헌법상의 기구로 넣을 것인지 아니면 별도의 법안을 제정하거나 교육기본법 등 기존 법안에 일부를 추가할 것인지는 심도 깊은 논의가 필요할 것이다.

국가교육위원회의 필요성은 여전히 존재한다. 역대 정권에서도 대통령 직속의 교육자문기구를 활용하였는데, 그 이유는 미래 비전 수립이라든지 이해관계가 첨예하게 얽혀 있는 문제들의 경우 연구와 토론을 통해 일정한 합의를 도출해야 하기 때문이다. 문제는 국가교육위원회에서 제시한 정책과제에 대해 대통령이 얼마나 집행 의지를 갖고 힘을 실어주느냐에 따라 그 위상이 달라졌던 측면이 있다. 민주평화통일자문회의는 헌법상 명시된 대통령 자문기구이지만 정권의 변화에 따라 그 위상에 상당한 변화가 있었던 점을 감안해 볼 때, 대통령 체제에서는 대통령의 의지가 매우 중요하다. 즉, 대통령제 시스템에서는 국가교육위원회가 심의의결기구이냐 대통령 자문기구이냐는 크게 중요하지 않을 수 있다. 국가교육위원회에서 심의를 했거나 의결한 사항을 교육부가 따르지 않을 때 어떻게 할 것인가의 문제와도 맞물린다. 정권차원의 활용 의지가 더욱 중요하기 때문이다. 위원회로 교육부를 통제하기란 현실적으로 어렵기 때문에 교육부 무용론 내지는 폐지론과 맞물려 한시적으로 국가교육위원회 위원장과 교육부장관을 겸임한 후에 일정 기간 이후에는 교육부의 권한을 교육청으로 넘기자는 과감한 의견도 있다.

위원 구성도 뜨거운 감자다. 위원을 어떻게 구성하고 누가 할 것인가의 문제는 간단하지 않다. 이미 발의된 국가교육위원회 관련 법안은 국회 추천과 대통령 추천을 모두 명시하였다. 박홍근 의원과 안민석 의원의 법률안은 국회의 영향력이 크다. 이용섭 의원의 발의안은 국회 이외에 대법원 추천, 일정 규모 이상의 교원단체라든지 교육감협의체 추천 등을 명시하여 비교적 다양한 구성을 꾀하였다. 역할은 대체적으로 국가교육기본계획 수립 또는 중장기 발전 방안을 제시하였으며, 조정과 심의, 평가, 재정 등을 아우르고 있다.

국가교육위원회 발의법안 비교

	이용섭	박홍근	안민석	박경미
법안명	국가교육위원회의 설치 및 운영에 관한 법률안	교육기본법 일부 개정안	국가교육위원회의 설치 및 운영에 관한 법률안	국가교육위원회의 설치 및 운영에 관한 법률안
필요성 (제안 이유)	- 교육이 정치적 중립성·안정성·일관성을 갖고 교육 본래의 목적을 실현 - 국민적 합의를 통한 백년지대계의 교육정책이 수립	- 교육정책의 일관성을 확보	- 국민적 합의를 통해 헌법에 보장된 교육의 자주성과 전문성 그리고 정치적 중립성을 보다 온전하게 구현 - 교육 자치가 실현되는 백년지대계의 국가교육정책을 수립	- 장기적인 전망과 일관성을 가지고 안정되게 정책 추진 필요 - 교육패러다임 개편 필요 - 교육의 자주성과 전문성, 정치적 중립성 구현
성격	- 초정권적·초당적 교육정책 기구 - 교육정책의 독립 기관 - 심의·의결 기구	- 대통령 소속	- 초정권적·초당적 독립기구 - 심의·의결기구	- 초정권적·초당적 독립기구
위원회 구성	- 상임위원회, 분과위원회, 특별위원회	- 운영위원회와 특별위원회 - 운영위원회에는 분야별 전문위원회 구성 - 특별위원회에는 실무위원회 구성	- 유·초·중등교육위원회, 고등교육위원회 및 평생·직업교육위원회 등의 분야별 분과위원회	- 상임위원과 분과위원회 - 유초중등교육위원회, 고등교육위원회, 평생·직업교육위원회, 교육과정위원회, 입시제도위원회 등 - 특별위원회 둘 수 있음.
위원 구성	- 위원회는 위원장 1명과 상임위원 5명을 포함한 15명의 위원으로 구성 - 전문위원(15명)	- 위원장 1명과 상임위원 3명을 포함한 15명의 위원으로 구성	- 위원장 1명, 상임위원 5명을 포함한 15명의 위원으로 구성 - 전문위원(15명)	- 위원장 1명, 상임위원 6명을 포함한 20명 - 분과위원회 위원
위원 구성 방식	- 대통령이 추천하는 2명	- 국회가 선출하는 9명(상임위원 2명을 포함) - 대통령이 지명하는 4명 - 교원단체(교원노동조합을 포함)가 선출하는 2명	- 국회가 선출하는 11명(상임위원 4명을 포함) - 대통령이 지명하는 4명(상임위원 1명을 포함)	1. 교육 또는 그 밖의 관련 분야를 전공한 사람으로서 대학이나 공인된 연구기관에서 부교수 이상의 직에 있거나 있었던 사람 또는 이에 상당하는 직에 15년 이상 있거나 있었던 사람

– 국회가 추천하는 3명(이 경우 국회는 위원 추천을 함에 있어 대통령이 소속되거나 소속되었던 정당의 교섭단체가 1명을 추천하고 그 외 교섭단체가 2명을 추천) – 대법원장이 추천하는 2명 – 교원단체(5만명 이상의 회원 또는 조합원을 보유한 단체에 한한다)가 추천하는 2명 – 「지방교육자치에 관한 법률」 제42조 제1항에 따른 교육감 협의체가 추천하는 2명 – 고등교육 관련 단체가 추천하는 2명 – 전국적 규모를 갖춘 학부모단체 및 시민사회단체가 추천하는 2명. 이 경우 학부모단체가 1명을 추천			2. 교육·언론·노동 또는 그 밖의 관련 단체나 기관의 대표자 또는 임·직원의 직에서 15년 이상 있거나 있었던 사람 3. 판사·검사 또는 변호사의 직에 15년 이상 있거나 있었던 사람 4. 교사로서 15년 이상 있거나 있었던 사람 ③ 위원은 제2항에 해당하는 사람 중에서 다음 각 호의 사람을 대통령이 임명한다. 1. 대통령이 추천하는 3명 2. 국회가 추천하는 6명 3. 교원단체(5만명 이상의 회원 또는 조합원을 보유한 단체에 한한다)가 추천하는 2명 5. 「지방교육자치에 관한 법률」 제42조제1항에 따른 교육감 협의체가 추천하는 1명 6. 고등교육 관련 단체가 추천하는 3명 7. 전국적 규모를 갖춘 학부모단체 및 시민사회단체가 추천하는 3명. 이 경우 학부모단체가 적어도 1명을 추천한다. ④ 위원장은 위원 중에서 호선하여 대통령이 임명한다. ⑤ 상임위원은 위원 중에서 위원장의 제청으로 대통령이 임명한다.
역할	– 교육발전의 중장기 정책목표 및 기본방향에 관한 사항 – 국가 교육발전계획에 관한 사항 – 국가 교육정책의 심의 및 평가에 관한 사항	– 국가교육 기본계획의 수립 및 추진 – 교육정책의 조정과 평가 – 교육 관련 제도의 조사와 연구 – 제42조 제1항에 따른 국가교육진흥 5개년계획의 심의	– 교육발전의 기본방향 및 중장기 정책목표의 수립에 관한 사항 – 국가교육발전계획 수립에 관한 사항 – 국가 교육정책의 심의 및 평가에 관한 사항	– 교육발전의 기본방향, 국가교육발전계획 및 중장기 정책의 수립에 관한 사항 – 학제개편, 교육과정, 입시제도, 고등교육 구조 등 국가 교육정책의 수립, 심의, 평가 및 조정에 관한 사항 – 국가 교육 균형발전 및 교육 여건 개선에 관한 사항 – 교육 투자확대 및 소요재원에 관한 사항

- 국가 교육 균형 발전 및 교육여건 개선에 관한 사항 - 교육 투자확대 및 소요재원에 관한 사항 - 그 밖에 제12조에 따라 소집되어 위원회의 회의에 부치는 사항	- 그 밖에 교육의 발전을 위하여 필요한 사항	- 국가 교육 균형 발전 및 교육여건 개선에 관한 사항 - 교육 투자확대 및 소요재원에 관한 사항 - 그 밖에 교육발전 및 교육여건 개선 등을 위하여 필요하다고 인정하는 사항

이런 국가교육위원회를 바란다

국가교육위원회에 대한 지나친 환상은 금물이다. 국가교육위원회의 필요성에는 대부분 공감하지만 그 목적과 방향, 운영 방안, 제도와 방식에 대해 치열한 고민이 필요하다. 악마는 디테일에 숨어 있기 때문이다. 우선, 국가교육위원회의 명칭은 분권과 자율, 자치의 시대를 놓고 볼 때 미래교육위원회 등으로 바꿀 필요가 있다. 동시에 교육부의 권한 중 어떤 것을 교육청과 단위학교로 위임할 것인가를 모색해야 한다. 지침과 명령, 공문에 의존하면서 상급기관의 눈치만 보는 방식으로는 이제 학교를 더 이상 살릴 수 없다.

무엇보다 기존의 대통령 직속 교육 관련 위원회가 시간이 지나면서 권력과 함께 힘이 약해졌던 악순환을 반복하지 않아야 하며, 특히 현장과 괴리된 채 상층부 중심 위원회만의 방안으로 머물러서는 안 된다. 국가교육위원회는 분권과 자치의 관점에서 그동안의 교육부 사업과 정책에 대한 철저한 반성과 성찰, 점검을 토대로 앞으로 나아가야 할 길을 모색해야 한다. 그런데 국가교육위원회의 존재가 빛나야 할 때는 이런저런 이해관계에 의해 한 걸음도 나가지 못하는 문제 등을 다룰 때가 아닐까 싶다. 문재인 정부에서도 단기과제가 있고, 중장기과제가 있을 텐데 중장기과제이면서도 피할 수 없는 주제들을 연구하고, 공유하고, 합의하고, 교육부를 견인하는 기구로서 국가교육위원회를 상정할 필요가 있다. 이를 위해서 국가교육위원회는 이해관계를 고려하면서도 이해관계에 매몰되어서는 안 된다. 국가교육위원회의 기조는 학생이어야 한다. 학생 중심의 교육을 펼쳐나가는 데 어떤 것이 유익한가가 판단의 기준이 되어야 한다. 현장이어야 한다. 현장의 목소리를 듣고 정책을 그려야 한다. 미래여야 한다. 고통스러운 과정이 있더라도 미래의 변화에 능동적으로 대처하면서 대안을 제시해야 한다.

───────────── 참고 문헌 ─────────────

- 김용일 외(2012), 〈국가교육위원회 설립방안 연구〉, 경기도교육청
- 김혁동·홍섭근(2016), 〈국가교육위원회 설립타당성 및 유형에 관한 연구〉, 전국교육정책연구소네트워크
- 김성천(2016), 〈새로운 교육체제 수립을 위한 심포지엄 자료집_국가교육위원회 성격과 위상〉, 경기도교육청
- 김성천(2017), 〈새 정부의 국가교육위원회의 나아가야할 길〉, 월간교육 6월호
- 김성천·홍섭근·정승환(2017), 〈독립성과 소관업무의 비(非)전형성으로 본 국가교육위원회 설립의 방향〉, 교육법학연구 29권 2호
- 이용섭 국회의원 외(2012), 〈국가교육위원회 설치 및 운영에 관한 법률안〉, 의안번호 2111
- 안민석 국회의원 외(2016), 〈국가교육위원회 설치 및 운영에 관한 법률안〉, 의안번호 1083
- 박홍근 국회의원 외(2016), 〈교육기본법 일부개정법률안〉, 의안번호 377
- 박경미 국회의원 외(2017), 〈국가교육위원회의 설치 및 운영에 관한 법률안〉 의안번호 7303

마을학교
이야기

양주 백석고 교사
이경석

해방 이후 우리는 숨가쁘게 아이들을 몰아세워 왔다. 급속한 경제성
장으로 마을은 해체되고, 이웃 간의 소통이 사라져 갔다. 아이들에게는
신분 상승을 위해 학업에만 전념시켰다. 결국 지금 우리 아이들의 행복
지수는 OECD 하위권을 차지하고 있다. 아이들의 행복은 대부분 대학
입학 이후로 미루어진다. 학교나 가정에서는 대학에 가면 모든 것이 해
결될 것처럼 아이들을 구슬렸다. 오로지 텍스트만 보았다. 마을을 떠나
기 위해 마을과 단절된 국가교육과정을 달달 외웠다. 그렇게 해도 대다
수의 아이들에게는 그림의 떡이다. 그래도 어떻게든 마을을 떠나 새로
울 것 같은 인생을 꿈꾸며 따라가려고 노력한다. 그래서 아이들은 학교

가 끝나면 학원에 간다. 학교가 끝나고 학원에 가지 않으면 갈 곳이 없다. 아이들의 인생은 보류된 인생이다. 따라서 현재 아이들의 삶은 인생이 아니다. 오로지 어른이 되기 위해 기다리고 있다. 그런데 아이들이 그리는 어른은 바로 옆집의 빵집아줌마나 문방구아줌마, 떡볶이집 아저씨가 아니다. 대중매체에 나오거나 교과서에 나오는 번듯한 직업을 갖기를 원한다. 그런 어른이 되지 못하면 마을에 남아 루저가 될지도 모른다고 불안해한다.

사회는 아이들에게 그동안 너무 무책임했다. 해방 이후 수십 년이 흘렀어도 여전히 방과 후에 아이들은 갈 곳이 없다. 놀이터에도 아이들이 없다. 청소년 공간이 없다. 학교도 안전상의 이유로 공간을 잘 내어주지 않는다. 일과 후에는 주로 야간자율학습을 위한 공간이었다. 지역의 주민들이 공간을 빌리고자 해도 너무 까다롭다. 학교는 접근하기 힘든 마을의 섬이다.

마을교육공동체는 혁신교육으로부터

2010년 민선 1기 교육감으로 김상곤교육감이 취임하면서 남한산초등학교로부터 시작했던 교육혁신을 일반화시키기 위해 혁신교육을 추진했다. 그 당시 혁신교육은 학교를 정상화시키기 위한 것이었다. 지식 위주의 수업, 교사 중심 수업, 일제식 수업을 혁파하고 학생이 주도하는 학생 중심 수업을 실시하고 이를 위해 비민주적 학교문화를 개혁하고 교사가 수업에 집중할 수 있도록 교원 행정업무 경감 등을 추진하였다. 이와 함께 학교의 교육력을 키우기 위해 지역과의 연계를 이전보다 강화하였다. 혁신학교들은 지역의 인적 자원을 끌어들여 학교교육을 활성화하고자 하였다. 그리고 수업을 재구성하여 마을에 나가 소통하려고 했다. 아이들이 자라서 살아갈 공간인 마을에 대해 아이들이 자부심을 갖고 살아갈 수 있도록 마을을 탐험하고 마을의 어른을 만나는 수업을 진행하였다.

혁신학교를 중심으로 지역사회의 자원을 활용하고 지역사회의 사람과 공간을 알아나가고 미래에 지역사회의 실천적 민주시민으로 성장하기 위해 마을교육공동체의 움직임이 시작되었던 것이다.

세월호 사건 이후 더 이상 아이들을 이대로 두어서는 안 된다는 국민적 공감대 속에서 2014년 지방선거에서 진보교육감들이 대거 당선되었다. 이때 많은 후보들이 마을교육공동체를 공약으로 제시하였다. 이때만 해도 마을교육공동체의 역할은 단순히 마을의 자원을 끌어들여 학교를 보좌하는 것으로 한정되었던 것 같다. 민선 3기 경기도교육감은 '지역사회와 함께하는 학교'라는 공약으로 혁신교육지구 확대와 방과후학교, 체험학습 지원 등 학교교육에 대한 지원인프라를 구축하는 것에 초점을 두었다.

혁신교육지구

이러한 마을교육공동체운동과 정책의 저변에는 혁신교육지구가 있다. 교실을 벗어나 학습의 공간을 넓혀가는 동시에 각 시도교육청은 공교육 혁신을 위해 기초지자체와의 협약을 통한 지역교육생태계 구축을 추구하고 있다. 지자체는 교육경비보조금으로 학교를 직접 지원할 수 있다. 대체로 이 보조금은 학교에 체육관이나 기숙사 등 단체장의 선심성 예산으로 사용되고 있었다. 주로 공부 잘하는 학생들에게 투여된다. 그러던 것이 한 지자체장의 제안을 시작으로 혁신교육의 확산을 위해 '혁신교육지구'를 운영하게 된다. 2011년 경기도교육청은 희망하는 시군지자체로부터 신청서를 받아 그중에서 의정부, 구리, 오산, 시흥, 광명, 안양의 6개 시군을 선정하고 해당 지자체와 업무협약을 통해 4년 단위로 사업을 운영하였다. 이것이 서울, 전북, 전남 등 각 시도로 확산되면서 거의 전국적으로 사업이 시행되고 있다. 사업년수나 사업의 내용은 각 시도마다 다르다. 이로써 각 시도교육청은 소수의 아이들이 아닌 모든 아이들을 위한 보편적 교육 예산으로 학교에 투입되기 시작한 것이다. 2기에는 지역사회를 기반으로 하는 교육공동체 구축으로 집중되는 경향을 보이고 있다. 사업의 영역에서 학교교육과정 혁신, 지역특성화 지원 사업, 지역 교육력 제고 사업 등 지역의 상황을 고려하고 있다. 각 지역의 세부방침을 살펴보면, 교육 거버넌스 구축, 지역사회 특성 및 인적·물적 자원 활용, 지역사회와 학교교육 연계, 학교 밖 학교 지원 등을 제시하고 있다.

대부분 혁신교육지구를 통해 마을교육공동체를 추진하는데, 경기도교육청은 혁신교육지구와 별도로 마을교육공동체기획단이라는 부서를 통해 꿈의학교, 협동조합을 추진하고 있다. 세종시, 광주광역시도 혁신교육지구와 별도로 마을교육공동체 사업을 추진하고 있다.

특히 지자체의 일반자치와 교육청의 교육자치가 만나는 실험이 시작되었다는 점에서 혁신교육지구의 큰 성과라 할 수 있다. 자자체와 교육청간의 거버넌스 체계를 만들었다는 점에서 의미가 있다. 서울, 경기, 전북은 교육지원청별로 지구별 전담팀을 꾸리고 서울, 경기는 지구별 지원센터를 구성하여 지속가능한 협치 구조를 만들기 위해 노력하고 있다.

교육청	명칭	실시 기초지자체	사업 영역	협치 구조
서울	서울형 혁신 교육 지구	강동구, 강북구, 관악구, 노원구, 구로구, 금천구, 도봉구, 동작구, 서대문구, 은평구, 종로구, 강서구, 광진구, 동대문구, 마포구, 성동구, 성북구, 양천구, 영등포구, 중구, 서초구, 용산구	– 마을과 함께하는 학교교육과정 운영 – 마을 방과 후 활동 체제 구축 – 학교–마을교육공동체 구축 – 마을의 특색을 살린 창의적 사업 추진	● 시도 운영협의체 – 운영위원회 설치 – 교육청, 서울시, 서울시 의회 수준의 협의체 – 서울시 교육청, 의회, 자치구 대표 등 10명 내외로 구성 ● 지구별 지원센터(실무 추진단) – 지구별 지원센터 설립을 고려 중 – 도봉구 관악구는 지원센터를 설립, 운영 ● 지구별 전담팀 – 교육지원청 교육협력복지과에서 교육협력팀 운영 – 장학사, 일반행정직 등으로 구성
전북	혁신 교육 특구	남원, 완주, 전주, 정읍	– 지역교육 거버넌스를 통한 새로운 교육협력 모델 구축 – 혁신교육의 확산을 통한 지역 공교육 혁신 – 학교를 중심으로 한 학교 – 마을교육공동체 실현 – 학생들의 삶과 교육을 주제로 지역의 교육생태계 회복	● 시도 운영협의체 – 지역혁신교육협의회 – 상임위원회 + 운영위원회 – 상임위는 15명 이내, 운영위는 21명 이내 ● 지구별 전담팀 – 지역교육청 단위에 혁신교육특구 운영을 위한 전담팀 운영 – 장학사, 상담사, 사서, 주무관 등으로 구성
경기	혁신 교육 지구	광명, 구리, 시흥, 안양, 오산, 의정부, 화성, 안산, 부천, 군포	– 함께 만드는 지역 특색 교육도시모델 구축 – 지속 가능한 지역사회 교육 인프라 구축 – 학교와 마을이 함께하는 지역 교육공동체 구축	● 시도 운영협의체 – 지역혁신교육협의회 – 상임위원회 + 운영위원회 – 지자체, 교육청, 학부모, 교원 등을 포함한 15명 이상으로 구성 ● 지구별 지원센터(실무 추진단) – 주로 지자체가 운영하는 혁신교육 지원센터를 설립, 운영 – 채용직 센터장, 시청공무원 등으로 구성 ● 지구별 전담팀 – 교육지원청 단위에 설치 – 장학사, 일반행정직 등으로 구성

전남	무지개 학교 교육 지구	강진, 고흥, 광양, 나주, 담양, 무안, 영광, 영암, 함평, 화순, 해남	– 무지개학교(교육) 확산 – 지역교육협력모델 구축	

강원	행복
	교육
	지구
		태백, 화천	– (마을과 학교연계 사업)
			  마을 선생님 구축, 운영
			  및 문화·예술·체육 분
			  야 지역 연계 활동 지원
			– (태백) 지역사회 연계
			  돌봄교실 운영
			– (화천) 지자체 연계 방과
			  후학교 운영
			– 지역 특성 및 학교 수요
			  등을 고려한 자율 사업
			  추진	

인천	인천
	남구
	교육
	혁신
	지구
		인천 남구	– 공교육 혁신
			– 선진교육협력모델 구축
			– 남구온마을교육공동체
			  운영
			– 남구온마을교육지원센
			  터 운영	

충북	행복
	교육
	지구
		충주, 제천, 보은,
		옥천, 진천, 괴산,
		증평, 음성
			– 민·관·학의 지속적인
			  협력체계 구축
			– 지역별 교육자원지도 개
			  발·적용
			– 지역 연계 교육과정 마
			  련	

【출처】 제2회 마을교육공동체 전국교육연수자료집 재구성

이와 함께 광주광역시, 경기도, 서울은 혁신교육지구와 마을교육공동체에 대한 제도적 기반 마련을 위해 조례를 제정하였다. 「광주광역시 어린이·청소년 친화적 마을교육공동체 조성에 관한 조례」, 「경기마을교육공동체 활성화 지원에 관한 조례」, 「세종마을교육공동체 활성화 지원에 관한 조례」, 「서울형혁신교육지구 운영에 관한 조례」를 제정하여 마을교육공동체사업을 지원하고 있다.

「서울형혁신교육지구 운영에 관한 조례」 [시행 2016.12.29.] [서울특별시조례 제 6354호, 2016.12.29., 제정] 제2조(정의) 이 조례에서 사용하는 용어의 뜻은 다음과 같다. ① "서울형혁신교육지구"(이하 "혁신교육지구"라 한다)란 서울특별시교육감(이하 "교육감"이라 한다)이 혁신교육지구 사업을 추진하기 위하여 지정한 자치구를 말한다. ② "혁신교육지구 사업"이란 교육감이 혁신교육지구로 지정한 자치구가 해당 교육지원청과 공동으로 지역의 학생, 학부모, 교원, 지역주민 등 교육주체와 민·관·학 거버넌스를 구축하여 운영하는 사업을 말한다. 제3조(혁신교육지구 사업의 범위) 혁신교육지구 사업은 아동·청소년의 온전한 성장을 위하여 학교와 마을이 협력하는 교육사업으로 그 구체적인 범위는 다음 각 호와 같다. 1.공교육 혁신 사업 2.마을과 학교의 협력 지원 사업 3.학교 밖 마을교육공동체 구축 및 운영 지원 사업 4.~7. 생략

마을학교란 무엇인가

마을교육공동체를 그리는 모습은 주체마다 다양하다. 여기에서는 학교교육을 중심으로 한 마을학교 위주로 이야기를 전개하고자 한다.

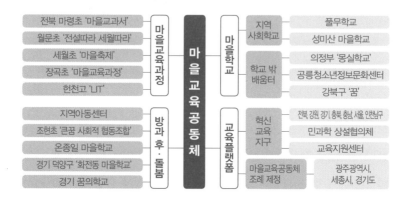

【출처】 마을교육공동체의 운영 현황 및 개선 과제(최지인, 2017)

마을학교란 무엇인가?

첫째, 아이들이 학교를 벗어난 공간에서, 학교교육과정 범위의 안팎에서 배움을 확장하기 위한 배움터라고 정의할 수 있을 것이다. 학교교육과정과의 연계 정도에 따라 마을학교를 세 가지 정도로 분류할 수 있다. 학교교육과정을 확장하는 마을교육과정, 돌봄 및 방과후학교, 청소년들이 스스로 만들어가는 배움터로 나누어 볼 수 있을 것이다.

우선 공간으로서의 마을학교를 생각하지 말고 교육과정으로서 마을교육과정을 떠올려 보자. 교과서에 나와 있는 도시, 농촌, 마을, 사람에 대한 텍스트를 교실에서 마을로 확장하는 개념이다. 우리 마을의 지리, 문화, 역사와 전설을 알아가고 그를 위해 이웃집 어른부터 만나는 것이다. 그리고 먼 곳으로 체험활동을 가기보다는 우리 지역의 자원을 가지고 체험활동을 한다. 배움이 교실에서 마을로 확장하는 것이다. 즉 마을은 학교가 된다.

2015 개정교육과정에서도 학교교육과정을 편성하고 운영할 때는 지역사회의 실정을 고려하여 창의적으로 운영할 것을 권장하고 있다.

Ⅲ. 학교교육과정 편성 · 운영

마. 학교교육과정을 편성·운영할 때에는 교원의 조직, 학생의 실태, 학부모의 요구, 지역사회의 실정 및 교육 시설·설비 등 교육 여건과 환경을 충분히 반영하도록 노력한다.

바. 교과와 창의적 체험활동의 내용 배열은 반드시 학습의 순서를 의미하는 것은 아니므로, 지역의 특수성, 계절 및 학교의 실정과 학생의 요구, 교사의 필요에 따라 각 교과목의 학년군별 목표 달성을 위한 지도 내용의 순서와 비중, 방법 등을 조정하여 운영할 수 있다.
사. 학교는 교과와 창의적 체험활동의 효율적인 운영을 위하여 지역사회의 인적, 물적 자원을 계획적으로 활용한다.
아. 학교는 학생의 요구, 학교의 실정 및 특색 등을 종합적으로 고려하여 창의적 체험 활동의 영역, 활동, 시간 등을 자율적으로 편성·운영할 수 있다.
자. 학교는 창의적 체험활동이 실질적 체험학습이 되도록 지역사회의 유관기관과 연계·협력하여 프로그램을 운영할 수 있다.

【출처】2015 개정교육과정

전라북도 마령초등학교의 경우, 교사와 학부모들은 연구회를 통해 학교 인근의 지역을 탐방하고 조사하여 교육과정을 재구성하며, 어린이 마을조사단을 만들어 아이들이 직접 마을을 탐방하며 학습하는 기회를 가진다.

전북 마령초 4학년 마을교육과정(주제중심통합교육과정 재구성)
- 4학년들의 모험(71차시) -

단원(시수)	핵심성취기준	학습활동
2. 회의를 해요(6)	1416-3. 회의에서 다양한 의견을 수렴하면서 능동적으로 참여할 수 있다. 1425-1. 의견을 제시한 글에서 주요 의견과 근거를 파악할 수 있다.	●4학년들의 모험 프로젝트 학습활동 안내(3)
6. 소중한 정보(10)	1418-1. 다양한 매체를 보거나 듣고 생각과 느낌을 서로 이야기할 수 있다. 1426-2. 글을 읽고 다른 사람과 생각이나 느낌을 적극적으로 주고받는다.	1. 친구마을 모험(23) 2. 진안 속으로(20) 1) 면장님 만나기(2) - 면사무소

7. 의견과 근거(6)	1434-3. 주변의 문제에 대하여 자신의 의견과 이유를 글로 쓸 수 있다.	2) 마을 나들이(15) — 평지, 솔안, 석교, 사곡, 강정, 부곡, 대동, 서비산
9. 생각을 나누어요 (6)	1415-1. 내용을 이해하기 쉽게 발표할 수 있다. 1415-2. 다른 사람의 발표를 평가하면서 들을 수 있다.	3) 지방자치단체 견학(5) —진안군청 (3), 마을학교(2)
1. 촌락의 형성과 주민생활 (16)	사4071. 지도나 인터넷을 통해 우리 지역 촌락의 위치를 찾고, 그 분포 특성을 지형과 관련지어 설명할 수 있다. 사4072. 우리 지역 촌락의 형성과정과 발달과정을 조사하여 그 특징을 설명할 수 있다. 사4073. 촌락 지역의 주요 산업활동을 조사하고, 이를 촌락 지역의 생활모습과 관련지어 설명할 수 있다. 사4074. 촌락 문제의 특징을 설명하고, 그 해결 방법을 제시할 수 있다.	4) 수영장 가기(4) 5) 산업체험(5) — 시장 방문 및 체험 3. Hello! 전주(25) 1) 동물원 탐방 및 도시학생 인터뷰(5) 2) 전북도청 견학(5)
2. 도시의 발달과 주민생활 (16)	사4061. 지도나 인터넷을 통해 우리 지역 도시의 위치를 찾고, 그 분포 특성을 지형과 관련지어 설명할 수 있다. 사4062. 다양한 자료를 활용하여 우리 지역 도시의 위치를 찾고, 그 분포 특성을 지형과 관련지어 설명할 수 있다. 사4064. 도시 문제의 특징을 설명하고, 그 해결 방법을 제시할 수 있다.	3) 도시문화체험 및 먹거리 탐방(5)— 영화관람 4) 도시문제 해결방안 토론(5) 5) 결과 정리 및 발표 (5)
3. 민주주의 와 주민 자치(12)	사4101. 주민 자치의 의미를 민주주의의 원리와 관련지어 설명하고 주민 자치의 필요성에 대하여 말할 수 있다. 사4102. 우리 지역을 대표하는 자치단체의 종류를 조사하고 자치단체의 역할과 의미에 대하여 설명할 수 있다. 사4103. 우리 지역을 대표하는 사람들을 뽑는 선거 과정을 알아보고 이를 통해 대표자와 유권자의 역할과 중요성을 설명할 수 있다. 사4104. 지방정부와 지방의회의 역할을 비교하고 지방정부와 지방의회의 관계에 대해 설명할 수 있다.	
7. 힘을 모으고 마음을 하나로(3)	도426. 협동의 의미와 중요성을 종합적으로 이해하고, 일상생활 속에서 공감과 소통을 바탕으로 협동하려는 적극적인 자세를 지닐 수 있다.	

【출처】제2회 마을교육공동체 전국교원연수 자료집

둘째, 방과후학교에 대한 개념으로서의 마을학교이다. 우리 아이들은 학교수업 후 또 다른 특기적성교육과 교과심화학습을 위해 방과후학교나 학원에 간다. 방과후학교는 주로 학교에서 운영한다. 학교장의 책임 아래 교사들이 계획을 세워 학교운영위원회의 심의를 거쳐 운영된다. 초등학교는 대체로 방과후 업체와 위탁계약을 맺어 운영하기도 하는데 중·고등학교는 대체로 교사들이 수업을 운영한다. 교사는 수업 외 수업을 준비하기 위해 정규교육과 준비에 소홀하기도 한다. 따라서 학교는 정규교육과정의 수업에 집중하고 방과후학교의 운영이나 관리는 지자체나 여타 지역사회교육단체, 학부모, 사회적 기업, 협동조합 등이 관리하는 시스템으로의 전환이 필요하다.

마을교육공동체의 관점에서 학부모나 마을의 주민이 참여하는 방과후·돌봄학교 운영 방식을 학부모가 중심이 되는 협동조합형, 한 지붕 두 가족형, 학교 밖 마을학교형 방과후학교 이 세 가지로 나누어 볼 수 있다.

학부모가 중심이 되는 협동조합형 방과후학교는 아래 표와 같다. 양평의 조현초등학교나 부산의 금성초등학교는 학부모를 중심으로 협동조합을 만들어서 학부모들이 교사가 되어 운영하는 시스템이다. 사회적 협동조합이어야 방과후학교 업체 선정 시 학교와 계약할 수 있기 때문에 대체로 사회적 협동조합으로 조직하여 운영한다.

협동조합명	지역	유형	학교명	비고
금성 교육문화협동조합	부산	교육(방과후)	금성초등학교	일반 협동조합
큰꿈교육 사회적 협동조합	경기	교육(방과후)	조현초등학교	사회적 협동조합
월천 교육문화 사회적 협동조합	서울	교육(방과후)	월천초등학교	사회적 협동조합
모기동 마을학교 사회적 협동조합	서울	교육(방과후)	양화초등학교	사회적 협동조합
신천 사회적 협동조합	서울	교육(방과후)	신천초등학교	사회적 협동조합
금북 사회적 협동조합	서울	교육(방과후, 진로, 평생교육)	금북초등학교	사회적 협동조합
양평고등학교 창업체험센터 사회적 협동조합	경기	방과후 마을학교, 사회복지시설 및 청소년육성·보호 위탁사업	양평고등학교	사회적 협동조합

【출처】http://cafe.daum.net/schoolcoop (2017.6.12.)

한 지붕 두 가족형으로, 경상남도 울산의 언양초등학교는 울주군청의 지원 아래 지역아동센터를 학교 공간에서 운영하고 있다. 지역아동센터는 학교 아이들을 대상으로 돌봄교실을 운영하고 울주군청은 예산을 지원하면서 학교는 학생 안전과 교사의 업무 경감이라는 두 마리 토끼를 잡은 셈이다.

학교 밖 마을학교형 방과후학교의 대표적인 사례로 덕양구 '화전동 마을학교', 의정부의 '마을학교 열린교실'을 들 수 있다. 화전동 마을학교는 덕양중학교의 학부모들과 졸업생의 부모가 모여 마을학교를 열어 화전동 마을지도 그리기, 망월산 보물찾기, 목공 등 방과후 프로그램을 진행하고 있다. 의정부는 교육복지대상학교의 희망학생을 받아

진로검사를 실시하고 학생들의 희망을 최대한 반영하여 지역사회 배움터를 발굴하고 방과후학교를 운영한다. 프로그램도 공방, 웹툰, 바리스타, 사회복지체험 등 다양하다.

2015학년도 교육복지우선지원사업 '마을학교 열린 교실' 매뉴얼
(의정부교육지원청)

	2013년도	2014년도	2015년도	비고
학교 명	의정부중, 의정부여자중	의정부중, 의정부여자중, 금오중, 경민여자중	의정부중, 효자중, 의정부여자중, 금오중, 경민여자중	참여 배움터 수는 중복집계함.
참여 배움터 수	12	19	35	
참여 학생 수	140	161	234	

마을학교에서 배우던 학생들과 멘토 강사들은 수업이라는 공적 만남을 통해, 학생들 입장에서 선생님은 이모가 되기도 하고 선생님 입장에서 아이들은 '남의 아이'에서 '우리 아이'로 보이기 시작한다. 학생이 급하게 버스를 타고 어디를 가려던 중 가족에게 하듯 선생님에게 거리낌없이 차비를 빌리기도 하고, 방과후에도 마을학교를 잠시 쉬어가는 쉼터로 삼기도 한다. 평소에는 그냥 지나치던 공간이 이 학생들에게는 따뜻한 관계망으로 자리매김한 것이다. 다음의 요리배움터 마을교사의 이야기에서처럼 아이들만 성장하는 것이 아니라 정작 교사 자신이 마을의 어른으로 자리매김하기도 한다.

처음 매장에 찾아오신 교육복지사님의 사업 설명을 듣고 마을 배움터에 참여하기로 한 순간부터 많은 생각을 하게 되었다. 아이들이 내가 일하는 곳에 찾아온다고? 더구나 한 번도 아니고 계속 온다고? 무엇을 해줘야 할까? 학부모로, 강사로, 사업장의 대표로 여러 사람을 만나는 직업인이지만 막상 나의 일터로 학생들이 찾아오고 그 아이들이 만나는 요리사의 직업인을 대표한다고 하니 적잖은 부담을 느낀 건 사실이다. 하지만 몇 번의 협의와 커리큘럼 작업을 하면서 나의 부담은 설렘으로 바뀌었다. 이런 설렘은 실제 현장에서는 즐거움으로 작용했다. 늦잠을 잘 수도 있는 여름방학인데도 불구하고 아이들은 제 시간에 맞춰 매장으로 찾아왔고 요리 재료 하나부터 레시피 하나하나 집중해서 수업을 따라와 주었다. 요리에 관심이 많은 아이들이다 보니 다양한 레시피도 서툴지만 잘해 주었고 자신들이 만든 요리에 감동받아하는 모습이 매우 귀여웠다. 직업인에 대한 질문은 너무 구체적이라 세세한 설명을 해주다 보면 4시간이 훌쩍 지나가 있었다. 내 아이와 같은 또래일 텐데 자기들의 진로를 고민하는 아이들이 너무 기특했다. 요리사인 나에게 새로운 경험이었던 '마을배움터 직업 멘토'는 큰 자부심이며 지속적으로 아이들의 꿈을 지지해주는 어른이고 싶다. (요리 배움터 마을교사)

－【출처】 2015학년도 교육복지우선지원사업 '마을학교 열린 교실' 매뉴얼(의정부교육지원청)

한편 서울시교육청은 마을방과후학교를 2017년부터 시범적으로 실시하고 있다. 향후 이의 성과를 면밀히 검토해 볼 필요가 있다. 교육청은 강북·구로·금천·노원·도봉·서대문·성북·양천·은평 등 9개 자치구와 업무협약을 체결하고, 자치구별로 마을방과후학교 모델 중 지역과 학교 특성에 적합한 모델을 선택하여 운영한다. 모델은 ▲학교지원형(구로) ▲마을 공급형(구로·금천·노원·서대문·양천) ▲개별학교 맞춤형(강북·도봉·성북·은평) ▲사회적 협동조합형(양천) 등 4가지다.

셋째, 청소년이 스스로 만들어가는 배움터 이야기이다. 기존의 학교 안팎 배움터는 어른이 만들어 놓고 아이들을 모집하여 운영해 왔다. 아이들에게는 자신들이 하고 싶어하는 것을 할 기회가 주어지지 않았다. 교육학자 로저 하트는 청소년 참여모델의 8단계를 제시하며, 그중에서 청소년들이 직접 기획하고 이를 성인과 의사결정을 공유하는 단계가 가장 높은 단계이며, 나아가 청소년들의 참여는 자신의 삶에 영향을 주는, 자신이 살고 있는 지역사회에 참여하여야 한다고 하였다.

의정부에 꿈이룸학교라는 프로젝트형 마을학교가 있다. 아이들이 스스로 기획하고 운영하는 센터형 마을학교이다. 2014년 하반기 의정부의 청소년 200여명을 모아서 '나에게 일년의 시간이 주어진다면 무엇을 할 것인가'라는 주제로 원탁토론회를 개최하였다. 여기에서 모은 100여명의 기획단을 바탕으로 자신들이 제안한 23개의 마을프로젝트를 진행하면서 아이들도 길잡이교사들도 자신감이 붙어 지금에 이르고 있다.

팀명	프로젝트명	프로젝트 내용
공간	안락한 공간 만들기	가구 제작과 소품공예 등을 통해 우리가 사용하고 있는 공간을 의미 있고 안락한 공간으로 만든다.
	청소년 영화관	기자단과 함께 청소년들이 영화를 선정하여 상영, 영화와 삶에 대한 이야기를 나누며 배운다.
	우리 공간 운영하기	청소년 동아리 댄스, 밴드팀 등을 위한 연습실, 쉼터, 노래방, 파티룸 등 공간을 대여, 운영한다.
	꿈이룸배움터 카페	카페를 기획하고 만들어 운영하며 사회적 경제를 배우고 청소년들의 공간을 만든다.
	예술의 전당 음악회	의정부 예술의 전당을 활용, 청소년동아리가 함께 음악회를 기획하고 개최한다.
	공간 방음시설 실험	우리 공간의 층간 소음문제를 해결하기 위한 방음시설을 연구하고 설치한다.
길	다같이 돌자 동네 한바퀴	가장 가까이 있지만 잘 알지 못하는 우리 지역 의정부에 대해 공부하고 탐방한다.
	스케치+약+도보여행	공정여행을 바탕으로 길과 배움을 접목하여 청소년의 새로운 배움의 길을 모색한다.
	템플스테이	의정부에 있는 절을 탐방하여 마음수련을 쌓고 마음을 치유하는 템플스테이
	행복로 북카페	행복로의 길을 활용하여 전통양식의 북카페를 운영하며 의정부를 알리고 배운다.
	길거리 버스킹 음악회	길거리에서 청소년 음악회를 개최하며 가고 싶은 길, 행복한 길을 만든다.
사람	마을책 만들기	우리 마을의 형성과정, 주민, 공간, 모임 등을 취재하고 의정부가 꼭 기억했으면 하는 사람들을 만나 인생사를 기록하며 주민들과 소통한다.
	울할매 이야기	홀로 계시는 할머니, 할아버지 댁이나 노인복지관 등을 방문하여 인생을 배운다.
	익명 우체국	내 이야기, 내 고민을 주변 사람들과 나누고 들어주면서 서로에게 치유와 나눔이 된다.
	도시락전달 프로젝트	의정부의 외국인 노동자들을 위해 도시락을 직접 만들고 전달하며 그들을 만나 외로움을 치유한다.
	무료 멘토링	의정부의 청소년을 만나 그들의 고민을 듣고 이야기도 나누면서 그들에 대한 기사를 쓴다.
	진로카페 프로젝트	진로를 찾지 못한 청소년들을 만나며 상담도 하고 심리검사도 할 수 있는 카페를 운영한다.

기자단	소식지 발간	꿈이룸배움터의 활동을 기록으로 남기고 내부와 외부로 나누어 소식지를 발간한다.
	팟캐스트	청소년들이 말하고 싶은 것, 의견과 주장을 팟캐스트로 만들어 방송한다.
	꿈을 담는 카메라	방송, 영상, 편집기술 등을 배워 꿈터 활동 등을 다큐멘터리로 제작, 상영한다.
행복동네	올해의 뉴스	올해 의정부에서 벌어지는 다양한 일과 사건들을 조사하고, 그것을 뉴스로 발간하여 전한다.
	맛집을 소개합니다	의정부에 있는 맛집을 탐방하고 조사하여, 그것을 소개하는 영상을 제작한다.
	타마 프로젝트	동아리원들의 재능을 살려 달력을 제작한다.

학령인구의 감소로 작은 학교들이 통폐합되면서 앞으로는 빈 건물이 늘어날 것이다. 경기도교육청은 이 공간들을 활용하여 꿈이룸학교를 모델로 한 센터형 마을학교를 지역별로 세우려 하고 있다. 공간에 대한 어른들의 요구가 많다. 하지만 그 공간을 운영할 주체를 발굴하고 키워나가는 것이 과제이다. 꿈이룸학교에서는 자발적으로 모인 교사, 학부모, 그리고 지역의 청년들이 길잡이교사가 된다. 이들은 상근이 아니고 해당 프로그램이 진행될 때마다 모인다. 청년들 중에는 꿈이룸학교의 청소년이었던 친구들이 고등학교를 졸업하고 길잡이교사가 된 청년들도 많다. 공간의 운영도 공간자치위원회를 꾸려 청소년, 어른들이 같이 한다.

앞으로 이러한 마을학교들이 많아져서 학생들의 학습 경험을 풍성하게 해야 한다. 고교학점제, 자유학기 등이 화두이지만 아직 지역의 학습장에 대한 인프라가 부족하다. 2015 개정교육과정을 통해 학교 밖 학습경험에 대한 학점화를 제시하고 있지만, 아직 제도적으로나 인프라 측면에서 매우 부족하다. 교육청과 지자체의 적극적인 발굴·지원 노력이 필요한 시점이다.

나. 교육과정 편성·운영 기준

1) 공통 사항
  자) 학교 및 학생의 필요에 따라 지역사회의 학습장에서 이루어진 학습을 이수 과목으로 인정할 수 있다. 이 경우 시·도 교육청이 정하는 지침에 따른다.

2) 일반 고등학교(자율 고등학교 포함)
  바) 체육, 음악, 미술 등의 과정을 개설하는 학교의 경우, 필요에 따라 지역 내 중점 학교 및 지역사회학습장 등을 활용할 수 있다.

【출처】2015개정교육과정

온종일 마을학교

  문재인 대통령은 '온종일 마을학교'를 통해 국가가 아이들을 돌보는 시스템을 구축하겠다고 밝히고 있다. 학교가 떠안았던 방과후·돌봄을 지자체를 중심으로 국가가 책임짐으로써 학교교육정상화에 기여할 수 있을 것으로 보인다. 그만큼 학교는 학생 중심 교육과정을 운영해야 할 책임감이 더욱 커지는 셈이다. 방과 후·돌봄을 지자체가 맡게 되면 학교는 공간을 지역에 개방해야 한다. 여기서 안전상의 문제와 학교를 개방하지 않으려는 관리자나 교사의 문제가 있지만, 학교는 국가교육과정을 이식받는 존재가 아니라 마을이 학교에 아이들을 맡기는 만큼 응당 공간과 각종 학교시설을 개방하여야 한다. 그래서 '1교 2교장제'를 통해 일과 중에는 학교장이, 일과 후에는 방과후학교장을 임명하여 책임을 지게 하는 방식이 필요하다. 퇴직교원이나 지역의 책임 있는 인사가 방과후학교장을 맡는 것이 대안이 될 것이다.

마을학교의 운영 방식도 위에서 언급했듯이 각 지역과 학교의 실정을 파악하여 그에 맞는 방식을 도입·운영하여야 한다. 이를 위해서는 앞의 의정부 교육복지 사례처럼 그러한 일을 처리할 수 있는 마을코디네이터 혹은 방과후 코디네이터를 고용하여야 한다. 방과후 코디네이터는 학교별로 있으면 좋을 것이다. 여력이 되지 않으면 거점학교를 중심으로 계획하여 운영하고 진행 상황을 보면서 순차적으로 늘려 가면 될 것이다.

결국 마을학교는 기존의 방과후학교를 조금 손대는 방식보다는 지역 전체를 배움의 그물망으로 만들기 위한 대원칙이 필요하다. 교육복지, 평생교육, 꿈의학교, 센터, 마을공동체로 성장했던 사람, 공간 등의 자원을 네트워킹하여 배움터로 만들어 가야 한다.

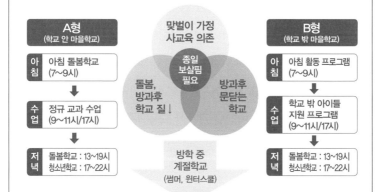

온종일 마을학교

A형
(학교 안 마을학교)

아침	아침 돌봄학교 (7~9시)
수업	정규 교과 수업 (9~11시/17시)
저녁	돌봄학교 : 13~19시 청소년학교 : 17~22시

맞벌이 가정
사교육 의존

종일
보살핌
필요

돌봄,
방과후
학교 질↓

방과후
문닫는
학교

방학 중
계절학교
(썸머, 윈터스쿨)

B형
(학교 밖 마을학교)

아침	아침 활동 프로그램 (7~9시)
수업	학교 밖 아이들 지원 프로그램 (9~11시/17시)
저녁	돌봄학교 : 13~19시 청소년학교 : 17~22시

경력단절 여성, 학부모가 교사로! 지역 내 고용 창출

○ 영유아부터 초등학생까지 빈틈없는 12시간 돌봄을 보장
– 돌봄이 필요한 모든 아동은 아침 7시~저녁 7시(7 to 7) 12시간 보육을 완전히 보장
(시간연장 돌봄 밤 10시까지)
· 오전 9시~오후3시까지는 정규 수업 진행

○ 지역사회가 중심이 되어 운영하는 온종일 마을학교 도입으로 12시간 완전한 돌봄체계 구축
– 학교 안 마을학교(A모델)와 학교 밖 마을학교(B형) 구축
· 아침 돌봄, 방과후 돌봄, 시간연장 돌봄을 모두 담당
· 방학 계절학교(썸머스쿨, 윈터스쿨)도 운영하는 지역 거점 기관 설립
– 온종일 마을학교 교장과 교사를 따로 임명하여 지역의 성장 동력 구축 → 온종일
마을학교 교사 12만명 채용
– 학부모, 시민단체 등이 재단법인, 협동조합, 사회적 기업 등 다양한 형태로 운영
– 꿈을 키우는 다양한 프로그램 운영
· 유치원생~초등학교 3학년까지는 특기적성 교육 중심
· 기초학습부진아 지도 및 정규 수업의 보충/예·체능 특기적성 교육
· 학교 간 연계 사업 등

【출처】제 19대 문재인 대통령 온종일 돌봄 공약

마을학교 활성화를 위한 제안

지역마다 그 지역만의 교육력이 있어야 한다. 지역의 교육력을 기르는 데 집중하여야 한다. 지역의 교육력이란 지역에 있는 학교나 마을, 공공기관들이 아무리 어려운 여건과 무관심한 상황에 있더라도, 그 바탕에 교육적인 힘이 있다면 아동·청소년을 위해서 언제든지 다시 일어설 수 있다는 것이다. 이러한 지역의 교육력을 키우기 위해서는 교육청, 학교, 지자체, 공공기관, 지역주민 모두가 지역의 실정에 맞는 비전을 공유하고 목표를 설정하여 지역만의 교육브랜드를 가져가야 한다. 지역의 모든 교육주체들이 상호 신뢰하여 '내 아이'가 아닌 '우리 아이'를 키울 수 있는 사회적 자본을 만들어 가야 한다.

이를 위해 첫째, 각 시도별 혁신교육지구나 마을교육공동체조례를 제정하고 있지만 국회에서 지자체의 혁신교육지구를 의무화하고, 발의 중인 1교 2교장제의 내용을 담고 있는 방과후학교 관련 법안을 신속히 집행하여 지자체가 학교의 공간을 활용할 수 있는 명분을 만들어주어야 한다.

둘째, 각 사업별, 기관별 유기적인 통합운영이 필요하다. 교육복지, 평생교육, 혁신교육지구, 마을교육공동체, 방과후학교, WEE센터 등이 각기 돌아가고 있다. 이러한 사업 속에서의 인력풀과 공간, 교육사업 영역 등에서 통합적 운영시스템이 필요하다. 각각의 영역에서 최대치의 활동을 할 수 있도록 하면서도 최소한 그 사업들이 서로 공유되고 시너지가 일어날 수 있도록 하여야 한다. 이를 통해 지역사회 전체가 배움의 그물망이 되도록 하여야 한다.

셋째, 지역마다 혁신교육지구의 협치 구조를 더욱 확장하여 마을교육공동체지원센터(가칭)라는 지역교육자치 플랫폼을 만들고 지역사회 전체의 마을교육으로 사업 영역을 확장하여야 한다.

이를 위해서 다양한 교육네트워크를 구성할 수 있도록 하여야 한다. 학교간 네트워크, 학교와 지역사회, 지역사회 내 교육인프라, 교육청과 지자체간의 네트워크망을 조직하고 확장하여야 한다.

4차 산업혁명시대에는 협력과 공생이 필요하다. 아이들에게는 협업역량, 의사소통역량을 필요로 한다. 그래서 우리 아이들에게는 세상과 소통하는 따뜻한 마음과 관계역량을 길러 줘야 한다. 이를 위해서는 교과, 교실, 연령에 따른 분리교육을 벗고 평소에 그냥 지나쳤던 마을의 공간, 마을사람들과의 관계를 가져나가야 한다. 또한 학교, 교육청, 지자체, 중앙정부가 한마음 한뜻으로 힘을 모아야 할 것이다. 미래는 우리 아이들의 것이다.

참고 문헌

• 최창의(2016), 〈혁신교육지구사업 비교분석을 통한 협력적 교육거버넌스 발전 방안 연구〉, 경기도교육연구원
• 충남 공주(2016), 〈제2회 마을교육공동체 전국교원연수자료집〉
• 최지인(2017), 〈마을교육공동체의 운영 현황 및 개선 과제〉, 국회입법조사처
• 강신천(2017), 〈지역사회와의 협력에 기반한 방과후학교 운영 방안 연구〉, 한국교육개발원

교원인사제도의 미래
(교원 양성-교원 임용-교원 연수-교원 승진 연계를 중심으로)

교육정책디자인연구소 정책위원장
홍섭근

왜 교원인사제도를 말하려 하는가?

미래학교를 얘기하면서 교원인사제도의 미래를 얘기한다니 좀 뜬금 없다고 여기는 이들이 있을 것이다. 일반적으로 학교나 교육제도 또는 입시에는 관심 있지만 교원인사제도는 교원들이나 관심을 가질 영역 이라는 생각도 들 것이다.

공교육의 질은 교원의 질과 같다고 보면 된다. 현재 공교육의 많은 문제는 교원인사제도의 문제와 깊이 연관되어 있다. 우리나라 사회문 제의 근원을 따져 보면 교육 문제로 인한 것이 상당히 많다. 이러한 교 육 문제의 핵심은 교사의 질 문제와 직결된다. 학계-학교현장-시민단체-학부모단체 들은 교사 양성-교원 승진(공모형 교장) 제도에 대한 근본적인 문제를 지속적으로 고찰하며 문제 제기를 하고 있지만, 실제로 바뀌는 것이 없었다. 교원 양성 과정과 승진 체계의 병폐는 학교와 교육청 내에 많은 문제를 야기한다. 학교현장을 황폐화시키며 교육청의 관료화를 주도한다. 가장 핵심적인 문제의 근원은 교원승진제도이다. 이 승진제도는 시대에 맞지 않는 시스템이나, 복잡한 이해관계 때문에 쉽게 바꾸기가 어렵다. 학교문화의 고질적인 병폐와 문제의 대부분은 승진제도와 연계되어 있다.

  현 시점에서 과거와는 다르게 교사 집단은 엘리트 집단이라는 착각 속에서 사회와 괴리되고 있으며, 그들만의 성을 쌓고 학부모와 일반 국민들 심지어는 학생들과도 단절되어 있다. 현실에 안주하려는 경향성이 강해지고 있으며, 흔히 월급쟁이 교사°가 양산되고 있다. 일부 혁신 교사들의 흐름은 일반화되는 동력을 얻지 못한다. 현상적으로 접근하여 탓하자면 교사들이 매우 나쁜 사람으로 치부될 수 있지만, 그 근원을 따져 보면 문제의 핵심은 제도에 있다. 결국 학생·학부모·교사 모두 피해자가 될 수밖에 없는 제도를 만들어 놓고는 서로를 헐뜯게 만드는 이상한 제도이다. 그러나 건드릴 엄두를 못내고 있는 것이다.

  후진적 교원인사와 조직시스템으로 인해 교사의 자질·역량 개발은

° 학생이나 교육에 관심이 없고, 존재감 없이 순응하며 학교에 출퇴근하는 교원을 뜻함.

구호에 불과하며 제대로 실행되지 못한다. 이는 많은 국민과 학부모들의 공교육에 대한 불신으로까지 이어지고 있다. 지금의 교원양성과정이나 승진시스템으로는 학교현장에서 자생적으로 좋은 교사가 양산되기 어렵다. 특히 인성에 대한 검증 시스템은 아예 없거나 매우 취약한 수준이다. 설사 인성이 좋은 사람이라 하더라도 지속적으로 유지하는 것을 담보하기는 어려운 구조이다. 미래에는 인공지능과 겨뤄야 할 대한민국 학생들을 이끌어 나갈 교원이기에 그들에 대한 제도적 지원이 필수적이다. 교육부에 대한 개편 논의와 시·도교육청의 권한 위임 논의가 시작되는 현 시점이 인사·조직시스템에 대한 근본적인 고민을 해야 할 시점이다. 여기에서는 교원과 학부모 그리고 대한민국 교원교육정책을 이끌어 나가는 이들에게 필요한 내용을 다루고자 한다.

누가 교사가 될 수 있는가?

공립교사가 되려면 교원 임용고사를 봐야 하고, 사립교사가 되려면 사립학원에 별도로 응시해서 합격해야 한다. 우선 공립교사에 초점을 맞추어 언급해 보겠다. 초등교사가 되려면 일반적으로 교육대학교(이하 교대)를 들어가야 한다. 전국 각 지역에 10개의 교대가 있고, 이화여대 초등교육학과와 교원대학교 초등교육학과, 제주대학교 초등교육학과에서만 초등학교 교사 자격증을 발급해 준다. 매년 경쟁률은 달라지지만 거의 1.5대 1 내외의 경쟁률을 유지하고 있다. 현재 청년 취업난과 더불어 교대는 고3학생들의 로망에 가까운 관심도를 지니고 있다. 전교에서 순위권 안에 들어야 교대를 지원하고 합격할 수 있다. 중등교사의 경우 고3학생이 가는 사범대학교(이하 사대)가 있고, 비사범대학교에서 취득할 수 있는 교사자격증이 있으며, 대학원 체제에서 획득할 수 있는 교원자격증이 있다. 길이 다양하긴 하지만 교직이수나 사범대를 나와야만 중등 교원임용고사를 응시할 수 있어서 폐쇄적인 구조는 초등과 동일하다. 과목별로 나눠서 뽑고 있어 적게는 10대 1에서 많게는 30대 1이 넘는 경쟁률이 나온다. 그야말로 중등 임용고사는 붙는 사람이 신기할 정도로 높은 경쟁률을 가지고 있어 삼수(三修)는 기본이라는 말이 나오고 있다.

교원양성과정, 무엇이 문제일까?

초등교사를 배출하는 교대에서는 너무 낮은 경쟁률로 인해 고민하고 있고, 실제로 매년 수도권이나 광역시를 제외하고 5개 내외의 시·도교육청에서는 미달자가 속출하고 있다. 강원도나 전라도 같은 곳에서는 그나마 충원된 이들도 1~2년 후 현직교사가 다시 수도권으로 재응시를 하는 바람에 골머리를 앓고 있다. 산간오지나 벽지에 붙어도 합격만 시켜 달라는 이들이 많은 중등과는 상황이 무척 다르다. 황당한 상황도 발생한다. 경기도의 경우 경기도 현직 초등학교 교사가 경기도 신규교원 임용고사를 치르기도 한다. 자신이 발령받은 지역이 마음에 안

들어 전출의 개념으로 임용고사를 치루는 것이다. 이는 법적으로 전혀 문제가 되지 않으며, 거를 수 있는 시스템도 없다고 한다. 가령 연천에서 근무하던 교사가 임용고사를 치루고 분당으로 가는 식이다. 이런 초등학교 교사들이 해마다 있는 현상은 기본적으로 교대 독과점주의가 가져오는 부작용이라 할 수 있다.° 중등은 사범대학교가 있어도 대학원에서 교원자격증을 발급받을 수 있는 길이 있다. 하지만 초등은 전문성을 이유로 대학원에서 자격증을 발급받을 수 없다. 과거 방송통신대학에서 자격증을 발급했던 시기도 있었지만, 현재는 그런 과정이 없다. 오로지 교대에 가야만 초등교사 자격증을 발급받을 수 있는 것이다. 어떤 교육전문가는 서울대 의대를 나와도 초등교사가 될 수 없다며 현재의 초등교원시스템을 비꼬았다. 아이러니한 것은 교대를 나온 초등교사들은 대체로 교대 교육과정 자체를 부정하고, 필요없는 것들만 배운다며 입을 모아 말한다. 그렇다면 교육대학원에서 2~3년 과정으로 초등 교사자격증을 발급하면 안 되는 것일까? 전문성에 대한 비판이라면, 사범대 졸업자에 한해서 초등 교사자격증을 발급하는 것도 불가능한 것일까? 반대 논리는 초등의 전문성을 말하고 있지만, 개인적인 견해로는 전문성보다 밥그릇 싸움(기득권 또는 독점주의)이 핵심이 아닌가 싶다. 초등학교 교직문화의 폐쇄성과 부작용을 가져오는 것도 이 교대 독점주의에서 비롯된다고 본다. 많은 연구에 의하면, 중등에 비해 초등의 교직문화가 더 폐쇄적이고 수직적이라는 결과가 있다.

중등교원이 배출되는 사범대나 교육대학원, 교직이수 과정 또한 교대보다 더 많은 문제를 가지고 있다. 교대는 교육과정이 완벽하다고 볼 수는 없지만 학교현장과 연계하려는 노력은 하고 있다. 실습만 하더라도 교대의 경우 8~12주를 실시한다. 그러나 사범대학교는 법적 실습 시수 딱 4주만 실시한다. 결국 사범대나 교육대학원 체제에서는 학교현장을 경험하거나 이해하는 기회는 거의 없다고 봐도 무방하다. 미국, 영국, 핀란드 등 많은 선진국의 경우에는 오랜 기간 동안 실습을 하고 있다. 실습을 통해 교사의 자질을 키워내는 것이다. 우리나라에서는 실습 대신 교육학과 교육과정이 주가 된다. 이는 중등 임용고사의 전공시험과도 연계가 된다.

초·중등 모두 교원 임용고사에서도 이론 중심의 시험을 보고 있다. 적어도 1년의 실습학년제°° 가 존재해야만 학교현장을 이해할 수 있다고 생각된다. 예비교사에게 실습체계는 학교를 이해하는 데 필수적이고 절대적인 영향을 발휘한다.

개인적으로 교대·사대와 같이 분절적인 교원양성과정을 가진 것에 대해서도 문제가 많다고 생각한다. 더 나아가서는 유치원, 특수교사까지도 해당 영역만을 배우고 있다. 고3 학생이 한 순간 판단해서 가는

° 2000대 초반까지 현직교사는 임용고사를 응시하려면 면직(사표) 후 3년이 지나야 했다. 헌법재판소의 판결 이후 이 조항이 없어졌다. 중등은 합격하기가 어려워 현직교사 응시가 거의 없으나, 초등은 경쟁률이 낮아 매년 많은 지방 소도시의 현직교원이 수도권이나 광역시 임용고사에 응시하고 있다.
°° 1년간 학교에 상주하면서 보조교사로서 역할을 하는 방안. 수습교사제의 변형된 형태로 해석할 수 있음.

진로만 있고, 일반인들이 들어올 수 없는 제도의 벽°, 전공이 다른 예비 교사 간의 호환이 불가능한 것도 큰 문제라고 생각한다. 한국교원대의 경우 복수전공이 가능하도록 열어 뒀지만 제한적인 것은 마찬가지이다. 적어도 사회생활을 한 이들이 갈 수 있는 트랙을 만들거나, 교·사대를 통합하는 방안, 각종 유사전공을 통합하는 방안을 고민해 볼 필요가 있다. 알파고와 같이 인공지능이 인간의 지식을 넘보는 시대에, 분절적인 자격증이 무슨 의미가 있는지 되새길 필요가 있다. 경험상, 교원의 전문성은 교사 양성과정에서보다는 학교현장에서 쌓인다. 교·사대 과정을 통합하고 핀란드처럼 대학원체제(6년제) 과정으로 하되, 일정 부분 교원임용까지 보장해주는 체제가 되어야 한다. 논란은 있을 수 있으나, 임용고사 준비 비용과 같이 현재 지출되는 불필요한 사회적인 비용을 낮출 수 있다. 자격증에 대해서는 최대한 유사한 영역끼리 통합자격증을 만들고, 심화과정 이수는 학교현장에 발령받은 후 개인적인 연수를 통해 심화시켜 나가는 방향이 옳다고 생각한다. 이론적으로 배우는 것은 형식에 불과하다. 실제는 현장에서 답을 찾아야 한다.

° 현재는 교대·사대 모두 고3 학생들만 갈 수 있는 트랙으로 되어 있다. 교육대학원이 그나마 일부 있지만, 이 또한 일반적이지는 않다.

교·사대 교육과정이 아닌 노량진에서 키워지는 예비교사

연구 차원에서 약 5년간 신규교사 500여 명 정도를 인터뷰한 적이 있다. 대한민국에서 신규교사 인터뷰를 가장 많이 했다고 자부할 정도로, 다양한 지역의 다양한 경험을 가진 초·중등 신규교사 모두를 만나봤다. 결론은 간단했다. 우리나라의 예비교사는 노량진 사교육이 담당하고 있다는 것이었다. 역설적으로 노량진 사교육 강사들은 우리나라 예비교사의 대부분을 키워내는 훌륭한(?) 이들이라고 말할 수 있다. 그 원인을 분석하자면 이렇다. 교·사대 교육과정은 10년 전이나 20년 전이나 이론 중심 교육을 한다. 실제 학교현장에서 배우지도 않는 내용이 주가 되는 이론수업을 한다. 마치 고등학생들에게 암기를 강요하는 것과 같다. 실제 써먹지도 않는 지식을 외우고 평가하고 줄을 세운다. 그리고 예비교사들은 별도의 공부를 통해 임용고사를 준비한다. 그 별도의 공부는 교·사대 교수들이 도와주는 것이 아니라 노량진 사교육의 힘을 빌어 공부를 한다. 그 외에도 스터디 그룹을 만들어 열심히 외우고 또 외운다. 기출문제는 기본이고, 참고서 귀퉁이 작은 글자까지도 통째로 외운다. '임용고사'를 '임용고시'라고 부를 정도가 된 이유는 그만큼 임용고사가 난해하기 때문이다. 출제에 들어갔던 교수들을 만나서 이유를 물어봤다. 교수들은 본인들에게 권한이 없다고 한다. 한국교육과정 평가원에서 기출문제를 내지 말고, 정성적인 요소를 제거하고 최대한 객관적이고 정량화된 문제를 내달라고 요구한다고 한다. 탈락한 예비교사들의 줄 소송을 감당하기 어렵다는 의미이다. 문제는 더욱 더 어렵게, 더 지엽적인 문제를 내기 위해 참고서의 세세한 귀퉁이에서 낸다. 10년, 20년 현직교사도 풀지 못하는 난해한 문제들이 매년 쏟아진다. 임용고사는 학교현장에 나가는 관문이니, 현장교사들이 주도해서 문제를 내야 한다는 의견도 있으나, 이에 대해서는 전문성이 떨어진다는 답변이다. 전문성이 떨어지는 현장교사들이니 학교현장 경험이 없는 교수들이 출제를 담당해야 한다는 논리가 참 이해하기 힘들다. 물론 일부 교사들이 출제에 들어가고는 있으나, 형식적인 들러리라는 평가가 지배적이다.

이런 과정 속에서 오늘도 예비교사들은 매 학기마다 수백만 원씩 고액 사교육을 받아가며 임용고사를 준비한다. 노량진 사교육시장은 족집게 과외를 해준다면서 예비교사들을 유혹한다. 실제 조사에서도 알 수 있었듯이 신규교사의 대부분이 노량진 사교육을 받는다. 벽지에서 살았던 이들도 최소한 인터넷 강의(인강)를 들었다고 한다. 이들은 출제범위가 너무 넓어 노량진 사교육 없이는 감당하기 힘들다고 말한다. 결국 교·사대 교육과정만으로 교원 임용고사를 합격하기는 거의 불가능하다. 그렇다면 교·사대의 존재 이유가 사라졌다고 볼 수 있다. 단지 교사자격증을 발급해주는 기관으로 전락한 현실이 안타깝다.

임용고사는 누가 더 많이 외웠는지를 평가하는 암기식 시험이다. 분량이 상상을 초월하나, 실제 학교현장에서 써먹을 수 있는 지식이 아니다. 암기가 중심이 되면서 교사의 역량과 인성(자질)을 평가하는 절차가 없다. 말이 역량과 인성중심 심층면접이지, 형식적인 절차에 불과했다. 교원양성과정과 연계되어 있는 것이 아무것도 없는 별도의 시험이다. 이러한 문제의식 속에서 시·도교육청이 임용고사를 개선하려고 노력하였지만, 권한이 없어 그 또한 쉽지 않았다. 2016년에 경기도교육청을 중심으로 2차 면접시험 정도만 개편되었을 뿐이다. 임용고사는 보통 1차 지필평가와 2차 심층면접으로 나눌 수 있는데, 1차 시험은 모두 교육부 관할이라 한국교육과정 평가원에서 암기 중심 문제로 내고 있으며, 2차 심층면접도 2016년까지 관행적으로 한국교육과정 평가원에서 담당했다. 그리고 1차 고득점자가 대부분 최종합격했다고 한다. 대략 95% 이상이었다고 하니, 암기 잘하는 이들이 교사가 되는 현상이 지배적이었던 것이다. 앞으로 임용을 주관하는 시·도교육청으로 권한이 일원화가 되고, 그에 맞춰서 교·사대교육과정과 실습체제가 연계되어야 한다.

암기 잘하는 이들이 문제라는 것은 아니다. 암기를 잘하는 사람과 교사가 도대체 어떠한 상관관계가 있냐는 것이다. 우리는 흔히 암기 잘하는 사람이 공부도 잘하고, 공부 잘하는 사람이 훌륭한 사람이라고 생각한다. 마치 서울대 의대와 서울대 법대를 나온 이들이 훌륭하다고 믿는 것과 같다. 이는 어떤 대상이나 사람에 대한 일반적 견해가 그 대상이나 사람의 구체적인 특성을 평가하는 데 영향을 미치는, '후광효과'라고 한다. 그 논리라면 검사 출신들, 법조인 출신 국회의원들은 모두 훌륭한 사람이어야 하는데, 정말 그러한가? 최근 초등 임용고사 면접 문항에 이런 문제가 출제된 적이 있었다.

'자신의 실패 경험을 돌이켜보고, 극복한 방법에 대해 말하여 보시오.'

정답이 없는 문제에 많은 예비교사들이 고민하였겠지만, 일부 면접관들은 그들의 대답과 반응에 매우 놀랐다고 한다. 상당수가 태어나서 한 번도 실패한 적이 없는데, 뭐라고 대답해야 할지 모르겠다는 것이었다. 실제 지금도 교대나 주요 사대에 들어가는 고3 학생들은 특목고·자사고°를 나온 일명 금수저가 상당히 많다. 이들이 모범적인 학교생활을 해서 교·사대에 들어간 것은 인정받을 수 있으나, 이 시스템이 과연 옳은 것인가에 대해서는 다시 생각해 볼 필요가 있다. 적당히 제도에 순응하고 잘 적응했으니, 안정된 직장을 유지하도록 보상해줘야 한다는 측면에서는 일면 타당할 수 있다. 그러나 교사는 학생을 상대하고 그들의 인생을 결정지을 수 있는 계기를 만드는 사람이다. 학생들은 다양한 군상이 있으며, 일반적으로 공부 못하는 아이들이나 소외된 학생들이 더 많다. 그런 아이들을 이해 못하는 교사들이 무슨 소용이 있으며, 학생을 진심으로 대할 수 있을까? 교사가 암기를 잘해야 한다고 생각하는 것이 진리가 되는 순간, 가슴이 아닌 머리가 있는 이들이 많아지면서 작금의 우려되는 여러 상황이 더욱 악화될 수 있다. 공교육의 붕괴는 어쩌면 이 사소한 믿음 때문은 아니었을까?

신규교사와 중견교사 사이

신규교사를 뽑아 놓으면 시·도교육청에서 연수를 한다. 보통 모두 모아놓고 연간 30~60시간 대규모 직무연수를 시킨다. 이는 중견교사들도 마찬가지이다. 아예 승진가산점(공통가산점[oo])으로 못박아 두기도 하였다. 교원들의 연수를 법제화한 것이다. 시·도교육청마다 직무연수를 한다고 교육연수원을 만들어 놓았다. 그 결과는 어떠할까? 신규교사나 중견교사 모두 본인들이 희망하지 않는 것을 억지로 듣고 있다. 신규교사들은 공문에 명단이 찍혀 나오기 때문에 선택권도 없이 무조건 연수를 들어야 하고, 중견교사들은 승진점수나 성과급에 반영된다고 하니 연수를 듣는다. 신규교사보다 중견교사가 그나마 나은 것은 선택권이 있다는 것이다. 많지는 않겠지만 일부 승진에 대해 생각이 없거나, 성과급을 낮게 받아도 상관없다는 교사들은 연수를 받지 않아도 된다. 그러나 대부분의 교사들은 울며 겨자먹기로 연수를 받고 있는데, 연수를 받았다고 해서 전문성이 신장되었다는 교사들은 거의 찾아보기가 힘들다. 더군다나 자발적으로 연수를 듣는 이들도, 그나마 쉽고 편한 연수를 찾는 이들이 많다. 물론 혁신학교나 일부 유능한 교사들은 스스로 연수를 찾아 듣는 것에서 나아가 직접 연수를 만들어 공유하기도 한다.[ooo] 그러나 대개의 교사들은 연수에 수동적이며, 연수에 대한

---

o 특수목적고(과학고, 영재고, 외고), 자립형사립고등학교(MB정부 고교자율화로 만들어진 학교이며, 중학교 상위 10% 안에 들어야 가는 학교)

oo 교원이 승진하기 위해서는 승진가산점이 필요한데, 교육부가 정해놓은 공통가산점이 있고, 시·도교육감이 정해놓은 선택가산점이 있다. 교원연수시간은 공통가산점에 해당한다.

ooo 교과연구회 등을 통해 연수를 만드는 혁신교원들도 존재한다.

피로도가 쌓여 연수에 대해 부정적인 인식이 강하다. 승진가산점 제도라는 것이 정책만능주의의 산물인데, 그로 인해서 정책피로도가 비례하여 쌓이게 된다.

교육청이나 교육부에서 만드는 연수는 교육적일지는 모르겠으나, 질이 낮고 재미가 없다. 물론 연수가 꼭 흥미나 재미 위주로 구성되어야 하는 것은 아니다. 명망가 중심의 대규모 집단 강의는 1회성 연수에 그친다. 연수는 연속성이 있어야 하며, 참여하며 성장할 수 있는 계기를 마련해줘야 한다. 집단 강의나 선택권이 없는 연수는 흥미가 생기기 어렵다. 관료들이 쉽게 잊어버리는 가장 중요한 한 가지는, 자발성을 담보하지 않은 연수는 실패하기 마련이라는 것이다. 승진가산점이라는 당근, 교육청 직무연수라는 것은 교원들에게 큰 매력이 없다. 시장 논리에 의하면 선택받지 못하는 연수는 폐지해야 하는데, 관료집단에서는 강제 할당으로서 대규모 흥행을 이끌어 내려 한다. 그 뒤 자화자찬으로 떠들썩한 홍보를 한다. 이러한 악순환이 계속되면, 관료집단도 자신들이 유능하다고 믿는 우를 범하게 된다.

교육청 연수가 재미없다는 말은 예전부터 계속되어 왔고, 이 현상이 지속되자 어차피 받아야 하는 직무연수를 인증받은 사설업체에서 하는 것으로 대체하자는 교원들이 늘어나고 있다. 교육청보다는 재미있거나, 혹은 클릭만으로 가능한 사이버 연수이기 때문이다. 그러면 가사일을 하면서 들을 수도 있고, (그래서는 안 되겠지만,) 배우자나 아이에게 연수를 맡길 수도 있다. 60시간 이상 직무연수를 받으면 승진점수가 인정되고, 승진을 앞둔 이들은 3년 내에 95점 이상 되는 연수를 2개 이상 받아야 한다. 이러한 말도 안 되는 시스템 덕분에 사설 연수업체는 호황을 누리며 성장하고 있다. 교원들이 자비를 들여 앞다투어 투자하고 있는 덕분이다. 그런데 사설 연수업체 연수가 정말 질이 높고 재미있어서 받는 것일까? 꼭 그렇지는 않다고 생각한다. 안 들어도 된다면 대부분의 교원은 안 들을 것이다. 즉, 승진점수나 성과급에서 연수가 제외된다면 그 연수가 공짜여도 대부분의 교원들은 굳이 사설 연수업체의 연수를 듣지 않을 것이다.

앞서 말했듯이 연수를 받기에 앞서, 본인 스스로 배워야 한다는 갈증이 있어야 한다. 학교 대상 강의를 나가보면 맨 앞에서 인상만 잔뜩 쓰고 있다가, 질문하라고 하면 화가 난 상태로 질문하는 이들이 있다. 이렇게 공격적인 이들의 공통점을 살펴보면 처음부터 자발성이 담보되지 않은, 말 그대로 끌려온 이들이다. 이들은 무엇을 해도 연수의 효과를 볼 수 없다.

교육청 연수는 자율연수와 직무연수, 그리고 자격연수로 나뉜다. 자격연수는 1정연수, 교감·교장연수이다. 단언컨대 이 모든 연수가 효과성은 제로에 가깝다. 일부 도움이 된다고 말하는 긍정적인 마인드를 가진 교원도 있겠지만, 형식적이고 실적 쌓기에 더 가깝다.

새로운 제안을 하나 하고 싶다. 교육청에서 하는 모든 연수를 없애고 차라리 교원들에게 바우처°의 개념으로 연수포인트를 지급하면 어떨까? 조사해보지는 않았지만, 연수비용만 아끼더라도 전국 공립학교 교원에게 나눠줄 수 있는 금액이 연간 교원 1인당 50~200만 원 가까이 될 것으로 예상된다. 아마 교육청의 모든 연수를 없앤다면 교육청 관료들도 여유가 생기고, 실적에 대한 부담도 없을 것이다. 그리고 교원은 그 바우처voucher를 가지고 대학원을 다니거나, 관심 있는 학원 또는 연수를 찾아다닐 수 있다. 자발성에 기초하기 때문에 엄청난 효과와 공교육의 질 향상으로 이어질 것이다. 일반 기업체도 이러한 형태로 연수를 지원한다. 이것이 가능하겠냐고, 교원들의 도덕적 해이를 어떻게 하겠냐고 생각하는 이들이 있다. 교원이 월급쟁이로 변하고, 무능한 이들로 비춰진 것은 닭이 먼저인가, 달걀이 먼저인가의 논리와도 같다. 무능한 제도로 인해 무능한 이들이 생겨나고, 그 현상으로 인해 더 악순환이 계속되는 것이다. 현재 이상한 교사들이 많은 것은 사실이나, 그 이면에는 교사들을 불신하는 제도가 있는 것이다. 교사들은 게으르고 무능하고, 강제하지 않으면 움직이지 않는 집단이라고 믿는 풍조가 오늘날 우리 교육을 이렇게 악화시킨 것이다. 서로 불신하는 풍조는 어떠한 성과도 내지 못했다. 공교육과 교사들의 질을 높이고 싶다면 교사들을 믿고 신뢰해야 한다. 혁신학교가 이런 과정으로 성공한 것이다. 교사들을 믿지 못하면서 공교육의 개혁을 이야기해서는 안 된다. 교사들을 믿지 못한다면 대체 누굴 데리고 개혁을 이끌어 나갈 것인가 고민해봐야 한다. 속된 말로 다 자르고 새로 뽑으라고 하는 것이 가능하지도 않지만, 그것처럼 무책임한 말은 없다.

교원 승진이라는 슬픈 이름°°

교원에게 승진이라는 것은 어떤 의미인가? 명예로운 길이며 축복받는 길인가? 아니면 상처뿐인 영광일까? 수많은 인사정책을 연구하면서 느낀 것은 후자에 가깝다는 것이다. 과거에는 교원들에게 승진에 대한 개념이 희박하고 절박하지 않았다. 학교에 오래 남은 경력자들이 승진했기에 별 탈 없이 제도가 유지되었다. 그러나 시대가 바뀌면서 정치와 교육이 연계되고, 수많은 정책사업들이 나타났으며, 그 결과 정책사업들은 승진가산점으로 변질되어 학교현장에 나타났다. 교사들은 선택을 해야 했고, 때로는 적응하며 살아가기도 하였다. 젊은 교사들이 먼저 승진가산점에 반응하기 시작하였으며 학교는 혼란에 놓이게 됐다. 소수의 자리를 놓고 앞다투어 경쟁하기에 이르렀고, 승진하지 못한 경력자들은 무능한 교사 취급을 받는 현상이 심화되었다. 일부 승진한 이들은 과도하게 권력에 심취하는 모습을 보이기도 하였다. 관리자와 교사라는 용어가 보여주듯이 학교는 통제와 억압의 기제로 작동하는 열악한 상황에 지속적으로 노출된다.

좋은 학교, 행복한 학교를 만들기 위한 학교혁신, 공교육혁신에 있어서 교사의 역할은 본질적이며 매우 중요하다. 그러나 혁신교육을 추동

° 정부가 특정 수혜자에게 교육, 주택, 의료 따위의 복지 서비스 구매에 대하여 직접적으로 비용을 보조해 주기 위하여 지불을 보증하여 내놓은 전표를 말하는데, 복지포인트의 개념이다.

°° 본 내용은 경기도교육청 교원인사제도 정책연구 '미래학교를 준비하는 교육공무원 인사제도 혁신방안 연구(2016, 경기도교육청)'의 내용을 일부 수정 발췌하였음.

할 만큼의 교원인사제도는 여전히 논의 중이고 명시적으로 준비되지 않고 있다. 특히 교원승진제도는 1964년 이후 40여 차례의 개선 방안이 발표될 정도로 잦은 변화과정을 겪어왔는데도, 지금까지 끊임없이 변화를 요구받고 있다. 이는 여태껏 교원승진제도 개선안이 시대적 변화에 따르는 패러다임을 간과했거나 소극적으로 받아들였기 때문이다. '근대적 가치'와 '현재와 미래의 가치'가 구현되는 과정을 소홀히 한 것이다. 이는 교원인사정책담당자들이 '과거'와 '근대'의 패러다임에 갇혀 있었다는 반증이기도 하다.

승진제도에 있어 많은 부작용이 생겨나자 이를 해결하기 위해 교육부, 시·도교육청, 유관기관, 학술논문 등에서 승진제도에 대한 정책연구를 수없이 많이 진행하였지만 대개 용두사미로 끝났다. 이러한 연구들은 공통적으로 수많은 문제점을 지적하였다. 문제점은 많은데, 대안으로는 결국 승진가산점 신설, 폐지 정도에 그쳤다. 근본적인 대책을 제시하지 못한 가장 큰 이유는 개인 간, 집단 간 이해관계를 넘어서지 못했기 때문이다. 승진제도의 변화가 누군가에게는 이롭게 작용할 수 있지만 누군가에게는 피해가 될 수 있다는 인식이 그것이다. 이러한 인식의 한계는 미래적 가치, 변동의 맥락, 행복한 학교를 만들기 위해 정의로운 실천역량이 갖추어지지 않았기 때문이다. 정책이나 제도에 있어 방향성은 매우 중요하다. 교원승진제도 혁신은 결국 "학교의 역할은 무엇인가?", 학교현장에서 "리더는 어떤 사람이고 누가 리더가 되어야 하는가?"라는 가장 기본적이고 근본적인 물음에 초점을 맞추어야 한다. 이에 현행 제도의 문제점을 파악하고 난 후, 그에 맞는 거시적인 측면의 대안을 마련하고, 그 뒤 미시적인 대안을 고민하였다. 거시적인 측면의 대안은 수업과 교육과정 전문가, 즉 미래학교에 어울리는 철학과 역량을 지닌 이들이 학교의 리더가 되는 방안을 찾는 연구를 하는 것이었고, 미시적인 대안은 현재 문제가 되고 있는 것들을 조금씩 개선해 가는 방안을 마련하는 것이었다. 대안을 만드는 것은 쉽지 않다. 학교의 역할에 대한 근본의 물음을 던지고 반응을 기다려야 하며, 현장의 목소리를 듣고, '승진'이라는 현실 당면의 이해관계를 넘어서야 하는 어려움이 있기 때문이다. 지금까지 교원승진제도가 '가산점'이라는 방식으로 너무 쉽게 기계적으로 정량화하여 접근하였기 때문에 더욱 어려운 상황이었다.

희망고문, 좌절을 양상하는 제도

가산점 방식은 어찌 보면 희망고문이라고 할 수 있다. 승진에 관심을 가진 많은 이들이 20여 년 가까이 점수를 쌓아도 넘어서기가 쉽지 않은 게임이어서 중도에 포기하거나 탈락하는 사람들도 많다. 기존의 가산점 평정 방식은 경우에 따라서는 지역점수, 연구시범학교점수, 근무평정 등으로 학교현장의 서열화와 갈등을 부추겨 왔을 뿐만 아니라 승진을 준비하는 당사자의 삶의 질 또한 나아지지 않았다. 더구나, 오랫동안 가산점 평정 항목에 갇혀서 생활하다 보면 본질과 과정의 가치가 전도될 우려가 커지고, 좋은 교사로서 반드시 가치의 최상위에 두어야 할 '교실'과 '학생'조차도 가산점 항목에 갇히는 결과를 걱정하기에 이르렀다. 많은 교원들이 교원승진제도의 혁신이 필요하다는 것을 말하고 있다. 소수만이 누릴 수 있는 특권의식 속의 '승진'은 관료제의 산물이지, 학교현장에서 교원과 학부모·학생이 기대하는 방식의 제도는 아니라는 의미이다.

학교에서의 승진이 근대사회 관료적 가치의 산물이라는 증거는 또 있다. 현재 학교에서의 교원승진은 가산점과 근무평정에 의해서 좌우된다. 그런데 가산점 평정항목과 근무평정은 학교 간 혹은 동료 간에 '배타', '배제'를 필연적으로 동반한다. 가산점 항목은 모든 이가 취득하기 어렵고, 근무평정은 동일학교 내에서 1등수만 의미 있는 경우가 일반적이기 때문이다. 결국 동료 교사와의 경쟁에서 혼자만 살아남는 정글의 법칙을 연상케 하는 체제인 것이다. 근대사회는 '한 사람의 영웅이 필요한 사회'였다는 주장에 일면 설득력이 있다는 평가도 있었다. 경쟁을 통해 살아남은 소수가 사회적 재화를 독식하는 구조였는데도 불구하고 관료적 가치와 체제하에서 인정되어 온 측면이 있었다.

그러나 현재의 우리 사회는 지방화, 분권화, 다원화, 민주화 환경이 갖춰지고 있고, '자율'과 '자치'의 가치는 사회 구성원의 삶 속으로 내면화되고 있다. 이러한 흐름은 돌이킬 수가 없다. 우리가 당면하고 있는 미래사회, 미래학교는 그동안 경험해 보지 못한 광폭의 변동을 경험할 것이라는 예상이 일반적이다. 그리고 그 광폭의 변동은 '자율', '자치', '분권', '민주'의 가치가 더욱 확장되고 사회적 지배 이념으로 자리 잡을 것이다. 변동의 시기에 관료적 가치는 반동으로 작동할 가능성이 크고, 따라서 학교현장에서도 '승진'이라는 가치는 더 이상 의미 있는 영향력을 갖기가 어려워질 것이다. 학교 공동체의 주체인 교사, 학생, 학부모가 변하고 있다. 변화를 담보하지 못하는 교원승진제도는 사문화된 제도일 뿐이다. 학교현장에서 살아 숨쉬는 가치를 존중하고 이를 바탕으로 제도를 만들어 가는 것이 당면 과제이다.

승진제도 어떻게 변화해야 할까?°

승진제도의 대안과 변화에 대해 언급하려니 두려움이 앞선다. 많은 경력교사들이 승진제도가 변화하는 것에 대한 두려움과 공포를 가지고 있기 때문이다. 변화에는 누군가의 희생이 따른다. 긍정적인 측면보다 제도에 대한 안정성을 해친다는 측면으로 접근하기 쉽다. 개혁이 어려운 것은 개혁에 대한 방향이 아니라, 개혁에 대한 저항세력 때문이다. 저항세력이라고 모두 적폐세력은 아니다. 그들도 기존 제도에 대한 믿음으로 많은 것들을 희생하며 학교현장을 이끌었던 이들이다. 새로운 정책이 나올 때마다 희생과 헌신을 강요할 때는 언제고, 새로운 혁

° 본 내용은 강원교육 중·장기 발전 방안에 수록된 내용임(강원도교육연구원 2017).

신적인 제도를 위해서 또 희생해달라고 요구하는 것만큼 잔인한 것은 없을 것이다. 현재 논의되고 있는 교장 공모제 확대°가 바로 그것이다. 교장 공모제는 이주호 전 교육부 장관에 의해서 입법발의되었는데, 제도의 취지는 평교사가 교장이 되는 것이었다. 교장 공모제에는 세 가지 형태가 있다. 초빙형, 내부형, 개방형이다. 초빙형은 교장 자격증을 가지고 있는 이들만 해당되므로 기존 교장들의 임기 연장 수단으로 주로 쓰이고 있어 법안의 취지와 맞지 않다는 지적이 있다. 교원 자격증을 가지고 있지 않아도 되는 개방형은 특성화고 등 일부 학교에서만 시행되고 있다. 본래 도입 취지에 부합하는 내부형 교장 공모제는 2007년에 도입된 이래 7년이 지난 2014년 3월 1일까지 49명만 임용되었다.°° 2007년 4월 12일 '초중등교육법 시행령'에는 교장이 아니어도 교육경력 15년 이상인 교원에게 교장의 문호를 개방하도록 자격기준을 두었는데, 이후 2009월 10월 7일 위 규정을 개정하여 교장자격증 미소지자(내부형 교장)의 응모 학교 범위를 자율학교로 지정된 학교의 전체 15%로 제한하였다. 관련 내용은 아래와 같다.

「교육공무원임용령」 제12조의6(공모 교장의 자격기준 등) ② 제1항 제2호 각 목의 학교 중 자율학교로 지정된 학교와 제1항 제3호의 자율형 공립고등학교의 경우에는 교육감이 사전에 학교의 신청을 받아 제1항 제2호에 따른 자격을 갖춘 사람이 교장 공모에 참여할 수 있는 학교를 정하여 공고하여야 한다. 이 경우 교육감은 신청한 학교 중 15퍼센트의 범위에서 제1항 제2호에 따른 자격을 갖춘 사람이 교장 공모에 참여할 수 있는 학교를 정하여야 한다.

서울이나 경기도와 같이 학교 숫자가 많은 학교에서는 학기마다 4-5개 학교가 나올 수 있지만, 그 외 지역은 한 학기에 1-2개 학교가 나오기도 힘든 실정이다. 국회입법조사처는 15%로 제한한 '교육공무원임용령'이 법률의 취지에 반하므로 개정하여야 한다는 의견을 냈다.[°°°]

현재 내부형 교장 공모제는 전국적으로 거의 유사한 형태로 운영되고 있다. 서울이나 경기도의 경우, 숫자는 많지만 시도별 특색이 나타나지 않아 우수사례라고 보기는 힘들다. 교육부의 기준에서 크게 벗어나지 못하고 있는 것이다. 특히 교장에 대한 임명권은 대통령이 가지고 있으므로, 시·도교육청의 재량권이 발휘되기가 어렵다. 문재인 대통령 공약사항[°°°°]과 관련지어 내부형 교장 공모제에 대한 개선책을 시·도교육청 차원에서 만들 필요가 있다. 시·도교육청의 특성에 맞는 내부형 교장공모제 모델을 만들어 우선적으로 열악한 벽지에 학교를 지정하고 중앙정부와 교육부에 제도화를 요구해야 한다. 경기도에서 논의되고 있는 리더십 아카데미를 참고하면 인사제도 혁신에 대안이 될 수 있다.

° 문재인 대통령 공약 중 공모제 교장(내부형 교장)의 확대가 있음. 내부형 교장은 소위 말하는 무자격자 교장을 말하며, 평교사에서 교장으로 임용되는 제도를 말함. 현재 자율학교의 15%로 제한하고 있는데, 이는 교육부에 의해 입법취지를 제한당한 것임(2014, 국회입법조사처 답변 중).

°° 좋은교사정책토론회 자료집(2014.12.29.)

°°° 사교육걱정없는세상 보도자료 참고(2015.2.26.)

°°°° 1. 초중등교육은 시도교육청과 단위학교로 권한을 이양하고, 교육부는 고등·평생·직업교육 중심으로 기능 재편, 2. 유능한 교사가 교장으로 임용될 수 있도록 교장 공모제 확대(2017, 더불어민주당 정책공약집 중)

내부형 교장 공모제가 확대되더라도 기존 승진제도는 그대로 유지하여야 한다. 급작스러운 변화로 인해 교원의 사기저하가 우려되기 때문이다. 신뢰도 차원에서라도 인사제도는 점진적으로 변화해야 한다. 승진가산점제의 신설 및 폐지는 큰 혼란을 야기할 수 있으므로 손대지 않는 것을 원칙으로 하고, 교원들이 자율적으로 내부형이든 승진제든 선택하게 해야 한다. 2018년부터는 학교장 리더십 아카데미°를 실시하여 2년간 학위과정을 운영할 필요가 있다. 학교장 리더십 아카데미 졸업자가 나오는 2020년부터 리더십 아카데미 이수자에게만 내부형 교장 공모제를 지원할 수 있는 자격을 부여한다. 내부형 교장 공모제는 벽지를 중심으로 확대하는 것을 원칙으로 한다. 좀 더 열악한 벽지의 상황과 연계한다면, 벽지 지역에서 초·중·고·대학교를 나온 이들에게는 소정의 가산점을 1차 서류심사 때 부여하는 것을 도입할 필요가 있다. 점수화하는 방식(정량화)에 대한 부담이 있다면, 자기소개서에 벽지 지역과 연관된 내용을 기재하여 정성적인 요소로 평가받을 수도 있다. 타 지역에서 온 이들보다는 정주의 가능성이 높아지고, 지역에 대한 애향심을 가질 수 있을 것이다.

논란의 중심에 있는 교원 지방직화

교원 지방직화는 미래교육에 대한 이야기이므로 비난이 있더라도 꼭 짚고 넘어가고 싶다. 공립 교원은 현재 국가직 공무원이다. 정확하

276

게는 교육부 소속의 국가직 공무원이다. 그런데 형식적으로는 국가직 공무원이지만 내용을 보면 지방직 공무원에 가깝다. 공무원 호봉제를 유지하고 있지만, 시·도별로 출장비와 복지포인트 비용이 다르다. 신규교원 임용과 교장·교감·교육전문직원°° 모두 시·도교육청에서 관리한다. 다만 교장임명의 최종 결정권자는 교육부(중앙정부)가 갖고 있다. 교육감 선거마저 별도로 하고 있기에 사실상 지방직 공무원이라고 해도 큰 차이가 없다. 최근 새 정부가 교원의 지방직화를 검토한다는 기사가 나와서 많은 논란이 되었다. 교원단체들은 앞다투어 반대성명을 발표했다고 하고, 정부가 나서서 교원 지방직화를 검토하지 않았다고 발표하면서 논란은 마무리되었다.°°°

사실 많은 정부가 정권 출범 초기 교육부의 구조조정을 논하면서 교원의 지방직화가 검토되었다. 교육자치(교육감 선거)가 시행되는 시기에 맞춰 교원의 지방직화를 검토하는 것은 당연하다고 볼 수 있다. 반대 논리는 소규모 지방의 교원이 구조조정될 수 있다는 우려와, 교육의 지역격차가 더 커질 수 있다는 논리이다. 첫 번째 논리에 대한 개인적인 견해는 현재 일반자치에서 공무원은 지방직 공무원인데 구조조정이 되었다는 이야기는 없다. 두 번째 논리에 대한 견해는 현재도 이미

° 2017년 현재 경기도교육청에서 시범운영하고 있음.

°° 교육청에서 근무하는 장학사·장학관을 말함

°°° http://www.korea.kr/policy/actuallyView.do?newsId=148837349&call_from=naver_news

지역격차가 존재하고 있다는 것이다. 앞서 말했듯이 강원도와 전라도는 국가직 공무원인 교원의 순유출이 엄청나다. 경력교사들도 앞다투어 수도권과 광역시로 빠져나오고 있고, 신규교사들도 수도권으로 전입하기 위해 기를 쓰고 노력하고 있다. 이것은 교원의 지방직화와는 상관이 없다.

최근 소방직 공무원의 국가직 전환이 대선공약 과제와 함께 이슈가 되었다. 지금까지 소방직 공무원은 지방직으로 지자체 산하에 속해 있었다. 독립적인 소방청도 존재하지 않아서 그 열악한 대우를 받아도 하소연하거나 대변할 곳도 없었다. 본인들의 방화복을 사비로 사야 할 정도였다. 최근 소방청이 독립된다고 하고, 소방직 공무원의 국가직 공무원 전환이 검토된다고 하자, 안희정 충남도지사는 소방직 공무원의 국가직 공무원을 반대한다고 밝힌 바 있다. 지방자치와 분권에 역행하는 일이라며 자신의 소신을 밝히기도 했다. 지금까지 소방직 공무원의 열악한 대우가 교원의 지방직 공무원에 대한 거부감을 증폭시킨 것이 아닌가 하는 생각이 든다.

교원은 그들의 이익을 대변할 수 있는 독립적인 기구인 시·도교육청이 존재하고, 이미 교원 인사는 독립적으로 운영되고 있다. 결정적으로 지방직 공무원이 되어야 하는 이유는 바로 교원 승진과 관련이 있기 때문이다. 지금까지 교육부는 국가직 공무원인 교원의 승진제도에 대한 규정을 중앙정부에서 맡는다는 논리를 내세웠다. 국가직 공무원이니 중앙정부에서 담당하겠다는 것은 맞는 말이다. 그러나 승진제도를 시·도교육감이 바꾸려고 한다면 당연히 인사권을 포함한 모든 것을 맡을 수 있도록 위임받아야 하는데, 지방직 공무원이 되어야 이것이 가능하다. 더 추가한다면 현재 열악한 지역(강원도, 전라도, 경상북도, 충청도 등) 소규모 학교의 교원 문제를 고민하지 않을 수 없다. 교육부에서는 경제 논리로 인해서 소규모 학교를 통·폐합하고 교원의 규모를 줄이라고 하고 있다. 학교가 사라지면 젊은 층이 교육을 위해 도시로 떠나는 것이 가속화된다. 마을 자체가 사라지는 것이다. 그러나 교원이 지방직화되고 시·도교육감이 재량으로 교원 TO를 늘린다면 소규모 학교는 활성화될 수 있다. 정주하는 교원이 늘어나면 되는 것이다. 여기에 벽지교원의 유인책으로 승진가산점이 아니라 벽지근무수당(50~100만 원 내외), 신규교원 지역형 트랙제 확대, 사립교원 공립 전환 후 지역형 트랙제 확대, 벽지 대상 내부형 공모제 우선 확대 제도를 실시하여 정주하는 교원을 늘리는 정책을 실시할 수 있다. 지역사회와 함께하는 방과후 마을학교⦿와 같은 제도도 함께 실시하면 효과는 배가 될 수 있다. 이렇게 된다면 벽지 학교가 살아나고, 마을이 살아날 수 있을 것이다. 고교학점제, 1수업 2교사제 등 현 정부가 중점적으로 실시하는 정책은 모두 정규교원의 TO가 확대되어야 하는데, 교원의 TO가 확대된다는 전제가 보장된다면 지방 소도시에서 우선적으로 실시할 수 있는 정책

⦿ 지자체와 시·도교육청이 방과후학교를 만들어가는 형태. 문재인 대통령 공약사항임.

들이다.

교원의 지방직화는 지역을 살리는 길과 연결된다. 진정한 의미에서
지역자치와 분권이 이루어질 수 있다. 단순히 교원의 월급이 깎이고,
구조조정된다는 오해에서 벗어났으면 한다.

제도적 측면에서 본
교원양성제도

단국대학교 교육대학원 교수
이영희

우리는 어떤 교사의 양성을 원하는가?

　매년 봄가을이면 교육대학원에서는 다음 학기 신입생 모집 전형을
실시한다. 학부에서 과학 관련 전공을 한 지원자들은 학부 졸업 후 다
양한 환경에서 경력을 쌓으면서 나름의 커리어를 갖고 사회생활을 한
후 뒤늦게(?) 발견한 교직에 대한 열정과 좋은 선생님이 되고 싶다는
꿈을 이루기 위하여 교육대학원의 중등교사 자격증 과정에 지원한다.
개인적으로 지원자들을 면접하면서 이들의 교직에 대한 간절한 바람
과 열정에 가슴이 벅차오른다. 이들은 대학 졸업 예정자부터 많게는
대학 졸업 후 10년 이상 다른 경력을 갖고 있는 지원자들로, 사범대학

을 졸업하지 않았지만 교사의 꿈을 갖게 된 나름의 진지한 철학을 갖고 교직 진출을 간절히 열망한다. 지원자들은 대학 진학 당시에는 미처 깨닫지 못했던 교직에 대한 적성, 그리고 다양한 경로를 통해 학생들을 가르쳐본 경험으로 얻은 교육활동에 대한 보람과 기쁨을 발견한다. 그리고 나름대로 서로 다른 각자의 상황 변화를 시도하기 위한 큰 용기와 미래에 대한 도전정신으로 교육대학원의 문을 두드리고 있는 것이다. 특히 이들 지원자들을 면접하면서 느끼는 것은 대부분의 지원자들이 단순히 '안정된 직장'으로서의 교직에 대한 바람이 아닌, 자신의 소신과 꿈을 펼칠 수 있고, 한편 우리 아이들의 인생에 '좋은 영향'을 줄 수 있는 '좋은 선생님'이 되고 싶다는 순수하면서도 교사에게 반드시 필요한 사명을 갖고 새로운 도전을 한다는 것이다. 면접에서 그들이 원하는 교사의 모습과 교직에 대한 꿈을 갖게 된 동기를 듣다 보면, 필자는 교사교육을 담당하는 사람으로서 큰 책임감을 다시 한 번 느끼게 된다. 그리고 생각한다. 인생에서 꼭 하고 싶은 일로써 미래세대 양성이라는 소중한 사회적 가치의 실현을 위해, 교육자가 되고자 하는 바로 이들이 우리 학교 현장에서 꼭 필요한 교사가 아니겠는가. 게다가 대부분의 지원자들은 이미 학부를 졸업한 후 자신의 영역에서 다양한 경력과 경험을 쌓고 본인의 소질이나 적성을 파악한 후 진지하고 신중하게 판단하여 인생의 직업으로 교직을 계획해 왔다. 또 각자의 다양한 경력에서 얻어진 통찰력과 철학을 교직에 반영할 수 있는 '창의융합적 사고'을 지닌, 소위 말하면 '괜찮은 교사'가 될 소질도 엿보인다. 그럼에도 불구하고 이들이 현재의 교사양성 주요기관인 교사대가 아닌 교육대학원이라는 기관을 통해 교사가 되려는 것은 마치 '정식 과정'이 아닌 '대안적 과정'을 택했다고 생각하는 듯 다소 주눅 들고 소극적인 자세로 교직에 대한 꿈과 열정을 고독하게 펼쳐가고 있는 모습도 보인다. 특히 최근 불어 닥친 '교육대학원 죽이기(?)'처럼 보이는 교육부의 교원양성기관평가의 칼바람 속에서 교육대학원 학생들뿐 아니라 교사교육을 담당하는 교수들도 마치 국가와 사회에서 '하지 않아야 할 일'을 하는 사람들처럼 잔뜩 주눅 들어 가슴을 졸이게 된다. 대학의 학부를 졸업하고 사회인의 경험을 쌓고 진정한 사명감과 열정으로 다시 많은 비용과 노력을 투자하여 교육전문가를 꿈꾸는 학생들에게 이것이 과연 바람직한 '사회적 처우'인지 의문을 갖지 않을 수 없다.

그렇다면 우리 사회는 이제 더 이상 교사를 양성해 낼 필요가 없다는 말인가? 아니면 어떤 교사를 양성해야 하는가? 모두가 기대와 흥분으로 준비해야 한다고 목소리 높이는 제4차 산업혁명의 시대를 이끌어 갈 미래인재 양성을 위하여 우리는 어떤 교사를 양성해야 하는가? 한편 교사는 수요와 공급 곡선에 맞춰서 정확히 필요한 만큼만 양성해야 바람직한 것인가? '교육의 질은 교사의 질을 넘지 못한다'는 유명한 문구처럼 교육을 책임지고 이끌어 가야 할 최전선의 주체는 교사이며, 우리가 어떤 교사를 양성해 나가느냐 하는 문제는 교육의 목적이나 성과를 이뤄낼 수 있느냐 없느냐를 가늠할 문제라고 할 수 있다. 이런 시점에서 우리는 교사양성이라는 문제를 어떤 관점에서 접근하고 어떻게 풀어갈지 생각해 볼 필요가 있다. 단순히 시장의 원리에 의한 수급의 불균형에 대한 접근으로 양적인 문제의 해결이 중요한 것인지, 아니면 50년 전과는 사회와 문화 등 많은 것이 달라진 이 시점에서 달라진 교육의 목표와 방향에 맞는 새로운 교원양성 시스템을 통한 큰 그림의 변화로 질적인 문제의 해결이 중요한지 생각해 볼 필요가 있다. 이런 질문에 대부분의 독자들은 쉽게 우리가 무엇을 해야 하는지 짐작을 할 수 있을 것이다. 이제 우리는 변화된 현대사회에 적응하여 살아갈 차세대를 위하여, 그리고 세계 속의 한국을 이끌어 갈 미래인재 양성을 위하여 교육의 현장을 책임질 최전방의 정예원으로 어떤 교사를 양성해야 하는지에 대해 고찰해야 할 것이다. 또한 그것을 위해 교원양성제도가 어떻게 변화해야 할지 고민해야 한다.

사회의 변화, 교육의 변화, 그러나 교사의 변화는?

한때 일부에서는 "19세기 교실에서 20세기 교사가 21세기 학생을 가르친다."라는 말이 유행처럼 돌았다고 한다. 이것은 앞서 논의한 것처럼 교육의 환경이 변화하고 있지만 여전히 우리의 교육현장은 그 변화를 따라가지 못하고 있음을 지적하고 있다. 우리 사회는 요즘 제4차 산업혁명에 따른 사회 모습의 변화에 대하여 기대와 우려 섞인 목소리를 듣고 있다. 우리는 제4차 산업이 무엇인지 구체적으로 잘 알지 못하더라도 우리가 살고 있는 현대사회가 지난 50~60년과는 너무도 많이 달라졌다는 것을 알고 있다. 무엇보다 우리는 한국전쟁 이후 피폐하고 황량했던 사회와 경제 상황에서 불과 반세기 만에 세계 경제 순위 11위(2017년 기준)를 자랑하는 경제대국으로, 특히 IT 세계 최강국으로 인정받고 있다. 이와 같이 눈부신 경제성장뿐 아니라 우리 사회 곳곳의 모습은 50년 전 아닌 불과 20년 전과도 너무나 많이 변했다. 1970년대에는 둘만 낳아 잘 기르자던 출산조절정책을 펼쳤던 사회 상황이 현재는 완전히 다른 인구절벽의 위기 상황을 대비해야 하는 출산장려정책으로 변화되었고, 단일민족국가의 자긍심을 독려하던 사회는 글로벌사회의 도래로 다문화사회의 모습을 인정하고 그 속의 가치를 찾고 있다. 또한 놀라운 과학기술의 발달에 따라 달라진 생활모습과 각종 사회문제로 인하여 전에 없던 사회 및 법률문제를 당면하면서 그 해결을 위한 제도와 법률을 제정하며 개선하고 있다. 이와 같은 급속한 사회 구조와 모습의 변화에 발맞춰 사회를 원활하게 유지하고 지속적으로 발전시키기 위해서는 사회제도와 정책이 함께 진화해 가야 하는 사회적응이 필수적이다. 이 중에서 사회를 구성하고 이끌어 가는 미래세대의 양성을 위한 교육의 변화는 누가 보더라도 가장 중요한 부분으로, 시대의 변화와 개선에 동참해야 한다는 데에 모두가 공감할 것이다.

이처럼 교육 변화의 필요성에 따라 우리나라 교육을 중앙 관리하는 교육부에서도 교육의 변화, 구체적으로 21세기 교육의 목표, 내용, 교육과정, 그리고 평가의 변화를 제시하고 있다. 2015개정교육과정 (2015. 9. 23. 교육부고시)에 따르면, 우리 미래교육의 목표는 창조경제 사회가 요구하는 핵심역량을 갖춘 '창의융합형 인재'의 양성으로, 이를 위하여 인문, 사회, 과학기술에 관한 기초 소양 교육을 강화하고, 학생들의 '꿈과 끼'를 키울 수 있으면서 미래사회의 적응 및 당면하는 문제 해결을 위해 요구되는 다양한 핵심역량을 함양할 수 있는 교육과정을 마련한다고 하였다(교육부, 2015). 이처럼 지식 중심 학습의 주입식 교육에서 배움을 즐기는 행복한 교육을 위한 교육 패러다임의 전환을 위하여 단순한 암기식 교육을 통한 다량의 지식을 습득하는 교육과정 및 방법에서 스스로 문제를 해결할 수 있는 창의융합적 사고력을 갖는 핵심역량 중심 교육으로 교육의 방향과 내용을 개선하고자 한다. 교육의 목표가 변화하면 그에 따라서 교육의 내용 및 방법이 변화하고, 또한 그에 대한 평가도 변화하여야 한다. 학교 수업에서 다양한 평가의 모습도 변화해야 하지만, 다양한 대학입시 전형의 모습에서 학생 평가의 방법이 달라졌다는 것에서 평가의 역할 및 본질을 다시 한번 상기해야 할 것이다. 그러나 현장에서는 평가의 목적이 교수학습의 개선을 위한 선순환 구조로 이루어지는 것이 아니라, 선발이나 등급 구분을 위한 목적 하에서 이루어지는 구조이기 때문에 평가의 변화가 매우 어렵다는 것 또한 교육개선의 큰 한계로 작용하고 있다. 학교에서 평가의 변화는 다른 논의이므로 여기서는 교원양성제도라는 주제에 제한하여 평가에 대한 부분을 논하기로 한다.

우리는 변화하는 사회의 모습과 요구에 따라 교육의 목표, 방향, 내용, 그리고 평가의 변화에 대한 필요성을 인식하고 2015개정교육과정의 교육개혁이라는 슬로건 아래 많은 변화를 추구하고 있다. 특히 교육의 성공에는 교사 변인이 가장 중요하다고 한다(권순달, 2016). 시대에 부합하고 교육목적을 달성할 수 있는 전문성을 갖춘 양질의 교사를 양성하는 교사교육 및 교원양성제도의 개혁은 교육혁신을 위한 필수적인 부분으로 마땅히 논의되어야 할 부분이다.

우리나라 초중등교원양성제도의 역사 및 현재

역사적으로 우리나라 교사의 양성은 수급의 관계에서 제기되어 변천해 왔다. 8.15광복 이후 교육에서의 자주화와 민주화가 추구되면서 학교에서의 부족한 교사 조달이 시급한 문제였으며 이를 위하여 국가 차원에서 수립된 폐쇄적인 목적형 교사양성기관이 형성되었다. 초등교원의 양성은 한말인 1895년 한성사범학교의 발족을 효시로 일제하에서 이미 사범학교가 설치되어 있었으므로 미군정 하에서 10교의 사범학교 중 7교를 초등교원 양성기관으로 존속하고 별도의 10교를 신설하며, 정부수립 이후 다시 1교를 증설하여 모두 18교의 사범학교가 설치·운영되었다. 1950년 이후 재정운영 형편 등으로 모두 국립으로 이관되어, 국립 사범학교 체제의 초등교사양성제도를 정착시키면서, 실제 운영은 긴박한 수급형편에 밀려 임시 초등교원양성소의 부설 운영 등 미봉적인 시책을 수반하였다. 특히 1946~1958년에는 임시양성소에서 고등학교 졸업자에게 18주간의 단기양성을 거쳐 준교사자격을 부여한 일이 있었고, 그 후에도 1966~1973년에 일시적으로 단기양성이 운영되었다. 1962년 이후 사범학교는 교육대학으로 승격 개편되었고 1981~1984년에는 다시 4년제 대학으로의 승격 개편이 이루어지면서, 안정된 초등교원양성체제가 정립되었다. 이들 교육대학이 한국 초등교사양성의 주된 기관이 되어오고 있음은 물론이고, 일부 종합대학에서의 초등교육과가 있는 것을 제외하고는 초등교원양성의 개방화 및 다원화는 전혀 없었다고 해도 무리가 없다.

광복 이후 중등교원의 양성도 교사 수급의 상황에 따른 변동을 보이면서 변천하였지만 초등교원의 양성보다는 다원화 및 개방화된 방향으로 전개되었다. 중등교원의 경우에는 처음에는 3가지 형태로 교원양성이 시작되었다. 하나는 임시 양성과정으로 운영한 것으로 일제하의 전문학교에 부설·운영되었던 임시중등교원양성기관의 연장선에서 제도화된 임시 양성소는 1947~1956년에 12교에 달했으나 1958년 모두 폐지되었다가, 1960년 교사 부족의 해결을 위해 부활되기도 하였다. 또 하나는 전문적인 중등교원양성기관으로 일제하의 경성사범학교와 경성여자사범학교를 모체로 한 1946년 국립종합대학교로서 서울대학교 산하 사범대학을 설립·발족시키면서 시작되었다. 이어 국립의 사범대학은 1950년대 지방 국립대학의 설치와 60년대 말 정책의 변화로 전국적으로 증설되어 중등 일반교사의 양성체제로 자리 잡았으며, 사립의 사범대학도 국립의 사범대학과 함께 성장하였지만 1990년 국립 사범대학 졸업자의 우선임용이 철폐될 때까지 임용상 차별을 받으며 심각한 논쟁의 초점이 되었다(김종철, 2015). 한편 1965년부터 시작된 교육대학원과 이에 앞서 제도화된 교육학과도 중등교사의 양성 기능을 담당하였다. 또 다른 중등교원 양성 방안은 일반대학의 교직이수 제도였다. 1955년 발족된 이래 여러번 변동이 있었으나, 현재까지 사범대학과 더불어 중등교원의 양성 및 공급의 기능을 수행해 왔다.

이와 같이 역사적인 변천 과정으로 초중등교원양성체제를 살펴보면, 초등교사의 양성은 거의 전적으로 국립의 교육대학에 의존하여 지난 50년 이상 동일한 제도 및 체제로 유지되면서 한국의 초등교사 양성은 매우 폐쇄적이며 획일화된 모습의 양성체제라는 것을 알 수 있다. 또한 중등교사의 양성은 초등교사의 양성보다는 다원화 및 개방화된 구조로 진화되었지만, 이들 초중등교원양성기관의 교육과정에 대한 고찰은 둘째 치더라도, 그 제도와 체제는 지난 수십 년간 시대와 환경, 그리고 교육 수요자의 요구의 변화에 상관없이 지속적인 형태를 유지하면서 존속되고 있다. 동일한 제도와 체제의 지속 자체가 문제가 될 수는 없지만, 교원양성이 교사임용의 문제, 그리고 그 이후의 교원인사 체제로 연계되고 궁극적으로 교육개혁의 열쇠를 쥐고 있는 교사의 전문성 및 교육의 질을 결정하는 요인이라는 부분에서 논의될 필요는 충분하다. 또한 21세기 미래교육의 준비를 위하여 지난 50여 년간 교원양성제도 하에서 교사양성 역할 수행에 대한 검토와 함께 미래사회에서 요구되는 새로운 인재 양성을 위하여 변화된 교사의 전문성 요구를 고려한다면 교원양성기관에 대한 좀 더 혁신적인 변화를 기대하는 것은 당연하다고 생각한다.

현재 교육 선진국을 중심으로 하는 국제적인 교사양성체제는 교원의 전문성 강화를 위하여 '선발'보다는 '양성'에 중점을 두어 대학원 수준에서 개방형 체제로 교과교육과 현장을 연계한 현장역량 강화에 중점을 둔 교원양성체제를 갖추는 경향을 추구한다(정일화, 2017). OECD는 교사양성에 있어서 교과전공 심화를 위해서는 학부 수준 이상이 교사양성체제가 되어야 함을 강조하고(김갑성 외, 2009), 전통적인 학교의 모습에서 학습조직을 강조한 학교와 사회센터로서의 학교의 재구조화를 예상하였다. 세계 많은 선진국에서는 우수 교원을 양성하기에 4년 동안의 학부과정으로는 현장과 연계한 전문성을 갖춘 교원양성이 충분하지 않다는 판단 하에 주로 대학원 수준의 개방형 교원양성 체제를 갖추어 가고 있다. 영국은 석사학위를 기본 요건으로 하는 PGCE Post Graduate Certificate in Education의 양성체제이고, 프랑스는 학부과정을 마친 후 입학하는 대학원 수준의 종합교육연수원IUFM: Instutus Univeraitaires de Formation des Maitre, 핀란드는 초중등학교 모두 석사과정 이상의 학위를 요구한다(김이경 외, 2004; 황성원, 사영숙, 2006; 김갑성 외, 2009; 고전, 2009). 일본은 대학원 학위를 구분하여 인정하는 교원자격을 신설하였다(정일화, 2017).

우리의 교원양성체제는, 초등교사의 경우 주로 교육대학교 단일체제로 4년제 학부과정을 통한 무시험자격제도이다. 현재까지의 교사 수급 상황에 따라 거의 경쟁구도 없이 교육대학교 졸업이 곧 교사임용의 과정으로 연결되는 상황이었다. 따라서 교육대학교 진학은 안정되고 보장된(?) 직업교육기관으로의 진학이라는 인식으로 고등학교 성적이 매우 우수한 학생들이 대거 진학하는 모습을 보여주었다. 흔한 말로 우리나라에서는 최고 상위권 성적의 학생들이 '모두 초등교사를 꿈꾼다'는 말을 할 정도로, 교육대학이 극히 학업성적 중심 선발에 직업훈련적인 초등교원양성기관으로 자리잡고 있다고 할 수 있다. 무작정 일반화할 수는 없겠지만 이들 초등교사 지원생들은 흔히 학창시절 매우 우수한 학업성적을 기반으로 '안정된 직장'을 원하여 대학에 진학하는 경우가 많았을 것이다. 안정된 직장을 원하는 것 자체가 문제가 될 수는 없지만, 교사라는 직업은 단순 직업이 아닌 사회봉사적인 태도 및 헌신과 열정의 사명감이 요구되며, 교사의 역할이 인간 사회화의 관점에서 전인교육을 담당하기에 단순 교과지도뿐 아니라 생활교육의 역할이 중요한 점을 고려한다면 단순히 안정된 직장을 원하여 교직을 선택하는 것은 결코 사회에서 기대하는 직업 선택의 모습은 아니라고 보인다. 특히 학생들에게 행복한 교육을 제공할 수 있는 좋은 교사, 따뜻한 교사가 되기 위하여 예비교사들은 대학에서 다양한 경험과 학문을 탐구하면서 인간에 대한 이해의 폭을 넓히고 우리 사회와 가정에서 소외되고 열등한 학생들을 이해하고 지도하기 위한 교사로 성장할 필요가 있다. 그런데 혹여 지금까지 성적 중심 경쟁구도의 승리자들인 초등 예비교사들이 성적 중심의 학교에서 낙오되고 소외된 학생들을 이해하기에는 생리적 또는 생태적으로 무리가 있다고 말하는 것은 지나친 비약이 될지, 타당한 근거가 될지는 독자의 판단에 따라 달라질 수 있을 것이다. 물론 성적이 우수한 초등교사 자체는 전혀 문제가 되지 않는다. 여기서 제기하는 문제는 초등교사양성제도의 폐쇄성에 따른 우수한 사회 인재들의 획일화된 진로 수급에 대한 부분을 검토해 볼 필요가 있다는 뜻으로 이해되길 바란다.

우리나라의 중등교원 양성은 역사적 변화에서도 논의했듯이 현재에도 초등교원양성체제보다는 다원화되어 있으며, 개방형이라고 할 수 있다. 주요 중등교원양성기관은 전국 국공립대학의 사범대학 및 사립대학 사범대학으로 4년제 학부 수준의 교사교육을 통하여 대부분의 중등교원을 양성하고 있으며, 그 외 학부 수준에서는 일반대학 교직이수를 통한 양성과정이 있다. 또 다른 주요 중등교원양성과정은 4년제 학부를 졸업하고 교육대학원을 통한 관련 교과의 교사자격증 취득 과정이 있다. 1963년 서울대학교교육대학원으로 시작하여 1970년대에는 전국적으로 설치되면서 2015년 현재 112개의 대학에서 교육대학원을 운영하면서 특수대학원으로 가장 큰 비중을 차지하고 있다. 교육대학원은 교원양성 및 교사재교육을 모두 담당하는 기관으로 선행 연구에 의하면 전임교수의 부재, 교사양성교육과 교사재교육의 공존, 입학정원 과다 등을 제기하며(유경훈, 김병찬, 2011) 교육대학원의 기능을 재교육 및 교과교육 전문가 양성에 중점을 두어야 한다는 의견이 있다(이일용, 2012; 이선정, 신혜원, 2008). 이와 같은 교육대학원의 정체성 및 교사교육의 질 관리와 교사양성 규모에 대한 조정의 필요성이 제기되어

1998년부터 교원양성기관의 평가가 시작되었다. 그리고 현재 2015년 4주기 평가를 마친 상황이다. 교원양성기관 평가는 교육대학원뿐 아니라 우리나라 중등교원양성의 주요 기관인 사범대학도 평가 대상으로 학령인구의 감소에 따른 교사양성 규모의 축소에 따른 상황을 반영하여 교원양성기관의 정원 감축 및 폐지를 목적으로 당분간 지속될 것으로 전망하고 있다.

현 교원양성제도의 문제점에 대한 고찰

앞서 검토한 초·중·고 교원양성기관의 간략한 역사와 현재의 상황에 대한 부분을 요약하여 말하자면, 지난 1950년 이래 우리나라의 초중등교사양성기관은 큰 변화 없이 기본적인 양성체제의 규모와 수단을 확대 및 축소해 가는 양상으로 변화하였다는 것이다. 초기 교사가 매우 부족한 실정에서 빠르고 쉽게 교원양성을 목적으로 설립되었던 교원양성기관의 체제에서 현재 학령인구의 감소에 따른 교사양성 규모를 축소해야 하는 시점에 이르기까지 기본적인 교원양성기관 및 제도에는 큰 변화가 없다고 할 수 있다. 이것은 앞서 언급한 것처럼 시대의 변화에 따른 사회적 요구와 환경의 변화에 발맞추고자 교육의 목적부터 방향, 내용, 방법 및 평가가 모두 연계되는 방향으로 바뀌고 있는 시점에서, 교육의 성패를 주도하는 교사의 전문성을 결정하는 교원양성제도의 변화가 전혀 없는 것은 다소 아이러니한 상황이다. 물론 체제와 제도의 변화는 여러 집단의 이해관계가 복잡하게 얽혀 있기 때문에 쉽지 않지만, 지난 반세기 동안의 교육 성과를 진단하여 그 성공에 대한 치하와 함께 보완과 개혁이 필요한 부분은 과감하게 변화해 가야 하는 것이 다음 세대를 준비하는 현 세대의 의무라고 할 수 있다.

앞서 '교원인사제도의 미래' 부분에서 교원 양성과정의 문제점을 간단히 진단하였다. 초등교원의 경우 교육대학원의 독점주의에 따른 교원양성부터 임용에 이른 문제점을 지적하였고, 중등교원의 경우에는 현장과 괴리된 교육과정으로 임용시험을 위한 교사를 양성하고 있는 문제점을 지적하였다. 결과적으로 교사대 모두 양성기관의 운영방식과 그에 따른 제한적인 교육과정에 따른 교사 전문성에 대한 지적은 우리나라 교원양성기관의 전반적이고 종합적인 문제의 진단이라고 할 수 있다. 이와 같은 종합적 진단을 기반으로 좀 더 구체적인 교원양성제도에 대한 문제점을 고찰해 본다면 크게 초등교원양성기관인 교육대학교의 폐쇄성에 의한 한계와 중등교원양성기관의 임용시험을 위한 교육과정의 한계라고 할 수 있겠다. 먼저 초등교원양성기관인 교육대학교는 역사적으로 보았을 때 광복과 한국전쟁 이후 부족한 초등교사의 빠른 양성을 위하여 시작된 직업훈련기관의 성격이 강한 양성기관이었다. 따라서 융합적 소양을 함양한 창의적인 교육전문가의 양성을 요구하는 현 시대의 상황에서는 구조와 시스템에서 재고의 여지가 있다고 보인다. 교원 전문성이란 '사회발전에 따라 계속적으로 변화하는 훌륭한 교사가 가지고 있는 중요한 특성, 능력'(OECD, 2001)이라는 관점에서 기본적으로 교사가 교직을 수행하기 위해 필요로 하는 지식이나 기술뿐 아니라 창의인성, 협동성, 봉사성 등과 같이 현대사회에서 요구되는 다양한 능력을 교수학습하기 위해서는 교사역량, 전문성에 대한 정의 또한 시대상황에 맞도록 새롭게 정립할 필요가 있다(정미경, 2010). 과거에는 개별적 학문에 논리적 구조가 있다고 보고 이를 '교과'의 형태로 조직하여 영역 특수적 전문성이 강조되었다(정미경, 2010). 그러나 현대사회 과학기술공학의 발달은 학교에서의 단순한 지식 전달이 큰 의미가 없으며, 교사 또한 지식 전달자의 역할이 아닌 다양한 학습자의 교육적 성취를 이룰 수 있는 안내자의 역할을 해야 한다고 말하고 있다. 이것은 특정 분야에서 최소한의 지식과 함께 영역을 관통하는 다양하고 풍부한 경험적 지식을 필요로 하며(정미경, 2010), 창의성과 올바른 인성을 갖춘 인재 양성을 위하여 롤모델로서 교사의 역할을 수행할 수 있는 사명감 있고 헌신하는 태도의 교사를 요구한다고 할 수 있다. 특히 초등교사는 아직까지 인성 및 인격의 형성이 미완성 단계인 초등학생들의 사회화에 큰 영향을 줄 수 있다는 교사의 역할 예상에 따라, 다양한 직무영역 중에서 교과지도뿐 아니라 교과외 활동지도, 생활교육, 학급경영 및 학교경영지원, 학부모 및 대외관계 등의 영역에서 보다 많은 역량과 전문성을 요구한다고 볼 수 있다. 이를 위하여, 단순한 직업훈련과 같은 교육과정이나 교육시스템은 한계가 있을 수 있다. 물론 교육대학교 진학을 원하는 학생들이 모두 그렇다고 할 수는 없겠지만, 보다 다양한 삶의 경험을 통하여 안정적인 직장으로서의 교직 희망이 아닌 교직에 대한 사명감과 헌신하고자 하는 마음으로 교직을 선택하는 교사들이 더 많이 필요하다. 또한 현재 초등교원의 전문성이라는 명분으로 교육대학교가 아닌 일반대학의 교직이수 과정을 통한 양성체제나 대학원에서의 양성이 불가능한 것 또한 고려해 볼 문제이다. 현재는 이화여대, 교원대학교, 제주대학교 초등교육과에서만 초등교사 자격증을 발급하는 것 이외에는 교육대학교를 통한 교사자격증 과정 말고 다른 과정을 통한 초등교사자격취득은 불가능한 폐쇄적 양성체제의 상황이다. 또한 지금까지 초등교사는 중등교원임용과 달리 임용경쟁률이나 공급과잉의 문제도 없는 상황임에도 불구하고, 초등교사의 양성이 교육대학교의 독점적인 체제로 지속되었다. 초등교원양성과정과 중등교원양성과정이 학부 처음부터 별개로 분리되어야 하는 이유는 없다고 파악된다. 특히, 중등교원과 같이 대학원체제에서 초등교원의 양성이 불가할 이유는 없다. 오히려 현재 세계적으로 교사의 양성이 대학원 수준 이상에서 이뤄지고 있다는 것을 고려한다면 우리나라의 직업훈련체제와 같이 학부 처음부터 분리되어 폐쇄적으로 교육대학교에서만 초등교원양성이 가능한 교육대학교의 정체성은 재고할 필요가 있다고 판단된다.

중등교원양성과정은 초등교원양성과정보다는 개방적이고 다원적이지만 교사자격증 공급과잉이라는 현 상황에 대한 부담감으로 현재는 어떻게 교사자격증 발급을 줄여야 하느냐의 문제로만 접근하여 중등교원양성과정에 대한 평가와 검토가 이뤄지고 있는 것은 문제라고 보인다. 시대의 상황에 맞는 변화된 교육전문성을 갖춘 교원의 양성을 위한 교원양성과정의 제도와 체제를 정비하고자 하는 시도가 우선이라고 생각된다. 현재 교사자격증을 갖고도 교사임용이 되지 않은 사람들이 많은 것이 문제라는 시각에서 어떻게 교사자격증 발급을 줄일 것이냐의 문제로 접근하는 것은 운전면허자격증이 있으면 모두 차가 있어야 하고 운전을 해야 하니 운전면허자격증 공급을 줄여야 한다는 발상과 크게 다르지 않다. 자격증의 공급 상황과 교육현장의 임용 문제는 별개의 것이라고 본다. 교원양성과정에서는 보다 전문성을 갖춘 교원의 양성을 목적으로 하여야 하며, 임용의 방법 및 과정은 다른 각도에서 접근할 수 있다. 교사자격증을 갖고 있다고 할지라도 보다 전문성이 있고 경쟁력이 있는 지원자가 교사로 임용되는 시장원리가 적용될 수 있는 교육현장의 모습이 궁극적으로 교육과 교사의 수준을 지속적으로 향상시킬 수 있다고 생각한다. 특히 현재 우리나라 국민 전반의 학력 수준이 높아진 상황에서 교육전문가인 교사의 자격기준을 다른 선진국들처럼 대학원 수준으로 변화하는 것은 교사들 스스로의 사회적 지위 향상을 위해 필요하다고 판단된다. 교사의 전문성에 대한 사회적 불신과 전문가로서의 타당한 처우 개선에 대한 필요성은 현장의 교사들이 더 잘 알고 있다. 예를 들면, 수행평가가 중요한 평가의 한 부분인 현 교육과정에서 전문가로서 교사들의 평가 타당성에 대한 학부모나 학생들의 신뢰감 부재로 인한 마찰이나 갈등은 비일비재한 현상이 되었고, 이 때문에 교사들은 수행평가 자체에 대한 부담감을 토로하고 있다. 물론 이런 교사전문성 측면을 교원양성과정의 대학원 수준으로 변화로만 모두 해결할 수 있다고 할 수는 없지만 기본적으로 교사전문성에 대한 국민적 인식 변화 도모와 실제적으로 대학원 수준에서 현장연구역량을 배양하는 전문성 향상으로 돌파구를 찾을 수 있다고 예상한다. 또한 무엇보다 창의적 융합형 인재양성을 위한 새로운 교육목표를 실현할 수 있는 기초 학문적 소양을 갖춘 융합적 교육의 관점을 갖춘 교육전문가 양성을 위하여 학부 과정에서 기초학문에 대한 학습과 관련 분야에서의 경험을 갖춘 지원자들을 대상으로 대학원 수준에서 교과교육 중심의 현장실습 및 연구역량을 교육함으로써 진정한 교육전문인을 배출하는 교원양성제도의 도입이 필요한 시점이다.

또한 현재 중등교원양성과정의 현장 중심 교육이 아닌 임용시험을 준비하는 이론 중심의 교육과정에 대해 심각한 재고가 필요하다. 본 저자는 국내 교사교육을 하기 이전에 미국의 교사교육에 수년간 미국 초등 및 중등과학교사 양성과정을 경험한 것을 바탕으로 우리 교사교육의 내용을 보았을 때 여전히 수십 년 전의 학습이론 중심으로 출제되는 임용시험에 대비한 교사교육이 진행되고 있는 것을 보고 처음에 다소 당황했던 기억이 난다. 본인의 연구를 바탕으로 예시를 들면, 미국 NSTA와 NCATE가 제안한 과학교사준비를 위한 기준요소Standards for Science Teacher Preparation, 2003, 2012와 TEATexas Education Agency의 교사자격 시험인 TExESTexas Examination of Educator Standards, 2013에서 제시하는 과학교사 기준 요소 중심으로 분석했을 때, 우리나라 과학교사 선발기준은 과학철학, 교육심리학 이론 및 수업모형, 교육과정, 그리고 교육평가와 같은 기존의 전통적 교육학에 바탕을 둔 영역들만을 중점적으로 다루고 있는데 반하여 STS, 교육공학, 그리고 통합교육과 같은 현대사회의 시대적 요구와 변화로 인하여 제시되고 있는 새로운 교육 패러다임 관련 교사교육 내용들은 평가에서 거의 포함되지 않는 것으로 나타났다(이영희, 2015). 이와 같은 결과는 역으로 추적해 보면 임용시험에서의 출제 빈도가 그 자체로서의 중요성과 함께 출제 내용이 예비 과학교사를 양성하는 대학의 교과과정에 영향을 줄 수 있다는 점에서 의미가 있다. 다시 말하면 우리나라 교사를 선발하기 위한 시험에서는 오래된 교육학 이론을 많이 암기하고 학습한 교사를 선발하고 있으며, 또한 이를 위하여 교원양성 교육과정에서는 새로운 교육 패러다임에서 요구되는 현장역량 평가와는 거리가 먼 수십 년 전 정립된 교육학 이론 중심의 교육과정을 진행하고 있다고 볼 수 있다. 이것은 현장역량 강화 및 현장실습 중심의 교원양성과정 개혁이라는 국제적인 교사교육의 방향과는 매우 동떨어진 모습이다.

한편 우리는 지난 50년 이상 중등교원양성과정에서 약 4주의 교육실습기간이 전부인 현장교육 기간이 지속되고 있다. 이에 반하여 미국의 경우에는 교사교육 전 과정에 걸쳐 지속적인 현장실습교육이 병행되어 진행되고 교사교육 후반부에는 필수적으로 현장실습을 한 학기 전체 동안 진행하면서, 학교현장에서 실제로 필요한 교사의 역량 및 자질에 대한 철저한 사사교육을 진행하고 있다. 또한 이런 현장중심교육을 통하여 본인의 교사로서의 자질을 스스로 진단하고 진로에 대한 심각한 고민과 성찰을 통하여 교직에 대한 철학과 진로방향을 결정할 수 있는 기회를 제공하고 있다. 특히 최근 미국의 교사교육 과정의 현장역량교육은 더욱 강화되고 있다. PISA나 TIMSS와 같은 국제적 수준의 평가에서 부진한 결과가 나타나는 것에 대한 미국 교육의 성찰 및 반성의 목소리에서 미국은 교사교육의 중요성을 재확인하며 교육현장에 보다 전문성 있는 교사의 공급을 위해 교사교육의 전면적 개혁을 시도하고 있으며, 그것을 위한 대표적 방안으로 교사들의 현장역량강화를 최우선으로 주력하고 있다. 따라서 주별로 차이가 있기는 하지만 일부 주에서는 교사자격증 발급을 위한 현장역량평가 영역을 별도로 개설하여 지원자들 스스로가 많은 비용을 지불하면서 예비교사들의 현장교육역량 강화 훈련에 지원하고 있으며, 또한 교사자격증을 이수하기 위하여 별도의 현장역량평가시험에 응시하고 있다. 이처럼 교사전문성에 대하여 현장역량에 대한 중요성과 필요성은 교육전문가라면 누구나 인정하는 부분이지만 우리나라에서는 현장실습교육 기간 4주의 훈련을 자격증을 부여받기 위한 형식적인 수준에서 운영하고 있다는 것을 부인할 수 없으며, 이런 과정을 거치면 교사자격증이 교원양성교육기관에서 무시험검정으로 발급되고 있다.

이런 관점에서 우리는 교사자격증의 무시험검정 발급에 대한 부분을 재고해 볼 필요가 있다. 교사교육과정을 거치면 무시험검정을 통하여 교사자격증이 부여되는 현재의 제도는 장단점이 있지만 교사교육과정이 곧 자격증발급이라는 점에서 교사교육의 질 관리 부분에서 한계를 지닐 수 있다. 또한 우리나라에서 발급되는 교사자격증이 영구 자격증이라는 점 또한 재고할 필요가 있다. 미국의 경우에는 보통 교사자격증은 5년 자격증으로 발급되며, 그 이후 교직경력 및 전문성교육에 대한 지속적인 노력을 반영하여 자격갱신을 수행하고 있다. 이것은 교육의 목표와 교육과정 및 방법 등이 지속적으로 변화하는 환경을 고려하였을 때 매우 필요한 전문가의 전문성 유지를 위한 제어장치로써 소정의 자격요건을 갖추어 자격증을 부여했지만 교육현장의 요구를 반영하여 지속적인 전문성 강화를 할 수 있도록 유도하는 선순환체제의 기능을 담당하고 있다. 이와 같이 우리나라의 교사자격증은 무시험검정자격이나 영구자격증 발급이라는 점이 갖는 한계를 반영하여 어떤 전면적인 개혁이 필요한지에 대한 심도 있는 고려가 필요하다고 판단된다.

교원양성제도 개선을 위한 제안

지금까지 제시한 우리나라 교원양성기관의 역사 및 현 상황, 그리고 문제점을 통해 21세기 교육을 개혁하는 이 시점에서 교원양성제도 및 체제의 개선이 필요하다는 것을 알 수 있었다. 또한 많은 교육자들이 이에 공감할 것이다. 그러면 교원양성제도를 어떻게 개선할 것인가? 이것은 그리 단순한 문제는 아니다. 현재 교원양성과정이나 기관의 심도 있는 분석 및 평가를 통하여 실태 및 문제점을 파악하고, 그에 따른 다양한 분야의 전문가와 교육관계자들의 종합적인 의견을 수렴한 사회적 합의에 따라 개선의 방향 및 방법을 구체화하여야 할 것이며, 그런 과정을 통한다고 하여도 실제적으로 제도 및 시스템의 개혁에는 많은 집단의 이해관계가 연관되어 변화의 과정이 쉽지는 않을 것이다. 그럼에도 불구하고 문제를 인식하여 개선의 의지를 갖는 것이 중요하며, 변화에는 항상 진통이 동반되듯이 다소 시간과 어려움이 있다 할지라도 의지를 갖고 개혁하려는 노력이 필요하다. 흔히 부작용이 우려되어 분명한 필요와 목적이 있음에도 불구하고 변화의 시도가 이뤄지지 않는 경우가 종종 있다. 하지만 한 나라의 교육제도와 정책은 다음 세대의 성패를 결정하는 가장 중요한 투자이며 바탕이다. 그런 관점에서 교육제도, 특히 교육의 질을 결정하는 교원양성제도에 대한 개선은 반드시 이뤄야 할 부분이다. 이런 관점에서 지금까지 연구된 교원양성제도에 대한 몇 가지 선행 연구를 바탕으로 바람직한 교원양성제도에 대한 제안을 해보고자 한다. 물론 이와 같은 제안은 저자의 주관적인 관점에서 제시하는 것으로 독자의 다양한 관점에서 이견 및 대안이 있을 수 있다는 점은 당연한 전제이다.

대학원 수준에서의 교원양성 방안에 대한 제안 및 연구는 오래 전부터 제시된 사항으로 황규호(1999)는 교육개혁의 성공적 정착을 위하여 교원의 자질 향상, 교원의 사회적 지위 향상, 교직의 개방성 등이 중요하며, 이를 위하여 교원 양성 교육을 대학원 수준으로 격상시켜야 함을 강조하였다. 대학원 수준에서의 교원양성체제는 6년제, 2+4년제, 4+2 년제, 복합형 등 다양한 모형들이 가능하며, 교원의 전문성 심화를 최우선으로 고려하여 채택해야 한다고 말하면서, 각각의 방안에 대한 설명 및 장단점을 제시하였다.

정일화(2017)는 교원양성제도의 세계적 추세를 반영하여 대학원 수준의 교원양성 체제로의 전환 제시(김이경 외, 2004)를 강조하면서 교사교육 총 6년제의 교육전문대학원 체제를 제안하였다. 대학원 수준의 교원양성제도는 구체적으로 여러 가지 방안으로 제시될 수 있는데, 교원양성 교육기간을 처음부터 6년으로 하는 방안부터 개방형 6년제로 각 1학년과 5학년에 50%씩 선발하는 방안, 학부 교양교육 2년 이후 4년간 교사교육을 실시하는 방안, 4년제 학부교육 이후 2년간 교원양성 전문교육을 실시하는 방안 등이 제안될 수 있다. 이처럼 다양한 방안으로 대학원 수준의 교원양성체제가 가능하며 이것은 세계 주요국의 교원양성이 4년제 대학에서 대학원 수준으로 전환하는 추세임을 강조하면서 교원의 사기와 전문성 및 사회적 인식도를 향상시켜 학교교육의 신뢰성 확보 및 국가적 차원에서 교원의 학력 수준을 높이는 측면에서 효과적이라고 하였다(오형문, 2007).

한편 정미경(2010)은 교원전문성에 기초한 교원양성 교육과정의 개선 방안에 대한 연구에서 교원전문성에 대한 개념을 명시하면서 교사가 교직을 수행하기 위해 필요한 지식 및 기술 등의 포괄적 전문 능력을 포함하여 창의인성, 자기주도적 학습능력, 협동성, 봉사성 등과 같이 지식기반사회에서 요구하는 새로운 영역을 포괄하는 교사 전문성 또는 자질 및 역량이라고 설명하였다. 또한 교사에게 요구되는 역량을 사회변화, 국가교육정책, 교사직무, 학문, 그리고 이들 영역의 공통 능력들을 중심으로 역량에 대해 제안하였다. 궁극적으로 교원양성 교육과정이 추구하는 교사상은 글로벌 창의인재 육성에 필요한 교직사명과 전문성, 그리고 인성을 갖춘 교사라고 제시하면서, 개선방향으로 이론과 실제의 조합, 초중등학교현장과의 연계성 강화, 창의인성 증진, 융복합적/통섭적 지식 습득, 연구자적 역량 강화 등을 제안했다.

이와 같이 교원양성에 대한 중요성 및 교원양성체제의 변화에 대한 필요성은 진작부터 많은 연구자가 인식하고 있는 주제로 교원양성의 제도 및 교육과정에 대한 개선을 위해 다양하고 지속적인 연구가 이루어져 왔다. 이런 관점에서 교원양성제도 개선을 위한 전반적인 제안을 정리하면 다음과 같다.

첫째, 교원양성기관을 통한 무시험검정 교원자격증 취득에 있어서 영구자격증이 아닌 5년 갱신자격증과 같은 갱신형 자격증 발급에 대한 검토가 필요하다. 무시험검정은 교육대학, 사범대학 졸업자, 비사범대학 교직과정이수자 그리고 교육대학원 교직과정 이수자들이 성공적으로 교사양성과정을 마친 후 자격증을 신청하면 교육부장관이 수여하는 2급 정교사자격증을 발급받을 수 있는 제도이다. 이와 같은 무시험검정자격제도는 시험보다 교육과 훈련을 중시하는 차원에서 의미가 있으나, 교원양성기관의 교육이수 후 특별한 제도적 모니터링 없이 지속적으로 현장에서 근무 가능한 현 상황을 고려하면, 한번 발급받은 교원자격증에 대한 지속적인 전문성 교육이 없이 영구적인 자격이 주어지는 부분에 대하여 검토할 필요가 있다고 본다. 현재 우리나라에서 교사가 가장 각광받는 직업의 최상위 순위인 부분은 이와 같이 한번 교사가 되면 큰 노력 없이(?) 정년까지 직업을 유지할 수 있다는 인식 때문이라는 지적도 있다. 만약 그렇다면 이것은 급속하게 변화하는 사회의 모습과 함께 변화를 요구하는 교육현장을 책임질 교사들이 결코 예상(?)해서는 안 되는 부분일 것이다. 따라서 의과대학 졸업 후 의사고시를 봐야 의사자격증이 발급되는 경우와 유사하게 교원양성기관을 이수한 후에 적절한 자격기준에 대한 평가를 통해 4~5년 정도 유효의 교사자격증을 부여받을 수 있는 제도의 도입 및 향후 지속적 자격갱신을 위한 제도의 도입도 고려될 수 있다. 또는 무시험검정의 장점을 고려하여 교원양성기관을 성공적으로 이수한 후 무시험검정으로 약 4~5년 유효한 교사자격증을 이수한 후, 교직 임용 후 교직학점제, 연수 참여, 그리고 상위 학위 수여 등을 통하여 지속적인 전문성 개발의 노력을 통하여 교사자격증의 갱신을 유도할 필요가 있다.

둘째, 교원양성제도에 대한 대학원 수준에서의 양성기관으로 전면적인 개선이 필요하다고 제안한다. 앞서 여러 번 제시한 것처럼 현재 교원양성제도의 국제적 추세는 대학원 수준 이상에서 교사양성을 지향하는 경향이다. 이것은 교원들의 전문성 신장 및 사회적 전문인으로서의 인식 향상을 통하여 궁극적으로 교사교육의 질 향상 및 교권 향상에 효과적인 방안이 될 것이라고 판단한다. 현재 우리나라의 교육대학교와 사범대학의 정체성을 재정립하여 교원양성체제 개선에 따라 종합대학으로의 통합 시도도 가능할 것이다. 특히 21세기 창의융합인재 양성 교육을 위하여 교사들 스스로 먼저 창의적이며 융합적인 교사의 자질을 갖추기 위하여 단순한 지식이나 교수학습 방법 중심의 교육이 아닌 4학년의 학부과정을 통하여 기초학문을 배양하고 이와 같은 학문적 기반을 바탕으로 대학원 수준에서 현장 및 교과교육 중심의 교사교육을 통하여 교사를 양성해야 한다고 본다. 이것은 예비교사들이 다양한 학부과정에서의 간학문적인 학습역량을 키우면서 효과적으로 교과교육 지식의 기반을 마련하고 학부 이상의 성숙한 관점에서 교사로서의 사명감과 자질을 스스로 인식하는 과정을 통하여 보다 신중하고 진지하게 교육현장을 준비할 수 있는 기회를 제공할 수 있다. 결과적으로 이와 같은 성숙한 인성과 학문적 경험을 바탕으로 우리 교육현장에 학문의 다양성 및 개인적 성숙함을 전수함으로써 자연스럽게 창의적 융합형 인재교육을 실현할 수 있는 교원양성체제를 지향할 수 있다고 생각한다.

셋째, 교원임용시험제도의 개선을 통하여 교원양성교육과정에 현장학습 및 연구역량을 강화한 교육과정의 개선이 필요하다. 평가의 본질적 목적은 선별의 기능뿐 아니라 교수학습의 선순환적 작용을 위한 피드백의 역할이 보다 중요하며, 이런 측면에서 평가의 중요성을 인지할 필요가 있다. 현재 교원임용시험은 선별을 통한 교사의 선발 기능이 주요 기능이지만, 임용시험이 자연스럽게 교원양성기관의 교육과정에 큰 영향을 미치면서 교직을 준비하는 양성기관의 교육과정은 수요자의 요구에 따라 임용시험을 준비하기 위한 교육과정에 주력해야 하는 한계를 갖고 있다. 이것은 현재 교육현장에서 요구하는 교사전문성의 영역과 많은 괴리가 발생하며, 예비교사들은 정작 중요한 현장역량 강화에 집중할 수 없는 여건이다. 현재 임용시험은 주로 교과영역에서는 심도 있는 교과내용학과 교육학 영역에서는 교육학 이론 중심의 내용으로 출제되고 있다. 이것은 교원양성기관의 교육과정이 지나치게 내용학 및 이론 중심으로 치우칠 수밖에 없는 여건이며, 학교현장에서 필요한 다양한 교수학습 방법이나 현장 중심의 교육은 예비교사들의 관심 밖으로 밀려나고 있다. 필자는 국내 대학으로 온 후 미국의 교사교육에서 주로 활용하였던 팀활동이나 자기주도형 프로젝트 수업과 같은 교수학습을 국내 사범대학에서 적용하려고 시도하였으나, 학생들이 임용시험에 '별 도움이 되지 않는' 수업이라고 생각하는 듯한 무관심한 태도로 의기소침했던 경험이 있다. 이와 같이 지식 암기 중심의 교과내용 학습이나 고전적인 교육학 이론에 집중한 임용시험의 경향은 고스란히 교원양성기관의 교육과정에 영향을 미치며, 이것은 곧 우리가 어떤 교사를 양성하고자 하느냐의 문제와 직결된다. 현재 우리 교육이, 특히 공교육의 위기를 외치는 이 시점에서 우리가 어떤 교사를 양성하고자 하는지는 대한 부분은 굳이 새삼스럽게 많은 설명이 필요 없을 것이다. 분명한 것은 암기 중심으로 엄청난 분량의 내용학이나 교육학 이론으로 무장한 교사만을 원하고 있지는 않다는 것이다. 그보다는 다양한 학생들의 특성과 요구를 이해하고 적절한 도움을 줄 수 있는 열린 마음과 창의적인 교수학습 방법을 구사할 수 있는 융통성 있고 융합적인 마인드의 교사가 필요하다는 것은 쉽게 짐작할 수 있다. 따라서 우리가 요구하는 미래의 교사를 양성하기 위해서는 우선 임용시험의 내용과 방법의 개선이 필수적이며, 이에 따라서 자연스럽게 교원양성기관의 교육과정은 이론 중심만이 아닌 현장 중심의 교육과정으로 전환되어야 할 것이다. 또한 지난 수십 년간 변하지 않고 지속된 형식적인 약 4주의 현장교육실습은 예비교사들이 제대로 된 현장학습을 할 수 있는 기회를 전혀 제공하지 않았으며, 오히려 형식적인 교생실습 과정이 현장 학교와 교원양성기관 양쪽 모두에게 부담되는(?) 절차로 전락하게 하였다. 현실적이고 바람직한 현장실습 기회를 제공할 수 있도록 제도적으로 현장교생실습에 대한 제도의 개선이 필요하다고 본다.

결론적으로 우리나라 21세기 미래사회의 구성원들의 소양과 국제적 인재양성을 통하여 차세대 국가경쟁력의 성패를 디자인하는 교육정책의 선도 역할을 주도하는 교원들의 양성을 위한 새로운 교원양성제도의 개혁은 누가 보더라도 중요한 국가적 차원의 정책이다. 이를 위해서는 우리 사회 다양한 영역의 전문가들의 관점과 요구를 반영하여 보다 기본이 탄탄한 교육정책의 철학 수립과 함께 구체적 내용 및 방향에 대한 사회적 합의가 필요하다. 지금까지는 어쩌면 다소 급하게 국가재건을 위한 임시방편적인 정책이나 제도를 융통성 있게 운영하여 효과를 보았다고 할 수 있지만, 이제는 세계의 경제와 문화를 주도할 수 있는 기본이 탄탄한 교육적 철학과 방향을 수립하여 그 방향을 선도할 수 있는 내용과 방법을 차분하고 진지하게 만들어가야 할 것이다. 뿌리 깊은 나무는 쉽게 바람에 흔들리지 않듯이 깊이 있고 확고한 교육의 철학과 방향을 수립한다면, 수많은 정책과 공약들로 인한 피로감과 긴장감을 극복할 수 있을 것이다. 교원양성제도개혁은 바로 그 개혁의 방향을 이끌 최전방의 정예부대 양성 전략임에 틀림이 없다.

참고 문헌

- 고전(2009), 〈교육전문대학원 도입 방안의 검토와 과제〉, 한국교원교육연구, 26⑵

- 권순달(2016), 〈교육과정 개정 및 교육정책 변화에 따른 교원 양성과정 개선 방향과 과제에 관한 토론〉, 제93차 KEDI 교육정책포럼, 한국교육개발원 연구자료

- 김갑성, 박영숙, 정광희, 김기수, 김재춘, 김병찬(2009), 〈교원양성체제 개편 방안 연구〉, 한국교육개발원

- 김이경, 고대혁, 김재춘, 박상완, 정수현(2004), 〈교원자격 · 양성자격 개편 방안 연구〉, 교원자격 · 양성제도 개편추진위원회

- 김종철(2015), 〈역사적 측면에서 본 한국 교원양성 교육체제의 방향〉. 한국교원교육연구

- 오형문(2007), 〈영국과 뉴질랜드의 초·중등 교사 양성 비교연구〉, 교육연구논총

- 유경훈, 김병찬(2011), 〈교육대학원 경험 의미에 대한 질적 사례연구〉, 교육문제연구

- 이선정, 신혜원(2008), 〈서울소재 교육대학원 가정교육전공 교육과정에 대한 운영 실태와 교육대학원생의 인식〉, 한국가정과교육학회지, 20⑷

- 이일용(2012), 〈교원양성정책의 변화에 따른 교육대학원의 역할과 과제〉, 한국교육문제연구, 30⑶

- 이영희(2015), 〈미국 교사 자격 기준안을 통한 우리나라 중등 과학 교사 1차 선발고사 문항의 분석〉, 교과교육학연구, 19⑴

- 정미경(2010), 〈교원양성교육과정 개선 방안〉, 한국교육개발원 연구보고 RR 2010-11

- 정일화(2017), 〈지능정보사회의 대학원 수준 교원양성〉, 한국교원교육학회 학술대회자료집, 제70차 학술대회

- 황규호, 김이영, 박남기, 박은혜, 한민주(1999), 〈교원양성 연수교육 체제 개선 방안〉, 교육부 교원양성 · 연수체제 개선연구위원회

- 황성원, 사영숙(2006), 〈프랑스 교육의 특성에 따른 교사교육의 변화〉, 비교교육연구, 16⑷

- National Council of Accreditation for Teachers Education (NCATE) (2012), 《Stadnards for Science Teachers Preparation》 Washington DC: National Academy Press

- National Science Teachers Association (NSTA) (2003), 〈Standards for Science Teachers Preparation〉, Retrieved from http://static.nsta.org/pdfs/nstastandards2003.pdf

- Organization for Economic Cooperations and Development (OECD) (2001), 〈What schools for the future?〉, Paris:OECD

- Texas Education Agency (TEA) (2013), 〈Examinations of Educator Standards (TExES). Science Educator Standards〉, Retrieved from http://cms.texes-ets.org/files/8113/8538/8380/texes_registration_bulletin_13_14.pdf

**암기력 기준으로
줄 세우는
불공평한 시험은
없어져야 한다**

교육정책디자인연구소 정책위원장
홍섭근

암기력이 기준이 되는 현행 시험 제도

대선 과정에서 경찰대 폐지·로스쿨제 폐지·행시 폐지는 다양한 논란을 낳았다. 그 내막을 들여다보면 국민들의 인식과 여론이 정책을 추진하는 이들의 입맛에 따라 좌우되고 있는 모습이 보인다. 이는 국민들의 허위의식°과 직접적인 연관이 있다고 생각한다.

2016년 7월 대한민국 교육정책을 좌지우지하는 교육부 정책기획관

° 허위의식(虛僞意識 Falsches Bewubtsein; 獨) 계급사회에 있어 지배계급의 이해(利害)관계에 의해 사상이 현실을 올바르게 반영하지 않고 그 모습을 왜곡하는 것.

나향욱 사건을 기억하는가? 그가 했던 말 중 국민을 짐승에 비유한 말이 언론에 대서특필되긴 했지만, 그것보다 '계급사회'가 되어야 한다는 그의 신념이 더 놀라웠다. 업무 특성상 주변에 국가 중앙부처 고위공무원이 여럿 있는데, 좋은 분도 있지만 그렇지 않은 분도 있다. 특히 인성이 모난 이들이 요직에 앉아 있는 것이 의아할 때가 종종 있었다. 왜 고위 공직자, 그들이 바라보는 국민은 언제든 함부로 할 수 있는 짐승만도 못한 존재인지 궁금해서 여러 자료를 찾아보았다. 최근 민주당 초·재선 의원들의 모임인 '더좋은미래'와 민주당의 싱크탱크인 '더미래연구소'가 5급 공무원 공개채용 시험인 행정고시를 없애고 7급 공채시험과 합치는 것을 골자로 한 '공무원 인사제도 개편안'을 내놨다. 이에 대해 고시생들이 더불어민주당의 '행시 폐지' 추진을 규탄하는 성명을 발표하는 등 온·오프라인에서 일명 '사다리 걷어차기'라는 식의 반응을 보이는 젊은이들이 급증하고 있다. 심지어 특정 누군가의 아들을 5급 공채하기 위함이라든가, 제2의 정유라를 만든다는 비난도 나올 정도이다. 이렇게 이들은 행시 폐지가 기득권과 특권층의 자녀를 낙하산으로 채우는 현대판 신분사회를 만들려는 시도라며 의구심을 강하게 제기하고 있는 상황이다. 즉, 이들의 논리에 의하면 서민들인 흙수저에게는 공정한 기회가 없어질 것이라는 말이다.

이와 유사하게 최근 사법고시 폐지가 결정되고, 헌법재판소에서도 합헌 결정이 내려져 이제는 당연히 퇴출되는 분위기이다. 하지만 여전히 사법고시 폐지도 '개천에서 용 나는 제도'를 없애는 정책이라며 청년층이나 고시 준비생 사이에서는 강하게 반발하며 부활을 요구하고 있다. 이쯤 되면 사법고시를 아주 젊은 나이에 수석으로 통과하고 검사가 된 '우병우 전 청와대 민정수석비서관'을 떠올리지 않을 수 없다. 과연 한 번의 시험으로 모든 것을 가진 이들이 우리 사회에 절대적으로 기여할 수 있는가를 묻고 싶다. 로스쿨의 학비가 비싼 것도 이유가 되지만 더 큰 이유는 공정성에 대한 불신이 자리잡고 있다고 본다. 현재 행정고시나 사법고시 모두 정량적인 방식의 시험이므로 외부 요인이 거의 작용하지 않는다고 보는 것이다.

2016년 하반기부터 지금까지 시대적인 상황은 매우 우울하다. 정치적인 견해를 떠나, 현 시점에서 고위공직자들의 행태가 도마 위에 오르내리고 있다. 특히 문화체육관광부(이하 문체부) 간부들이 윗선의 지시에 의해 주도적으로 블랙리스트 작성에 가담했다고 하니, 참 영혼 없는 관료와 라인(기수 문화)이 얼마나 우리나라 관료제 사회를 흔들고 있는지 암울하기만 하다. 이들은 행정고시를 통과한 소위 엘리트 집단이다.

통계 데이터를 보면, 일 년에 행정고시를 통과하는 인원은 300여 명 내외인데(올해 383명) 이 중 합격생은 서울대 출신이 매년 압도적으로 높으며, 연세대와 고려대를 합하면 3분의 2 가량의 일명 SKY 합격자가 배출되고 있다. 2014년 기준으로 280명 중 서울대 94명, 고려대 55명, 연세대 32명이었다. 그 외 대학들도 서울 안의 유명 사립대가 대부분이었다. 이것이 의미하는 것은 과연 흙수저, 금수저의 논쟁이 맞는 것인지 의아하기만 하다. 행정고시 폐지나 사법고시 폐지에서 주로 나오는 얘기가 '개천에서 용 나는 사회'를 만들어야 한다는 것인데, 지금 SKY를 들어가는 학생들은 대부분 고교 자율화 이후 자사고, 특목고 학생들이 주를 이룬다. 이들이 유명 대학교를 가고, 행정고시도 모두 휩쓸고 있는 현실이다. 대원외고 출신 판사 비율이 100년의 역사를 자랑하는 경기고등학교를 넘어섰다고 한다. 이것은 우리 사회가 기존 체제와는 달라지고 있다는 것을 의미한다. 오히려 현행 시험이라는 제도는 '있는 집' 자식들의 기득권을 유지하기 위한 수단이라는 사실이 데이터 상으로 나타나고 있다. 고교부터 서열화가 되어 있고, 상위권 그룹은 자사고·특목고를 거쳐 주요 고시(사법,행정 등)마저 장악한다. 이들은 가히 암기의 달인이라고 부를 수 있다. 인공지능이 인류대표를 꺾고 있는 알파고 시대에 우리나라의 모든 공무원 시험은 정량적인 수준을 외우는 암기 시험이라 요약할 수 있다. 대부분의 연구 결과가 그렇다. 수학능력시험도 어설프게 수학능력이라고 하지만, 실제로는 암기가 베이스이다. 국가에서 보는 모든 시험이 그런 것이다. 공무원 시험도 예외일 수 없다. 행정고시를 포함하여, 이러한 방식으로 작동하는 것은 수능, 교원임용고사, 공무원 9급, 7급, 5급, 심지어 경찰·소방 공무원, 지방직 공무원 시험도 모두 마찬가지이다.

정량평가로 하는 현행 시험, 공정성·적합성에 대한 의문

수학능력시험이 학생부 종합전형으로 되어가는 과정에서 교사, 학생, 학부모 모두가 반발한다. 공정하지 않다는 것이다. 행정고시 폐지도 그렇고, 모든 시험은 정량적인 것이어야 한다고 말한다. 그리고 암기 잘하는 이들이 시험에 붙는 것을 당연하다고 생각한다. 보통 시험은 1차 객관식 시험과 2차 면접시험으로 나뉘는데, 수험생들은 2차 시험 자체를 없애야 한다고 말한다. 심사위원의 주관이 작동할 수 있기 때문에 모든 주관적인 요소를 없애야 공정하다는 것이다. 최근 경기도교육청에서 신규 교원임용고사의 2차 변별력을 높이니, 떨어진 수험생이 공정성의 문제를 제기하며 행정소송을 진행하겠다면서 소송인단을 모집하는 공고까지 냈다. 이런 수험생들의 주장은 모두 우리 사회가 부정적인 요소가 많고, 공정하지 않으니 암기 잘하는 것은 인정해 주자는 논리이다.

암기를 잘하는 것은 대부분 사교육의 힘이고, 자본의 힘이다. 어릴 적부터 배경이 다른 이들, 즉 고액과외를 많이 받아서 특목고, 자사고에 간 아이들이 명문대로 가는 비율 자체가 월등하다. 이들은 타고난 적성이 배운 것을 그대로 외우는 것인데 어찌 보면 이것도 재능이라고 할 수 있다. 그런데 소수만이 가지고 있는 암기 재능이 모든 것을 보장받아야 하는 사회는 바람직한가? 행정고시를 통과한 이들, 공무원 시험이나 교원임용고사를 통과한 이들은 평생을 보장받는데, 암기력이 절대적인 기준이 된다고 해도 지나치지 않을 것이다. 사고의 기준에는 수렴적 사고, 확산적 사고가 있는데, 암기는 오로지 수렴적 사고만을 요구한다. 우리가 흔히 생각하는 객관식 시험은 여러 지능 중 오로지 지식을 암기하는 기능만을 강조한 것이다. 현재 구조상 공무원 시험에서는 2차 면접 시험은 예외가 없다면 1차 시험 고득점자가 당연히 통과하게 되어 있다. 단언컨대, 이는 결코 공정하지 않다. 행정고시를 포함하여, 현행 공무원 시험제도로는 인성적인 요소나 어떠한 삶을 살아갔는지를 파악하기가 어렵다. 현장에서 오래 근무하다 보면 어떤 이는 머리는 좋지만 인성이 별로고, 어떤 이는 머리가 좋지만 역량이 떨어진다는 것을 금방 파악하게 된다. 그러나 며칠 만에 보는 공무원 시험의 특성상 역량과 인성은 오로지 암기 안에 감춰져 버린다. 설사 면접 때 예리한 질문을 받더라도 임기응변으로 넘어가거나, 미리 준비한 모범답안만 잘 이야기하면 쉽게 고득점을 얻을 수 있다. 신규교원 임용고사를 아무리 혁신적으로 바꾼다 해도, 실제 학교현장에 나가 보면 극우 사이트를 접하거나 학생 체벌을 쉽게 하는 신규교사를 종종 만난다. 이는 인성적인 요소를 볼 기회가 적고, 며칠만에 끝나는 시험으로 모든 것을 판단하는 제도상의 문제가 크다. 공무원으로 근무해 본 이들은 절대적으로 공감하고 있는 사실이 있다. 인성이 좋은 이들은 승진하기 어렵고, 윗분들에게 잘 보이려고 노력하는 이들이 승진한다는 것을 말이다. 인성 요소보다는 라인과 연줄로 작동하는 관료제 사회이다.

암기도 능력이고 노력이라는 일반적인 사회의 문제 제기가 있다. 일제 강점기 이전 우리나라에는 창의적인 요소들이 사회 전반에 존재했다. 문화, 예술, 인문 등 모든 분야에서 창의적인 요소가 굉장히 많았다. 일제 강점기 이후, 매뉴얼 문화가 우리 교육의 중심에 자리 잡게 되고 그것이 교육이라 생각한 것이다. 매뉴얼의 기본은 그대로 따라하는 것, 즉 암기가 중심이 된다. 다만, 매뉴얼의 최대 단점은 매뉴얼 자체를 뛰어넘지 못한다는 것이다. 그대로 구사할 수 있어도, 그 이상이 되지는 못한다는 것이다. 오랜 세월 우리가 당연하다고 믿어왔던 것이, 오히려 우리들에게 족쇄가 되어 왔다. 통제하기 위해 도입한 수단이 우리 국민들의 창의성을 말살하는 방식으로 부메랑이 되어 되돌아온 것이다.

앞으로 인간이 아닌 인공지능과 경쟁해야 하고, 미래 지식사회에서 현재 직업의 50% 이상이 없어져야 하는 상황임에도 불구하고, 교육에서도 시험에 있어서도 모두 매뉴얼 문화를 그대로 따르고 있다. 암기 잘하는 것이 실력이고, 그들이 고위공무원이나 사회의 요직에 올라가도, 그들이 오직 암기를 잘했다는 것으로 모든 것이 용서된다. 더군다나 현장에 대한 이해가 전혀 없다는 것이 가장 이해가 되지 않는 지점이다.

우리 사회에서는 행정고시를 통과하면 어느 날 갑자기 5급 사무관으로 발령이 난다. 9급으로 시작한 이들의 경우 일부 중앙부처에서는 5급이 될 확률이 있지만, 지방자치단체에서는 꿈도 못 꿀 일이다. 대부분 7~6급으로 정년을 마친다. 경찰도 유사한 상황이 존재하는데, 경찰대학교라는 제도에서 비롯된다. 경찰대 폐지 논의는 오래전부터 있어 왔다. 간부 승진시험이 별도로 있는 경찰의 특성상 경찰대가 필요하지 않다는 의견이 경찰 내·외에서 다수 존재한다. 경찰대를 졸업하면 경위로 임용된다. 간부에 해당되는 직위이며, 일반 순경(9급상당)이 볼 때는 30년 가까이 경찰생활을 해야 올라갈 수 있는 위치라 볼 수 있다. 5급 행정고시를 통과하는 이들은 해당 부서의 현장 경험이 전혀 없었으며, 오직 암기를 잘한다는 이유로 어느 날 갑자기 20~30년 평생을 현장에서 근무한 이들의 상사로 발령이 난다. 어떤 이들은 아무것도 하지 않거나, 전임자와는 다른 이상한 방향으로 전시행정을 유도하기도 한다. 우매한 리더를 양산하는 제도가 바로 지금의 행정고시이다.

자세히 언급하면 정치적인 이야기가 될까 우려되지만, 우리는 '메르스 사태'와 '세월호 사태'로 행정직 공무원이 진두지휘하면서 골든타임을 놓쳤던 일과 유사한 일을 한두 번 목격한 것이 아니다. 미국에서는 현장전문가를 우대한다. 안전상의 문제가 터지면, 소방서나 경찰서장이 진두지휘를 하고, 정치인이나 대통령도 쉽게 개입하지 못한다. FBI나 CIA를 선발할 때도 군인이나 경찰 출신 현장 전문가를 우대하는 것도 기본이다. 심지어 군장성에서 사관학교 출신이 차지하는 비율은 25%밖에 되지 않는다. 능력의 차이를 보는 것이지, 출신의 차이를 보는 것이 아니라는 관점이 명확하다. 더군다나 우리나라에서처럼 암기 전문가를 선발하는 체제는 전 세계 어디에서도 찾기 힘들다. 쉽게 생각해서, 스마트폰 몇 번의 검색으로 나오는 지식·정보를 활용하지 않고 꼭 외워야 한다는 신념을 종식해야 할 시기가 도래했다.

행정고시를 통과하는 이들은 극소수에 불과하다. 그러나 그들이 미치는 현장의 파급력은 엄청나다. 어느 날 갑자기 5급으로 와서, 지시와 통제로 군림한다. 지원자 평균 연령 자체가 27.5세(2017년 기준)이다. 나이가 중요한 것은 아니지만, 현장성도 없는 리더가 왔을 때의 조직 분위기를 상상해 보라. 처음 발령난 이들은 그렇지 않지만, 조직사회를 경험하면서 급수 낮은 이들을 하대하는 것을 당연시하는 이들이 늘어난다. 행시 동기, 급수 문화를 중시하고, 좋은 연줄을 잡아 승진하기 좋은 보직, 편한 보직으로 가기 위해서 라인싸움을 치열하게 한다. 이러한 과정에서 9급으로 들어온 이들은 소모품에 불과한 대우를 받기도 한다. 급수가 낮으면 하대하는 문화는 거의 군대 조직과 같다. 공무원 조직이 창의적이지 않다는 것은 어쩌면 이러한 군대식 조직과 흡사한 조직 문화에서 기인했을 것이다.

만약 행정고시가 폐지된다면 당연히 수험생을 위해서 유예기간을 두어야겠지만, 장기적으로 9급 공무원들에게는 많은 기회가 돌아갈 수 있다. 현장을 중시한다는 것은 새삼스러울 일이 아니다. 현장을 아는 이들이 승진을 하고, 조직을 움직여야 한다. 그리고 조직에서는 수평적인 문화가 만들어져야 회의문화가 생기고, 그 속에서 창의적인 사고가 생겨날 것이다. 시험 한 번의 통과로 20~30년의 경력이 무시된다는 것은 정말 슬픈 일이다. 만약 행정고시가 유지되어야 한다면 적어도 시험 자격에서라도 해당 분야 경험을 10년 이상 있는 이들로 제한해야 한다. 현장을 모르는 이들이 제2, 제3의 메르스 사태, 세월호 사태를 또 만들게 놔둬서는 안 된다.

사교육 비용과 고시 폐인

사교육 비용과 고시 폐인의 이야기를 안 할 수가 없다. 현재 공무원을 준비하고 있는 이들이 100만을 넘어섰다고 한다. 지난해 5~9급 공무원 응시 인원은 총 70만 6000여명. 국가직 7급 공무원 공채시험 경쟁률은 76.1대 1, 국가직 9급 경쟁률은 53.8대 1°이었다. 기타 공무원 시험에 매달리고 있는 이들까지 합하면 200~300만이 넘어설 수도 있는 수치이다. 그런데 이들 중 대부분은 노량진 강의나 온라인 강의를 수강하고 있다. 사교육 비용 또한 만만치 않다. 한 번의 시험으로 인생 로또를 맞기 위해서 많은 수험생들은 엄청난 사교육비를 쓰고 있다. 한 달에 200~500 사이의 비용이 강의료로 나가기도 한다. 생활비까지 합하면 실로 어마어마한 금액이 아닐 수 없다. 행정고시에 대한 강의를 하는 이들도 행정고시를 합격한 경험이 있는 이들이 많다. 이러한 사교육 비용은 고스란히 수험생에게 전가되면서 국가는 정량적인 줄 세우기식 선발을 하고 있다. 더욱 어렵게 내서 1차 변별력을 높이는 시도가 매년 발생하며, 수험생은 더욱 고난이도의 공부를 하고 있다. 늘 합격자는 암기 잘하는 명문대생들이 대부분이다. 지푸라기라도 잡는 심정으로 매년 많은 수험생들은 고시 폐인이 될 정도로 고시에 매달린다. 소위 서울 안에 내로라하는 명문대 나온 이들은 부모님과 남들의 눈치

○ 헤럴드 경제 2017.01.24. 기사

를 봐야 하므로, 9급이나 7급 시험이 아니라 5급 시험을 울며 겨자먹기로 보기도 한다. 어쩌면 이러한 고시 폐인의 양산은 국가가 주도하는 것일지 모른다. 정량적인 시험으로 300명 내외의 합격자를 내면서 몇 십만, 몇 백 만명의 고통을 무시하는 처사이다. 수능도, 공무원 시험도, 행정고시도, 사법고시도 수많은 우리 젊은이들의 고통과 눈물, 그리고 좌절을 사교육시장이 먹고사는 것이다. 이 아이러니한 현상은 오로지 암기 중심으로 줄 세우는 시험을 고집하는 정부의 잘못된 방식에서 기인한다. 그 정점에 행정고시가 있는 것이다. 흔히 행정고시를 조선시대 과거급제와 비교한다. 그러나 조선시대 과거급제의 방식은 왕권강화가 목적이었고, 그 방식 또한 논술이었다. 현재처럼 정량적인 평가는 아니었다. 정성적인 요소의 도입이 나쁜 것은 아니다. 지금까지 부정한 방식이 사회 곳곳에 많았기 때문에 객관식 정량평가가 공정하다는 믿음이 팽배해왔기 때문이다. 방식을 바꾼다면 지금처럼 고시 폐인들이 생겨나지 않을지도 모른다. 행정고시뿐 아니라 모든 공무원·교원시험에서 정성적인 방식을 도입해야 한다. 미래사회의 역량에 맞는 방식을 키워야 한다. 그 방식을 국민들에게 공개검증(TV토론회)을 해서 도입해도 좋다. 어떤 식으로든 현재의 문제를 부각시키고, 미래 지향적으로 나가야 한다.

미래사회를 위한 제도의 변화

앞서 여러 논리로 얘기했다시피 우리나라의 여러 시험제도는 문제가 많다. 그리고 그 방식이 암기가 중심인 정량적이라는 것이 가장 큰 문제이다. 행정고시는 그 상징성에 있어서 여러 부작용을 낳고 있다. 공무원 사회는 너무나 관료화되어 있고, 소수 특권층 엘리트에 의해서 움직이고 있는데, 그들의 공통점은 행정고시를 통과한 이들이라는 점이다. 암기는 특정인의 전유물일 뿐이며, 그것은 하나의 기술에 불과하다. 암기력 하나로 평생을 보장받아야 하는 사회가 되어서는 안 된다. 현장성을 갖춘 이들이 승진을 해야 하며, 현장에서 오랜 기간 숙성의 과정을 거친 이들을 선발하는 이들이 있어야 한다. 9급이 1급으로 올라가는 사회가 진정한 민주주의 사회라 볼 수 있다. 기회가 열려 있다는 것만으로도 많은 이들에게 의욕이 생길 수 있다. 지금까지 소외되었던 50만 행정 공무원에게 희망이 생긴다는 것이다. 다만, 공정성에 있어서 우리 사회에서 계속 제기되고 있는 투명성은 꼭 보여줄 필요가 있다. 정성평가 요소를 도입하려면 심사위원의 자질, 공개검증, 외부 감시기구의 도입 등이 우선되어야 할 것이다. 이제 미래사회를 준비해야 할 때다. 현장 전문가, 외부개방형체제로 되어서 공직사회도 많은 변화가 있어야 한다. 관료제의 뒤에 숨는 공무원이 되어서는 안 되며, 개방과 개혁의 바람이 불어야 한다. 일반 국민들도 이해관계 중심으로 나만 잘되면 그만이라는 인식을 버려야 한다. 지금까지 행정고시를 통과한 고위공무원들이 과연 사회에 기여한 것이 얼마나 있어 왔는가? 이제는 나무가 아닌 숲을 봤으면 한다. 제도의 변화는 사람의 인식까지 변하게 만들 수 있다. 현장에서 묵묵히 일하고 있는 하위직 공무원들의 노동 가치를 신성하게 여기고, 진정으로 개천에서 용 나는 사회가 되었으면 한다.

행복을 위한 혁신 ————

미래교육이 시작되다

2018년 2월 10일 초판 1쇄 발행
2020년 8월 21일 초판 4쇄 발행

지은이 | 교육정책디자인연구소
펴낸이 | 이형세
제작 | 제이오
펴낸곳 | 테크빌교육(주)
주소 | 서울시 강남구 언주로 551, 프라자빌딩 5층, 8층
전화 | 02-3442-7783(333)
팩스 | 02-3442-7793
ISBN | 978-89-93879-90-2 03370
정가 | 16,000원